U0054884

鴛鴦蝴蝶派文人

張永久・著

夜晚也有美麗時

　　太陽沒有出來之前，月亮正在地球的背面，我們擡頭仰望，頭頂便是浩瀚的銀河。老師告訴我們，那是無數顆恒星組成的，每一個小小的亮點，都是具有自身光源的太陽，甚至比太陽還要大。原來宇宙並非只有一個太陽，原來夜晚也有美麗時。面對如此美麗的夜晚，從古至今，沒有人不浮想聯翩。我想到了什麼？我想到了二十世紀初的文壇。這是張永久的新書給我的印象。那時候，新奇的文章和名士不斷湧出，是多麼愜意的風景啊！不幸，這一批可愛可敬的作家，卻被人貼上了一個標籤：鴛鴦蝴蝶派。

　　從我們初識文學作品起，就接受了這樣一種教育：舊中國的文壇亂七八糟，一片糜爛。但我們卻忍不住偷偷傳看著張恨水的《啼笑因緣》、《夜深沉》。故事之感人，文辭之優美，語言之乾淨，讓我們讀得如醉如癡，讀得心窩發癢，多少人是在這樣一種情形之下拿起筆，走向了創作之路。那時候我們一幫年輕人私下裏相互問，這就是鴛鴦蝴蝶派？真好啊！

　　鴛鴦蝴蝶派，在我們年輕時代是個非常敏感的名詞和話題，聽著跟地富反壞或反革命集團差不多。看看後來所披露的零星資料，他們的傳奇人生被歷史吞噬了，即使得善終者也還需要搜尋。他們的確入了另冊。可是前後一百多人，竟沒有一個承認自己是鴛鴦蝴蝶派，在他們口中，並不存在一個什麼鴛鴦蝴蝶派。追蹤事情的原委，原來是別人強加的。

是誰這麼武斷，又如此有勢力，將這批文壇精英打入糞坑，讓他們永遠背著抹不掉的臭氣？讀一讀張永久的《鴛鴦蝴蝶派文人》，便可瞭解那時的真實場景，看看他們的命運，便可瞭解他們是如何地生不逢時。

他們是一批真實的文人，是才華橫溢的文人，是純粹的文人。

說他們是真實的，因為他們很少戴著面具混迹於世。他們磊落坦蕩，對愛情的真率，對朋友的熱情，都是不摻假的。那種當面稱朋友，背後抄傢伙是上世紀五十年代後的文壇風氣。在他們風華正茂的年代，檢舉別人，打小報告，趨炎附勢，似乎並不多，至多也不過像包柚斧竊李涵秋的作品為己有那樣竊名而已。

說他們才華橫溢，是因為他們都充分展示了自己的才華，沒有一個是憑藉政治勢力彌補其底氣不足。他們憑自己的寫作著稱於世，如李涵秋，共寫作三十三部長篇小說，上千萬字。每日人們排隊買報，是要讀報紙上連載的小說，報紙達到「無李不開張」的程度。再如天才作家畢倚虹，人稱「小說無敵手」，雖說英年早逝，他留下的《人間地獄》等作品卻成了文學史上難以逾越的高峰。那時的小說是要讀者自願掏錢買的，沒有誰號召，也沒有誰為了這個人的作品暢銷而封殺另一些作家，更沒有公款買了「供大家學習」這一說。

多年來，我們聽到太多的同一號召：「要深入工廠農村，體驗火熱的鬥爭生活，創作出人民喜聞樂見的好作品。」一個作家臨到寫作了才去體驗生活，一般說來，這種人物搞寫作原本就是個誤會。而所謂鴛鴦蝴蝶派的作家們，無人不是經歷過人生的苦難，他們寫的就是自己熟悉的生活。喜怒哀樂，悲歡離合，是人類共有的情感和體驗，拋開了人所共有的情感而談什麼人民喜聞樂見，只能說，當局原本就沒打算讓老百姓「喜聞樂見」。如何衡量人民是否喜聞樂見？老百姓自己掏錢買你的書，這就是最好的注解。

　　值得一提的是，在鄙夷他們的作品是「花前月下，鴛鴦蝴蝶」時，是否顧及過對其作品趨之若鶩的讀者們？如魯迅的老娘，如大學者陳寅恪，還包括毛澤東，他們都喜愛張恨水的作品，豈非愛非其道？既然鴛鴦蝴蝶派的讀者不是人民大眾，那麼以上這些人屬於哪個隊伍？那時候的中國至多四萬萬同胞，銷量就如此巨大，如果這部分不是人民，那麼非人民的比例是否太大了？

　　是的，他們是一批純粹的文人，只知用一支筆寫作養家活口，卻從不知如何把筆當成投槍使用。他們的命運是可憐的，沒有力量也不屑與那些好鬥者抗爭。徐枕亞四十九歲英年早逝，在這之前就經歷了常人一百歲也難以經受的磨難。范煙橋政治運動中下鄉當農民，本來很樂觀，卻又被列為重點批判對象，與周瘦鵑、程小青等人同時被抄家。嚴獨鶴彌留之際還在寫思想彙報，提筆發抖，處境令人心酸……

　　然而他們並非只有可憐這一面。在北洋軍閥時期，在日偽時期，拉攏他們的各種誘惑著實不少，但他們大多表現出一個文人可貴的節操。張恨水在「最高統帥」夫婦登門拜見後，竟然讓僕人送客，自己並不挪腳。張學良請他當掛虛職領實錢的顧問，他都婉言謝絕。這些，是那些自詡為革命作家的人們未必能夠做到的，還不提那些拿寫作當敲門磚的各路好漢。

　　他們自珍自愛，之間只有意氣相投，沒有誰想當領袖，舉旗幟招募旗下走卒。更沒有人為了自己的利益坑害別人。當指責降臨頭上時，他們只是分辨，聲明不是什麼鴛鴦蝴蝶派，也沒有成立什麼鴛鴦蝴蝶協會。他們是單個的作家，沒有力量反擊政治坑害，也無須拉扯誰來洗清自己。他們相信，時間會洗刷一切。

　　說他們是負責任的文人，是他們的大多數著作經得起檢驗。翻開他們任何一個人的作品，不會出現那種用下半身寫作的東西，也

沒有為了迎合時勢而編造的文字。一百年以來,多少年輕人,就是從他們的著作中吸取了文學精神而走向了文學之路。

往事如煙,一直跟著時代跑的我們也上了一把年紀。這時候,許多人都想到了一個問題:我們到底在幹什麼?小說詩歌的存在跟人類文明同步,沒有哪一朝哪一代將它納入政治鬥爭體系,而我們趕上了。我們在感到衣食無憂的喜悅的同時,卻也自覺不自覺地當起了扼殺異族的幫兇或看客。嶄新的稱呼提高了寫作者的地位,卻也背上了某種卸不掉的重負,自覺地警惕著「另類」的滲透,維護著只有一個品種的花園的純潔。而我們自己的寫作,也按那個品種的標準自我調整,把一件件用心血換來的藝術作品整成了方針政策的形象解說。

好在地球是轉動的,只允許一種藝術成活的時代畢竟過去了。昨夜曾在夜空閃耀的星辰,今夜還將燦爛。張永久做了一件善事,把他們集中在一起展示,為後來者瞭解那些才俊提供了寶貴的參考。

映泉

目次

寂寞文章幾人識？

——畢倚虹的悲歡人生

曾有顯赫家世

　　在被打入另冊的鴛鴦蝴蝶派作家中，有一位叫畢倚虹（1892-1926），江蘇儀徵人氏，原名畢振達，筆名幾庵、清波、逐客、松鷹、娑婆生等。早年，袁克文（袁世凱次子）慧眼識珠，稱畢倚虹為「小說無敵手」，有輓詩哀悼云：「絕代文章傳小說，彌天淚語幾人知。」甚為遺憾的是，這位三十四歲即告別人世的天才作家，如今提起來並沒有幾個人知曉，他的大部分著作積滿灰塵，寂寞地躺在故紙堆裏，無人問津，也極少重印刊行於世。

　　一百多年前，畢倚虹並非活在紙上，他活在現實世界中，是一個鮮活的精靈。

　　提起江南畢家，當年應是旺族無疑。其父畏三，雖說不是什麼顯赫人物，但至少有一件事，足以資證其家族興盛：畢畏三之母是淮軍名將劉銘傳的女兒。還有一件可以佐證的事：畢倚虹的元配夫人楊芬若，係李鴻章的孫女婿楊雲史之女。官場歷來有政治聯姻的習俗，但「聯姻」之雙方，必定得門當戶對，「賈府裏的焦大，

決不會愛上林妹妹」（魯迅語），由此推論，能與朝廷一品高官「政治聯姻」的畢家，其府第富貴可想而知。

然而，到了畢倚虹這一代，畢家頹相初露，家道中落，也是一個事實。

官途受阻

畢倚虹在 1926 年辭世前，有過十年創作的黃金時期，這期間他寫了十部長篇小說，另有短篇小說、散文、詩詞、文論、雜著數百萬字。他筆下流出的那一片血紅，像遍地搖曳的罌粟花，為浮華塵世唱響了一曲輓歌。畢氏猶如一顆劃過天際的彗星，拖著眩目的光芒，將某個瞬間雕塑成了永恆。哀歌絕唱，響徹民國初年文壇，讓人懷念遐想。

十五歲時，畢倚虹跟隨父親，從江南來到京城，意欲走士子做官的必由之路。那時候畢家還有點家底，捐納銀兩，買得陸軍郎中之職。在畢氏的第一個長篇小說《人間地獄》中，他對自己當小京官的生活描述得惟妙惟肖。離開江南老家前，祖母看他矮小稚弱，精心為他設計了一番：「你要上京到衙門的時候，穿上一雙高底的靴子，靴子裏面，我再叫王媽替你做一個棉墊。你走起路來腰桿子再挺一挺直。兩邊這一湊，豈不是有個大人的模樣了麼？」他自嘲道：「同戲上花旦的蹺蹺差不多。」祖母回答得也妙：「自古說得好，官場如戲場，你們本來就是去唱戲的！」緲緲幾筆，不僅人物勾勒得活靈活現，且意趣盎然，蘊涵深厚。

宣統三年（1911）印刻的《縉紳錄》中，畢倚虹已是三品銜。據臺灣作家高拜石考證，懷疑這個官銜是虛的：「冒鶴亭舉人出身，在農工商部熬了十幾年，宣統三年也才是個郎中，其時已四十多歲

了。以倚虹那樣年輕，不是科名出身，單憑普通文墨，哪有經驗做郎中呢？怕是頂冒同姓同鄉死人的官照吧。」[1]不管怎麼說，那時候小畢在官場上混得不錯，除卻銀子的功勞外，朝中有人也是重要因素。他是李鴻章的外曾孫婿，其時李鴻章長孫李國杰世襲一等侯爵，任農工商部左丞，對李家人自然會多加照顧。

宣統三年，畢倚虹已由陸軍部調到法部，其時擔任法部侍郎的是浙江吳興人沈家本，此人滿腦子新思想，力主廢止凌遲、梟首、戮屍、刺字、笞刑等酷刑，參照西方和日本律法對《大清新律法》進行改革，並大膽啟用新人，汪有齡、袁克文、畢倚虹等法學界新星，即為沈家本夾袋中的得意門生。宣統末年，清廷在爪哇設立領事館，首任領事是畢倚虹。小小年紀，仕途上一路風光綺麗，自然是快意人生。但是行至上海，勾留了幾天，正等候海輪啟程，忽然傳來消息：武昌城頭槍響，辛亥革命由此爆發。過不多久，清廷垮臺，一副碼放整齊的多米諾骨牌，稀裏嘩啦倒成一團糟，民國初年，武夫當國，有槍桿子才有政權，以前的官職一概不算數，官場面臨重新洗牌。

寂寞心情好著文

彷彿偷看了一眼西洋鏡，裏頭演出的都是別人的風景，甚是新奇好玩，待要再續看時，西洋鏡遽然關閉了，畢倚虹心頭不免寫滿了沮喪。

宦途受阻，只好另尋出路。此時清室既倒，同行的官僚各作鳥獸散，畢倚虹因有劉、楊兩家親戚均在上海[2]，遂滯留申江，在慶

---

1 高拜石：《古春風樓瑣記》第拾壹集，第 371 頁。
2 畢倚虹的祖母是臺灣巡撫劉銘傳的女兒，劉銘傳故世後，其子孫後代大多逗留上海，居住在孟德蘭路劉府；畢倚虹的妻子楊芬若，是楊雲史的女兒，

祥里弄堂租室居住。當時民國初立，中國人開始過上了沒有皇帝的
生活，民眾心中充滿美好的憧憬，全國興辦學堂成風。這一年，畢
倚虹考入中國公學，攻讀法政，準備將來留學日本，曲線步入仕途。

　　但是人生路途漫漫，計畫不如變化，誰知這次逗留上海，竟改
變了他的一生。

　　畢倚虹呼吸了十里洋場的新空氣，又迷戀於燈紅酒綠的上海
灘，沉醉其中，樂不思蜀。至於中國公學的學業，對於畢倚虹來說
是小兒科，他秉賦聰穎，各門功課游刃有餘，一星期的課，他最多
只到三天，但每逢考試，總是名列前茅。課餘，畢倚虹的最愛是文
人雅聚，詩酒唱和，風月無邊，初次品嚐種種人生至樂，如食禁果，
其愉悅之情難以言表。

　　禁果往往是智慧之果，一旦品嚐，煩惱跟著就來了。最難消遣
時分，無邊的寂寞爬上心頭，畢倚虹便悶在屋子裏寫詩賦詞。此時
他的寫作以詩詞為多，主要用於自娛，著述有《銷魂詞》、《光緒宮
詞》、《幾庵絕句》等。在裝幀古雅的線裝本《銷魂詞》中，畢倚虹
自題記云：「辛亥秋末，避地滬上，樓居近鄉，門鮮人跡，燒燭夜
坐，意殊寂然。展讀南陵徐積餘（乃昌）丈所刊有清一代閨秀詞鈔，
每至詞意淒婉，幾為腸斷，往復欷歔，不忍掩卷……」觀其文字，
筆下流淌出的寂寞心情，猶如一口幽深的古井。

　　這期間他嘗試向報刊投稿。據其好友包天笑回憶：包在編輯《婦
女時報》時，隔三差五接到署名「楊芬若女士」的稿件，頗見風華。
那個時候女學剛有萌芽，女權急思解決，能寫詩填詞的名門閨秀屬
鳳毛麟角，難得一求，有人主動投稿，包天笑自然高興。及至後來，
畢倚虹到報館領稿酬，雙方一見面，方才知曉「楊芬若女士」是個

　　其時楊芬若生母已死多年，父親新續弦徐氏，又是名門閨秀，與古代一位
　　大旅行家同名，叫徐霞客，楊、徐夫婦新婚蜜月，在滬上作逍遙游，與畢
　　倚虹來往不多。

大男人，包天笑哈哈大笑，擊掌稱道：「我本偉丈夫，偏被人叫作『包小姐』，沒想到今日巧遇同類！」[3]

這一年，畢倚虹二十二歲，包天笑三十八歲，忘年交一見如故，風度翩翩，文采飛揚，二人在報館作傾心之談，均有相見恨晚之慨。自此以後，畢倚虹正式開始了他的文墨生涯，一條船，偏離了原來的方向，駛入文學之海域，掀起了一陣陣排空巨浪。

若干年後，包天笑還對他引導畢倚虹走上文學旅途懷抱著一腔內疚：「最初導畢倚虹入於文字地獄者我也」，「如果不遇著我，或者他的環境不同，另走了一條康莊大道，也不至於如此身世淒涼。」[4]然而幸與不幸，誰人能說得清？曹雪芹傾注畢生精力寫《紅樓夢》，自題小詩云：「滿紙荒唐言，一把辛酸淚；都云作者癡，誰解其中味？」文字間埋藏著的無數秘密，猶如菜田裏五顏六色的菜蔬，唯有耕作的農夫，方知其甘苦。

那一場風花雪月的往事

清末民初，滬上最流行的時尚是吃花酒。談生意要吃花酒，宴賓客要吃花酒，官場應酬要吃花酒，甚至鬧革命，往往也以吃花酒的名義做掩護。包天笑本來是花界高手，嫖壇領袖，每次文人雅士聚會，吃花酒更是必不可缺的佐料。且每次叫局吃花酒，他都少不了要帶畢倚虹參加，久而久之，包的朋友也都成了畢的朋友。

3　包天笑有個綽號叫「包小姐」。據嚴芙孫《民國舊派小說名家小史》記載：「他的書法美秀，彷彿閨人的手筆」，「談話的聲音，十分清脆，不類丈夫的口吻，聽說他有幾位朋友，拿他開玩笑，背後總叫他『包小姐』，這事真有趣極了。」

4　引文分別見《人間地獄》「包天笑序言」和《釧影樓回憶錄續編》，第638頁。

　　乙卯年（1915）正月，蘇曼殊從南洋歸國，途徑滬上，包天笑設宴款待，地點在大新街悅賓樓京菜館，除了主賓外，邀來的陪客有葉楚傖、姚鵷雛、畢倚虹。蘇曼殊號稱「蘇和尚」，但不穿僧衣，不忌酒肉，出入於青樓也不足為奇，是名實相符的花和尚。席間，蘇和尚自己不叫局，總是慫恿別人叫局，他的理由是：「喜公開不喜獨佔。自己叫一局來，坐在背後，不如看大家所叫的局，正在對面呢。」因此常常是其他人所叫的局，都坐在他對面，供其欣賞，包天笑曾有詩吟他：「萬花環繞一詩僧」。

　　而此時的畢倚虹，涉足花叢還不深，沒有固定對象，逢到叫局時便亂點鴛鴦譜，朋友們戲稱他為「打游擊」。蘇曼殊一聽介紹笑了，主動幫他拉皮條，道：「昨天我到惜春老四家，見一女娃兒，頗嬌憨活潑，可取材也。」說著取出局票，填上「三馬路樂弟」幾個字，花箋飛去，不到半個時辰，樂弟來了。

　　說這樂弟如何光豔照人，卻也未必。但這個十四五歲的女孩兒，蘋果臉，一笑兩個酒渦，尤其是一雙明亮的眸子，看人時猶如放電一般，直射進人心最深處。她默默坐在畢倚虹背後，一聲不吭，畢才子握其手，她只是吃吃地笑。愛情是一場化學反應，無任何道理可談，畢倚虹與樂弟的愛情故事，就這麼逶迤地展開了。現代人有個刻板印象，認為凡是古代妓女，都是三句話沒說完便解衣上床的人肉買賣，其實不然。樂弟是尚未開苞的清倌人，她與畢倚虹之間少不了打情罵俏，但要到玉體橫陳那一步，恐怕還有萬水千山。儘管樂弟也癡戀畢倚虹，曾含情脈脈暗示「你要怎樣便怎樣」，但畢倚虹究竟是讀書明理的君子，想到樂弟背後的妓館老鴇惜春老四可能會大敲竹槓，想到一旦涉足太深必須擔負對樂弟今生的責任，就不敢輕舉妄動。即便如此，他周圍的朋友都已清楚地看到：畢倚虹掉進了愛情的漩渦，難以自拔。包天笑在〈回憶畢倚虹〉一文中提及此事，無限感傷地寫道：「誰知這一

個娃娃（樂弟），竟支配了倚虹半生的命運，這真是佛家所謂孽緣了！」

這事不知怎麼被畢父知道了，畢父畢畏三，時任浙江省印花稅處長、煙酒公賣局長，這是頭等肥差，與滬上工商界名流交往甚密。他從杭州趕到上海，好友虞洽卿（上海灘著名的船王大亨）為之擺花酒接風，特意在惜春老四的妓館裏叫局。此一局透露的資訊很微妙：畢氏家族有頭有臉，其子決不可能娶妓女做姨太太！惜春老四在花界混跡多年，無須多點撥，就明白了其中道理。

回過頭來，畢畏三又約見了包天笑，先是說了一些客氣話，感謝包天笑提攜畢倚虹，隨後話鋒一轉，道：「小兒從小被家母寵壞了，不無有點任性妄為。在筆墨上，只怕不知好歹，亂得罪人。所以依我的意思，還是叫他回浙江謀一職業，以事歷練。」繞來繞去，是讓包天笑當說客，說服畢倚虹脫離文壇這個是非之地。

畢倚虹乘火車回杭州那天，包天笑、葉楚傖、姚鵷雛等一干文人到車站送行。樂弟也來了，她佇立在月臺上，眼中秋波閃動，流淌著無邊無際的情意。回到杭州後，畢倚虹無比思念滬上歲月，寫有〈回憶詞〉五古百韻：「少年不知愁，春江醉花月。白眼看黃金，酡顏聽瑤瑟。酒邊初見君，依稀記那日。電燭光搖搖，照見秋波澈。含響一回眸，愛蒂從茲結。車騎累經過，形影疏以密。娛樂未幾時，西風何飄忽。羽書臨安來，速我征車發……」讀之淒婉欲絕，痛徹心扉。

局長不堪俗務

按照畢畏三的安排，畢倚虹擔任了蕭山沙田局局長，民國之初是軍閥的天下，周旋於一班武人之間，畢才子整天充塞心間的是

八個字：面目可憎，語言無味。他給好友包天笑寫信訴苦，抱怨日子枯寂，舉目無親，局中同事互不相識，生活無聊至極，等等。過了十幾天，他又給包天笑寫了一封信，請包務必幫忙，尋找一體己之人，以司會計帳房之職。包天笑接信，即介紹了姑表弟江紅蕉到杭州。

此後畢、江二人聯床風雨，臧否人物，成為無話不說的契友。再過若干年，江紅蕉也成為鴛鴦蝴蝶派的重要作家。畢倚虹去世後，江根據畢平日閒話資料，寫了不少軼聞雜記，還替畢做了一些續篇的文章，這是後話。

豈料畢倚虹打的如意算盤，是要讓江紅蕉當替手，將一切待處理的事務交給紅蕉後，又悄悄溜回到上海來了。

畢倚虹回歸上海，大半是為樂弟，可是妓館依舊，卻已物是人非，才分別了短短兩三個月，樂弟熱情消退，別有屬意。「娼門女兒，原不足怪，惜春老四本懸此魚餌以釣他的，見魚不上鉤，只好收捲絲綸，別處垂釣了。」（包天笑語）樂弟後來的遭遇與結局，陳定山在《人間地獄》續書《黃金世界》中有明確交待，下邊還將詳細敘述，此處不贅言。

愛情遭遇滑鐵盧，畢倚虹煞是苦悶，遂移情別戀，沉淪於風月場尋歡買笑。據包天笑回憶，畢三（畢倚虹在花叢間的諢名）彷彿一夜間交了桃花運，豔遇頗多。一妓名「月」，畢倚虹不過召侑了她兩三次，卻對畢眷念不已，私下對貼心俾女說：「倘所嫁的人，亦如畢三，也就心滿意足了。」俾女將這話轉給畢倚虹聽了，於是二人密謀，在中秋月圓前夜，從上海乘夜車至嘉興，租用旅館鴛鴦雙棲，一夜盡興繾綣，了卻了月的心願。有趣的是，月已被其鴇母以五千兩銀子嫁與一鉅賈，次日即將舉行新婚大典，沒想到讓畢三捷足先登了。另有一妓名「雲」，豔名遠揚滬上，無奈美人也寂寞，與大才子畢倚虹一見傾心。畢三知其妓身價太高，不敢冒然問津，

沒想到「雲」主動投懷送抱，一次沙龍聚會，她嫣然一笑，與畢三私語：「我在新新旅館開一房間，敢來嗎？」既然魚不怕貓，貓又有什麼顧忌的？畢倚虹準時赴約，成全了一段風流豔史。

此時畢倚虹的第一職業是做律師，他在上海四川路上掛了塊招牌：「畢振達大律師事務所」。高薪雇請文秘，辦公室陳設極為考究，這且不說，畢三最大的派頭是買了輛黑色小轎車，在當年以黃包車代步為高貴的租界，配備小轎車極少見，可稱驚天豪舉。雅士往往愛慕虛榮，譬如臺灣名作家高陽，為追逐一美女電影明星，不惜日子過得窘迫，亦是借款買香車。擺譜的結果，不僅不能減輕精神的痛苦，反而增加了內心的孤寂，所謂「樂景寫哀」是也。畢倚虹此時身處於矛盾的漩渦之中：不愛錢又需要錢，愛朋友又喜歡孤獨，現實中尋花問柳，骨子裏又傳統守舊……人們往往看到的是他沉醉於繁華紅塵的一面，靈魂深處難以排遣的寂寞，卻被消解於紙迷金醉的十里洋場，鮮有人知。

家庭慘遭變故

舊時的大戶人家，有個很奇特的規律：高齡的老祖母在，往往能鎮住家運，彷彿承蒙祖蔭庇護，家族興旺；一旦老祖母辭世，家道便開始衰落下滑。畢家的情況也正是如此。畢倚虹的老祖母劉太夫人（即劉銘傳的千金女兒）是民國初年去世的，之後畢家的厄運接踵而來。畢父在官場不知得罪了誰，當局板起面孔，認定畢畏三虧空公款，定性為罪人，消息尚未發佈，畢畏三便在憂憤中病逝。事情遠沒有完，當局執行法律，責令賠償，查抄家產，將畢家在杭州侯潮門的房產沒收充公，尚還不足，又令父債子還，畢倚虹吃了官司，被債主控告於杭州衙門，拘留起來。

　　所幸的是，負責扣押畢倚虹的縣官是個懂事理之人，一來敬仰畢府先祖，二來愛慕畢才子的才華，因此對畢倚虹特別優待，將他安排在花廳內一個耳房裏，待之如客人，可以自由讀書、寫字、通信，可以自由會見來探訪的親朋，還專門派了個僕役伺候左右。

　　畢倚虹身陷牢籠之時，其好友包天笑正在上海主辦一個小說週刊，名為《星期》，包天笑飛鴻傳書，卻是一封約稿函，畢倚虹也樂得以寫作消遣寂寞，打發時間，從「牢籠」中頻頻向《星期》供稿，竟贏得滬上陣陣喝彩。談起他寫作的素材來源，也頗多趣味：原來，看守畢倚虹的僕役是個老兵，生平經歷曲折精彩，見聞亦廣，畢經常與老兵聊天，高興時佐以紹興黃酒，老兵講的那些故事，一經畢才子筆頭渲染，便在紙上大放異彩。

　　這場意外官司，所幸有畢家諸位好友資助疏通，終於了結。從衙門獲釋歸來，他在杭州再也無處可去，家破了，財散了，看著已變賣還債的候潮門老家房屋，畢倚虹悲從心來，繁華過後成一夢，心境蒼涼如秋。

婚姻厄運，推倒了多米諾骨牌……

　　恰逢此時，畢倚虹的婚姻發生了一系列變故。

　　畢的元配夫人楊芬若出身名門，家學淵源深厚，是有名的才女，著有《縮春詞》、《縮春樓詩話》等。畢、楊結婚十年，生下了三男兩女，看上去情投意合，是友人們深為羨慕的一對夫妻。豈料人近中年，忽然發生了一場婚變，究其原因，包天笑認為「兩方面各有不是」，婚姻私事若細說起來，「鞋子適腳與否只有腳知道」，也是一言難盡。

　　在於畢倚虹而言，日夜沉溺於滬上風月，這等孟浪行為，倘若傳統意義上的正房夫人能容忍的話，像楊芬若這種性情孤傲的女

性，無論如何不會允許。她的反抗方式也很奇特，竟也是紅杏出牆，找了個人品才學均不如畢倚虹的飯館小老闆，公開相好，決不避人耳目，形同示威。楊才女的出軌行為，讓人想起張愛玲筆下的白玫瑰煙鸝，失去了丈夫的愛情後，找了個形象猥瑣的小裁縫作愛。畢倚虹當年熱戀的「白玫瑰」，如今成了衣服上沾的一粒飯黏子，婚姻走到了盡頭，楊芬若拋家離子而去，與畢倚虹反目為仇。

這樁失敗的婚姻，還牽涉到其岳丈楊雲史。此公生性散淡，為江南四公子之一，初娶李鴻章孫女李國香為妻，李夫人亡後，續弦徐霞客，不數年又悼亡。兩度喪妻，楊雲史心情悲痛欲絕，此時他已年逾四十，遂向花叢尋歡，日以秦樓楚館、詩酒唱和為樂事，在漢口時與名妓陳美美相識相知，形影相隨，欲納陳氏作正室禮待之，為美美婉拒，托辭是不想誤楊公一世清名。楊雲史身處煩惱的漩渦中，又從滬上傳來女兒離婚的消息，更是極度痛心，將詩詞集中凡涉及女兒女婿名字或情事的一概刪除，翁婿關係也恩斷義絕。

家庭變故的風波剛平息，又遭遇妻子離異，畢倚虹無限感傷。正值萬念俱灰時，上帝送來了一個安琪兒，此女名叫汪琫琤，是蘇州一個書香人家的千金，本來是被畢倚虹援請來當家庭教師的，沒料到有情人終成眷屬。陳定山《黃金世界》一書，對汪小姐描繪得很到位：「穿著一身女學生的裝束，鼻上架著一副金絲邊的眼鏡，襟上插著一支最新流行的自來水筆，短裙長襪，另是一種林下風致。」

汪小姐雖有千般好，卻有一樣不好，她像林黛玉，是個病怏怏的身子。初嫁畢倚虹時身體本就虛弱，沒多久懷上身孕，偏偏又遭逢了早產，終於香消玉殞，天人兩隔了，其時是 1925 年 9 月 21 日，離結婚不到八個月。汪小姐也寫過小說，在《家庭雜誌》上發表過一篇〈冬閨之夜〉，意境清微淡遠，為藝林所贊許。驚心怵目者，為文中述初雪數語：「我最愛看初雪，瞧他這飄飄蕩蕩，很有

可憐的姿勢，墮在地面，化了微微的一滴水，潤了乾燥的泥塗，就算完了雪的責任，度了雪的身世。」汪小姐去世後，畢倚虹重讀這篇小說，蕭瑟凄婉，更是覺得悲從中來，他滿懷深情寫了篇〈十月姻緣記〉悼念亡妻，文中寫道：「朋友中多謂我能達觀，今茲琫玠之喪，余竟不能自持。蓋棺之夜，余竟哭暈，冥然倒地不自覺，比延，益痛澈心脾。乃知悲來填膺，淚不擇地而流，情愛夫妻，捨淚又無以相報。雖然熱淚盈升，已不能回吾琫玠之魄，和淚寫此，正不知將何以報玠。擲筆一歎，但有涕」。

畢倚虹對亡妻汪小姐的深情，使醫院的一位白衣天使大為感動，此女叫繆世珍，職業是婦產科大夫，一直暗中欽佩畢倚虹的才情，此時果敢地向他表示愛慕之意，畢倚虹悲苦的心，也正需要安慰。等到汪琫玠百日之後，續娶繆小姐為第三任夫人。可惜好景不長，婚後不久，畢倚虹終因心力交瘁離別人世，繆小姐新寡，成了傷心的未亡人。

黃金十年成絕唱

畢倚虹生前著作等身，他的數百萬字作品，大部分是在失意潦倒的這十年間寫下的，真所謂「禍兮福所倚」。

縱觀畢倚虹的創作，雖有絕唱，但往往是虎頭蛇尾居多，如其在報刊上連載的《人間地獄》、《黑暗上海》、《苦惱家庭》、《春江花月夜》、《極樂世界》等，均為未完篇什，猶如斷尾巴蜻蜓，美麗中留下遺憾，這與畢倚虹所取遊戲筆墨的態度有關，也與為生計考慮，往往倉促成篇有關。

畢之友人陳瀟一，在為《人間地獄》寫的序言中道：「吾友畢倚虹，仕官不能達，懋遷（貿易）不能贏，縱情聲色不能得一佳人。

惘然不自信，乃退而製小說家言。」陳灨一還回憶了滬上文人雅聚的一段往事：當年袁克文南遊，其門人故交紛紛款留，十餘日輪番宴飲，畢倚虹每天都在場。洗盞更酌，或嘯歌，或聯詠，或析疑問難，縱論上下古今，情豪興逸，其樂融融。每掀簾向外望去，不覺月殘霜重，時間已是午夜，畢倚虹遂倉促起身告辭，小聲道出原由，原來是報刊在等候他連載的稿子。到第二天相見，眾人見畢倚虹睡眼惺忪，知道他已寫數千言，又是一宿未眠。眾文友嗟歎他文思泉湧，精力過人，畢倚虹搖頭苦笑：「每當大夥玩得興起，我便告罪早退，這樣的人是會下地獄的。」轉瞬，又以佛語戲言之：「我不下地獄，誰下地獄？」

畢倚虹與楊芬若離婚後，留下四男三女，加上家中女傭，已有上十口人吃飯，新娶夫人繆世珍，很快懷了身孕（後生一女），全家人僅靠畢倚虹賣文的收入支撐，其家境拮据窘態可想而知。為生活所迫的畢才子，不得不倉促應付，其小說往往前頭精彩，後邊敷衍成急就章，恐怕也是出於無奈。不過畢倚虹畢竟深悟文章之法，他曾有言道：「小說家之前身，乃傷心人之縮影。」一句話，說出了無窮的悲苦蒼涼。

白天要給好幾家報刊寫稿，華燈初上，又要轉移戰場，到十里洋場的娛樂場所勾連銷魂，這麼兩頭消耗，身體哪能吃得消？1925年秋天，友人們看見貧病交迫的畢倚虹，頻頻穿梭於當鋪和報館之間，都為他揪著一顆心。在《人間地獄》中，畢倚虹敘述他參加蘇曼殊葬禮後的情形：「庭心一片黃葉，打在頭上，柯蓮蓀拈起來，看了半晌，又把它放下。」[5]沒想到一語成讖，這竟成了他自家後來的真實寫照。

---

[5] 柯蓮蓀是畢倚虹小說代表作《人間地獄》中的主角，取諧音「可憐生」之意。這部小說影射滬上文友們的風流韻事，柯蓮蓀即為畢倚虹自況。

畢倚虹患的是肺病，面色蒼白，兩顴發紅，每天夜晚咳嗽不止，醫生臧伯庸主動上門為他診治。這人是鉅賈黃楚九的女婿，擅與滬上名流結交，聲明醫療費分文不收，並按月奉送生活費四百金。據包天笑回憶：當時上海醫生有一種風氣，對於名人和報界人士，往往不收診治費，但被診治者須為之揄揚，相當於變相廣告。

關於畢倚虹的最後時光，高拜石在〈小說無敵手〉（載《古春風樓瑣記》第拾壹集）一文中這般敘述道：「調養了一個多月，倚虹身體漸見康復，臉色也由慘白而轉為紅潤了，臧伯庸很為得意。一日，倚虹忽又疲憊不堪，臧大夫來診，摸摸脈搏，很是懷疑，問倚虹是否因被褥蓋得太暖而感到異樣，倚虹但搖頭閉目而已。臧大夫不放心，歸途路過倚虹平日熟識的一家旅館，忽然有悟，順便進去一調查，果然前兩天夜裏，倚虹帶了一個麗人在旅館裏住了兩晚，臧大夫喟然長歎。自此之後，畢倚虹病情日益嚴重，倒床十餘日便死了。身後蕭條之極，後事由幾個朋友幫助辦理。」

一部書，綿長的命運……

畢倚虹走了，他身後留下了無邊的寂寞。數百萬字的著作，建國後獲重印的僅僅一部《人間地獄》，然而這部書，卻是一個說不完的話題。

《人間地獄》最初連載於《申報・自由談》，小說「以海上娼家為背景，以三五名士為線索」（陳瀅一語），似乎應被劃入狹邪小說一類，但是畢倚虹自認為是社會小說。在書的開頭他寫道：「話說天堂、地獄兩個名詞，原是佛教中勸懲人類的一句話。古話說得好：地獄即在人間。這話可算透澈極了。從這句話參考起來，凡世人所受用的苦惱即是地獄；快樂即是天堂。地獄天堂不過是苦樂的

代名詞。但是其中也略略有個分別，有的明明瞧著他快樂，彷彿如在天堂，不知他所感受的痛苦比墮落在地獄還要難受。那表面苦惱的，也未必即是十八層阿鼻地獄。……在下發下一個願心，將這些人間地獄中的牛鬼蛇神、癡男怨女、猙獰狡猾的情形、憔悴悲哀的狀態一一詳細地寫它出來，做一副實地寫真。」

然而「實地寫真」的長卷還沒寫完，1924 年 5 月 10 日，《人間地獄》連載到第六十回時，畢倚虹英年早逝，一張正在彈奏的琴，忽然弦斷了，一時間萬籟俱寂，絢爛之極歸入平淡。讀者紛紛給報館寫信，唏噓感歎，甚為關心書中主人翁的命運。畢之好友包天笑有感於此，提筆續寫了二十回，一來為原先的人物線索劃句號，二來也是了卻一筆心債。據包天笑日記中記載：為了寫這部續書，他先將畢倚虹的前六十回通讀了一遍，並將書中人名摘出，經過半個月準備後開始動筆。然而不知什麼原因，以快手著稱的包天笑續作卻進展緩慢，不過最終還是續完了八十回。

書是續完了，故事卻並沒有完。比如柯蓮蓀欠下的那筆風流債——清倌人秋波（樂弟），包天笑的續書中就沒有結局，其他一些人物，也沒有在續書中找到最後的歸宿。誰也沒有想到的是，畢倚虹去世近七十年後，其好友陳定山再度續寫《人間地獄》，取名《黃金世界》，在香港《大成》雜誌上連載。書中的兩條主線之一，是寫畢倚虹與樂弟的生死戀（另一條主線寫杜月笙的發跡史）。

1923 年的《星光》雜誌，刊有〈倚虹小傳〉，說他「眷一妓，好事不成，頗為潦倒」。另據陳定山憶舊隨筆《春申舊聞》載：軍閥張宗昌來滬，見樂弟而美，思染指焉，倚虹大驚，懇求張宗昌手下副官畢庶澄為之說情，庶澄頗感為難，贈送倚虹三千金，讓他幫樂弟脫籍。幸虧後來張學良、楊宇霆連袂南下，力挽宗昌北去，事始解。

在《黃金世界》中，陳定山對這段史事描繪得更加細緻：柯蓮蓀從蕭山沙田局長任上回到上海後，四川來了個販鴉片的軍閥師長曾兆鳳，指名道姓叫了秋波，要出大價錢梳櫳開苞。秋波緊急向柯蓮蓀求救，柯蓮蓀輾轉託人，請黑社會龍頭大哥穆庸（杜月笙）援手相助，然而當柯蓮蓀與秋波雙雙遠走高飛，暢遊抵達杭州，鴇母惜春老四早已在旅館裏守候，並趁柯外出時，強帶著秋波直奔上海碼頭，乘上了去漢口的輪船。柯蓮蓀與秋波最後相見的一幕，陳定山寫得格外動情：秋波穿著一身粉紅喬其紗旗袍，捲髮如雲，捲著最新式的伊莉莎白頭髮，面如滿月，目似明湖，配以紅絨灑金、櫻木雕花的沙發椅，真像一副文藝復興時期倫白朗的油畫公主。柯蓮蓀注目良久，感慨道：「她像一朵聖潔的白曇花，最好不要開；一開，不到三分鐘，她的生命就算完了。」但是這朵「聖潔的白曇花」，還是被軍閥師長沾污，果然如書中所言：「一開，不到三分鐘，她的生命就算完了」。輪船駛進揚子江，秋波將事先寫好的一封信託夥伴交給柯蓮蓀，趁人不注意，跳入了白浪滔天的江中。她留在人間的最後一句話，讓人黯然神傷：「你們以後船過長江，也許會遇到我。」

另外，《黃金世界》對畢之前妻楊芬若，也略有透露：柯蓮蓀想到他生命中的兩個女子，「忽然一陣心酸，眼淚泉湧。感悟到這幾年來為什麼和秋波熱戀到如此地步……可是一個曇花一現，捨我而去的已經去得那麼遠了，一個蓮出綠波，卻被污泥淬穢至今還拔不出來……兩年來借酒澆愁，任情忘性，好像已經變了一個人，如今面對畫圖，猛然一陣清醒，又接著一陣慚愧，覺得這兩年的悲歡離合直是一片荒唐」。

畢倚虹與妻子楊芬若離婚後，內疚抱愧之情是不言而喻的，但是楊芬若卻絲毫不領情。陳巨來《安特人物瑣憶》中曾提及此事：離婚判決時，其長女 17 歲，在法庭上手拿一件親手織成的絨線衣，

趨前說道：「媽媽，衣服結好了，可帶去。」其母理都不理，隨手丟在旁聽席的椅子上，隨飯館小老闆李鳳來飄然而去。在場的畢倚虹扭過頭來，潸然淚下。此後，楊芬若的命運也頗為曲折：她與李鳳來分手後，又曾與滬上大亨黃金榮同居，畢倚虹去世後，楊又轉而至北京，重為畢太夫人，長子亦很孝順。

鄭逸梅《藝林散葉》有這麼一條：「畢倚虹病中，典質俱盡，每向陳定山乞貸，手札盈匣。倚虹歿，定山不忍檢點，將札付之一炬。倚虹幼子慶康，依定山為生。」舊式文人之鍾情仗義，可見一班。

畢倚虹去世後身後蕭條，由諸位好友負責籌辦喪事，並組織「倚虹遺孤教育扶助會」，與畢氏遺婦繆世珍、胞弟畢介青共商善後事宜。若干年後，畢家4子皆成棟樑之材：長子慶昌，年已十四五，為中學生，由畢家親友助其就學，研習地質學，後去台在地質部門任職；次子慶康，交由陳蝶仙、陳定山父子負責，被陳家父子保薦進上海銀行做練習生，後赴南洋經商，為曼谷一華僑富商賞識，招為快婿，經營船務；三子慶芳，由畢介青收為嗣子，此子後來改名畢季龍，為大名鼎鼎的外交官，先是赴美留學，建國後回國從事外交，曾擔任過聯合國副秘書長；四子慶杭年僅7歲，包天笑自告奮勇擔當其教養之責。建國後他改名畢朔望，當過外交官，也是詩人，曾任中國作協筆會中心書記等職。畢倚虹的女兒們，分開散到了幾個姨母（即楊芬若的親姊妹）家中，後來也都嫁進了富商名宦之家。

畢倚虹的《人間地獄》，壓軸之卷的續作者是陳定山。此人為著名小說家陳蝶仙（天虛我生）之子，晚年移居臺灣，被稱之為鴛鴦蝴蝶派最後的傳承人。他以重述取代回憶，以回憶取代還鄉，寫作出版了《黃金世界》、《蝶夢花酣》、《留台新語》、《春申舊聞》等幾十部作品，延續了民國舊式文人的一線餘脈，鴛鴦蝴蝶派那些陳舊故事和人物，在他的筆下沒有完——也完不了。

傷心人別有懷抱

——徐枕亞的情愛小史

奔赴十里洋場

1912 年，徐枕亞還在無錫西倉鎮的一所小學裏教書。陽春三月，鶯飛草長，萬物爭春，隨著春天的到來，悠閒自在的日子也被打亂了，節奏驟然變快了幾拍。這天，徐枕亞正在一株梨樹下讀書（情致婉約的小說詩詞，是他每天授課之餘必須溫習的功課），昔日同窗好友吳雙熱遠道而來，迎面頭一句話說道：有要事商量。

吳雙熱所說的「要事」，是他準備到上海謀職，並邀請徐枕亞結伴同行。

吳雙熱說，上海《民權報》創辦人周浩給他寫了信，邀他參與副刊《民權畫報》的編輯業務，並倡議吳邀約好友枕亞一起來滬。其實吳雙熱所說之事，徐枕亞早有所聞，文學青年吳雙熱醉心於寫稿投稿，他在《民權報》上發表的詩文，為老闆周浩賞識已非一日。徐枕亞的同胞哥哥徐天嘯也在《民權報》任編輯，隔三差五寄回的家書中，零星提到過這些，前幾天，天嘯還特意寄來一封信，讓胞弟與吳雙熱一起來滬發展。

上海去還是不去？徐枕亞頗費躊躇。此時的徐枕亞，剛剛經歷了一場天轉地眩的瘋狂戀愛，精神還未完全擺脫出來，割捨不斷的感情像隱隱埋下的銀針，不時扎得心窩發痛。吳雙熱勸他道，走吧，去上海吧，忘掉過去的一切。徐枕亞想，恐怕也是該離開的時候了。第二天，他收拾行李，和吳雙熱搭乘小火輪，順長江而下，去開創一段全新的生活。

民國初年文壇健將姚民哀在《說林濡染談》中，曾以報刊及其創辦人為核心和源頭，把鴛鴦蝴蝶派分為四個支派，圍繞在《民權報》周圍活動的徐枕亞、徐天嘯、李定夷、吳雙熱、劉鐵冷、蔣箸超、包醒獨等是其中一支──且是最早出現的「鴛鴦蝴蝶派」作家。「他們行文，都喜駢儷出之，託旨騁妍，雕鏤組繡」，向來被視作典型的鴛鴦蝴蝶文風。[1] 而其中徐枕亞、李定夷、吳雙熱三人被稱作「三鼎足」──這些將在後文中敘述。

話說徐枕亞、吳雙熱結伴到上海後，舊派小說家聚集一堂，原本是革命黨漩渦中心的《民權報》，儼然成了早期鴛鴦蝴蝶派才子們的俱樂部。

波濤洶湧中的一隻方舟

《民權報》1912 年 3 月 28 日創刊於上海，負責人周浩，主要撰稿人戴季陶、牛闒生、何海鳴、伊仲材等，這一群熱血青年，即使在激進的革命黨人中也是狂飆派。他們對當政者的批評苛刻嚴酷，甚至於謾罵，如財政總長熊希齡與四國銀行團簽訂墊款章程

---

[1] 參見徐斯年文《李定夷評傳》，原載「中國近現代通俗作家評傳叢書」（之八），南京出版社 1994 年 1 版。

後，戴季陶發表的一篇時評只有四句話，標題為《殺》：「熊希齡賣國，殺！唐紹儀愚民，殺！袁世凱專橫，殺！章炳麟阿權，殺！」這種殺氣逼人的行文風格，正是當年的真實寫照。

戴季陶（1891-1949），四川廣漢人，原名傳賢，早年信仰馬克思主義，是中國共產黨的六個籌辦人之一，因崇拜孫中山，未能成為共產黨員。戴季陶取筆名天仇，寓意與清王朝有不共戴天之仇。此人幼年時，喜讀世界戰史，讀罷題詩云：「不聞從軍勞且苦，但願熱血濺黃土。隻手撥開奴隸雲，雙腕擊起革命鼓。」詩箋丟在桌案上，其兄找書時正好看到，斥責道：「狂哉此子，必敗國亡家者。」戴季陶不以為意，多年後在《民權報》寫專欄提及這件事，「思之猶有餘快」。

這篇殺氣騰騰的「時評」刊登後，上海公共租界以「任意譭謗」的罪名拘捕了二十三歲的叛逆者，第二天，為戴指責該殺的國務總理唐紹儀致電滬方，籲請釋放戴季陶，理由很簡單：「言論自由，為約法所保障。」上海租界公審作出宣判：共和國言論雖屬自由，但該報措詞過激，涉嫌鼓吹殺人，最後以「罰洋三十元」結案。戴季陶一出獄，即提起毛筆，在編輯室門前的牆壁上寫了首打油詩：「報館不封門，不是好報館。主筆不入獄，不是好主筆。」

與這麼一群革命黨為伍，徐枕亞顯得有些落寞。雖說此時正值辛亥革命次年，中國民國初立，除舊佈新，氣象萬千，但是對於徐枕亞來說，革命似乎是別人的事情，與他絲毫不相干，這個典型的舊式文人，心中恪守「君子矜而不爭，群而不黨」的古訓，每天除了在報館編輯新聞稿外，就是與三兩知己喝酒聊天，閒散無事時，於案頭置酒一壺，五香豆一碟，將自己在西倉鎮當教員時的那段初戀故事，用纏綿悱惻的情節鋪陳開來，撰寫成小說《玉梨魂》。好友李定夷回憶：《玉梨魂》一書「全仗風花雪月的詞藻，弄月吟風的詩篇，穿插其間，引人入勝。每天寫八九百字，並非一氣呵成，

枕亞有酒癖，有時案頭置酒一壺，乾果一碟，邊寫邊唱，似乎是信手拈來，誰料後來一紙風行，為人側目呢！」[2]

1912 年，是徐枕亞人生中的一個重要轉折。《玉梨魂》在報上連載，大獲成功，一時間洛陽紙貴，徐枕亞成為最走紅的作家。據資料，《民權報》副刊連載《玉梨魂》，使得報紙銷售量激增（宣傳革命要靠哀情小說來提升人氣，這是一個讓人尷尬的事實）。此後《玉梨魂》一版再版，並被改編成電影和舞臺新劇，在民國初年的文壇刮起了一股旋風，隨後一大批「鴛鴦蝴蝶派」作品應時而生，蜂擁而至，成為近代文學史上一道獨特的風景。徐枕亞，也因為這本書被封為鴛鴦蝴蝶派開山鼻祖。

如夢似幻花田錯

徐枕亞（1889-1937），江蘇常熟人，原名徐覺，別署泣珠生、東海三郎、青陵一蝶。他出身於書香門弟，祖父徐鴻基是地方名儒，父親徐懋生善韻律，喜愛賦詩作詞，著有《自怡堂叢鈔》。徐家有一女二男，依次是大姐徐麗華，徐天嘯和徐枕亞。徐家兄弟有「海虞二徐」之美譽，尤其是弟弟枕亞，天資聰慧，五歲隨父讀書，打下扎實的舊學底子，十歲即能賦詩填詞，被鄉梓目為「神童」。

1909 年，二十歲的徐枕亞經同鄉名紳蘇高鼎介紹，來到無錫西倉鎮鴻西小學執教。鴻西是同治名書法家蔡蔭庭的故里，學生中多蔡姓子弟，其中有個男孩叫蔡如松，學習成績優異，但神情憂鬱，一經打聽，得知其父病故，他與母親相依為命。

蔡如松的母親陳佩芬，就是小說《玉梨魂》中主角梨娘的原形。

---

[2]　轉引自《徐枕亞年譜》，載於《徐天嘯與徐枕亞研究資料》第 52 頁。

　　在徐枕亞所著《玉梨魂》續篇《雪鴻淚史》中，有段夫子自道：「余著是書，腦筋中實未有小說二字，若讀者諸君以小說視此書，視余僅為可憐隨波逐流之小說家，則余豈能不擲筆長歎，椎心痛哭？」若干年後，發現了徐枕亞與陳佩芬當年五十多封來往書信和詩詞，更是為徐枕亞的夫子自道作了鐵證，提供了難得的背景材料。

　　一齣愛情戲，簡直就是民國版本的《西廂記》，陳佩芬是鶯鶯，徐枕亞是張生，咫尺之間，卻要靠鴻雁傳書，初春嫩芽般朦朧的愛意，一點點在心上浸漫開來，發展到後來，則是一片勢不可擋的蓬勃春光。白天寫詩填詞，遙相應和，夜晚跳牆敲門，頻頻幽會。當年殘留下來那些信箋已經泛黃，淚水滴落過的小圓圈，彷彿陳年凋零的花瓣，靜默地講述舊日的愛情故事。

　　那場迷亂的愛情，像是王爾德筆下浪漫的童話：夜鶯用胸膛頂住花刺，日夜不停地歌唱，刺在胸口上越扎越深，夜鶯發誓要用鮮血澆灌愛情的紅玫瑰……在徐枕亞、陳佩芬留下的那堆信札中，處處皆能見到這種泣血文字，徐枕亞在信中說：「生我者父母，知我者卿也……我讀卿字能不想前思後，百感交集而不大慟乎。故當時又悔又恨又痛又急，不覺淚如泉湧，又避旁人，欲放聲大哭一場而亦不可得，只得吞聲飲泣，氣噎昏迷。此夜之苦實為生平所未曾經過者。」在年青寡婦陳佩芬這邊，用情更是至真至深：「我恨不將身化鳥，飛到床前……奈何，奈何。夕陽雖好，恐紅不多時，君情既如此，我何忍乎，或今宵，或後夜，請自妥排行計，我處早已妥排，老姑小女宿外處，夜則無人在內，唯一主一婢，若蒙星夜光臨，我門戶不局。」「昨午接血書，如摘我心肝，見字此時，心實痛難止，不如速死……」即使是女性生理的特殊時期，雙方也渴求黑夜相見，「今者我有一難言不得不實告，此時恨我紅潮到，奈何奈何，乞君肯待四五日否，望伊原諒，此實確語，君勿生疑心，幸甚，君

若不肯待我，過期即今宵十二鐘時，可到我處一會，雖不能度兩情，
足慰相思耳……」[3]

　　他們提心弔膽地偷吃禁果，分明是真實場景，卻像是一場夢
幻。在封建年代，男女偷歡是個美麗的陷阱，一旦被人發覺，後果
不堪設想，甚至會遭致綁石沉井的下場。令人不堪的是，徐枕亞
寫給年輕寡婦的一封信，半路竟被人截獲，這等傷風敗俗的醜事，
是素來恪守禮教的蔡家絕不能容許的，一場軒然大波撲來，濁浪
排空。

　　此時正值學校假期，徐枕亞懷揣一顆受傷的心，倉促逃回到
老家常熟避難。留下孤立無援的陳佩芬，獨自應對惡俗的環境。
好在學堂掌舵人蔡子平是新派人物，早年曾留學日本，思想開通，
蔡家掌舵人是他哥哥蔡子興，對此事並未深究。而傷心絕望的陳
佩芬，陡然覺得顏面全失，欲遁跡空門，卻又放心不下那兩個至
親的男子（情夫徐枕亞和兒子蔡如松）。這個感情如火似水的年輕
寡婦終於還是從泥淖中掙扎出來了，戀愛中女人心思細膩慎密，
像纏繞樹林間的青藤，織出的是一片溫柔體貼。陳佩芬作出的大
膽決定，讓徐枕亞吃驚：要將自己一手拉扯大的侄女蔡蕊珠許配
給他……

　　徐枕亞與好友吳雙熱同赴上海，是與陳佩芬分手、與蔡蕊珠結
婚後，明裏是到滬上謀發展，難言之隱是一個「逃」字。逃亡是人
生永恆的主題。人逃到了上海，心卻留在了遠方。有個夏夜，徐枕
亞和報館一幫文人去丹桂戲園聽京劇，一折《花田錯》，唱得他靈
魂出竅。故事緣於《水滸傳》，花田盛會，人浪滾滾，丫鬟春蘭陪
著小姐月英，上街去挑選乘龍快婿。小姐看中了在路旁賣字畫的書
生卞機，主僕返家稟明一切，家母欣喜，豈料糊塗管家去請女婿，

3　此處引文均見〈徐枕亞與陳佩芬往回函札〉，載於《徐天嘯與徐枕亞研究
　　資料》。

陰差陽錯竟錯請了小霸王周通……本來是一齣因錯就錯、錯中套錯，演盡世俗荒唐的輕鬆喜劇，徐枕亞卻看得熱淚盈眶。「今夜晚非比那西廂待月，你緊提防，莫輕狂。關係你患難鴛鴦，永宿在池塘。既然錯請生波浪，怎能夠粗心大意你再荒唐……」聲聲淒美委婉，一曲胡笳斷客腸。

那虛掩的門扉，那紫檀木的神龕，那雕龍繪鳳的屋簷斗拱，那飄浮於幽暗夜氣中的一燈如豆，那混雜墨水、眼淚和血滴的信箋，那夾在線裝冊頁中的梨花瓣書籤，那女子簪於髮髻的一朵荼蘼……歷歷在目的一切浮現眼前，帶著昨日的氣息和體溫。徐枕亞沉湎幻境，在報館裏乘興走筆：「瞥見一女郎在梨樹下，縞裳練裙，亭亭玉立。不施脂粉，而豐致娟秀，態度幽閒，凌波微步，飄飄欲仙。時正月華如水，夜色澄然，腮花眼尾，了了可辨，是非真梨花之化身耶？」讀這樣的文字，讓人想起《聊齋》裏的女鬼，那些美麗可愛又富有智慧的精靈，是文人們心中的寄託。

家庭慘劇：從生活中到筆下……

在徐枕亞等一批早期的民國舊派文人出山之前，還沒有「鴛鴦蝴蝶派」的惡諡。他們習慣於把自己的作品稱之為「家庭慘劇」。在為好友李定夷《鴛湖潮》一書的序言中徐枕亞題詩云：「家庭慘劇演來真，此恨千秋總不伸。留得斷腸文字在，合將萬淚葬斯人。」那之後「家庭慘劇」成了一個標識，他們那撥人寫的哀情小說，大都脫不開這個圈囿。

那個時代所有的封建大家庭都像一個模子裏澆出來的。徐家也不例外，是高產的劇本製造廠，家庭慘劇演完一幕馬上又編一幕，等不及排練，就敲起鑼鼓催促上演。

　　哥哥徐天嘯，是家庭慘劇率先出演的主角。天嘯年青時也是熱血沸騰的文藝青年，常給滬上報刊投稿，為主筆戴天仇（季陶）賞識，邀他加盟《民權報》。天嘯娶妻姚吟秋，生有一女徐英。1915年，三歲女兒夭折，給他帶來劇痛，更痛苦的是雞犬不寧的家庭紛爭。姚氏生下女兒，性情乖戾的公婆原本就不高興，小女夭折，譚夫人舊怨又添新恨，指責姚吟秋護理不當，揪著兒媳的頭髮讓她在祖宗牌位前罰跪，幽暗的火苗忽閃，詭譎的影子投到隔壁上，不斷變幻鬼臉。那天夜裏，不堪忍受的女子手執一條白綾綢，懸樑自盡了。徐天嘯痛失掌珠，又悼亡妻，幾致昏暈，匆匆與胞弟枕亞從上海趕回常熟辦理喪事。他曾作《悼秋詞》若干首，其中〈哭吟秋〉中寫道：「從今不忍題秋字，恨葉情功一例芟。」又作悼女兒詩云：「一派凄涼索妹聲，離群雛燕日喤喤。小兒也解今原痛，不管愁人不忍聽。」沉痛的句子像雨中梨花，被天上的淚水浸濕透了，一朵朵壓上心頭，越來越重。

　　1915 年的徐天嘯，在人生的十字路口前徘徊。國事家事，痛心傷心，孝子的反抗是沈默，頂多也只是違背「父母在不遠遊」的古訓。這年夏天，徐天嘯收拾起行裝，乘車來到上海黃埔金利源碼頭，登船去了南方廣州、桂林等地，創辦《大同報》，鼓吹共和進步，為民眾喉舌。遠遊前作〈留別枕亞海上〉詩：「十年冷落故園春，一樣風塵寄此身。莫道哥哥行不得，須知弟亦客邊人。」

　　接下來，家庭慘劇的主角輪到徐枕亞了。

　　枕亞娶妻蔡蕊珠，乃無錫名書法家蔡蔭庭之曾孫女，從小父母雙亡，跟隨嬸嬸陳佩芬長大，陳視為己出。陳、徐感情受阻，陳佩芬第一個想到的就是讓侄女蕊珠去填這個缺。這年蔡蕊珠十七歲，「雖幼失學，而德容言工，四者咸備，論貌亦不弱，佳遇也」。徐枕亞初始推辭，陳佩芬態度執拗，言詞近乎於央求，又請校長蔡子平出面說媒。徐枕亞躊躇不定，去請示家母，家母坐在一團昏暗的

光線中，手撚佛珠低沉地說道：大戶人家的千金，哪裡過得慣貧寒的生活？家母譚氏性情苛酷，這樣的回答，為將來的姻緣預先埋下了禍根。然而當時，徐枕亞並未想到婚姻會是那麼青澀的苦果，哥哥天嘯極力支持慫恿，1910 年冬，徐枕亞在一種複雜的心境中與蔡蕊珠完婚，洞房花燭，燈影飄搖，去揭紅蓋頭的那個時分，他心上既有甜蜜和幸福，也有酸楚和惆悵。

度完蜜月，徐枕亞攜新婚妻子回常熟，「從此無展眉之日矣」。家母譚夫人怔忡病[4]發作，動輒斥責蕊珠，夾在風箱中間的徐枕亞，憂母慮妻，終日裏只能借酒澆愁。不久，他重返無錫西倉鎮小學教書，心思像漂泊的雲，居無定所。

徐枕亞到上海《民權報》後，家庭慘劇越發升級。據徐枕亞在〈亡妻蕊珠記事〉一文中披露：當年陳佩芬將侄女蔡蕊珠許配給他，族中多數人是反對派，指責陳佩芬不該將侄女嫁外鄉人，又是寒士，到底不是親生，不惜坑害其一生。一唱百和，圍繞陳佩芬爭吵不休，又有蜚短流長，說蕊珠嫁到徐家後飽受婆姑虐待，杯蛇市虎，一鎮沸騰。一日，竟有好事者邀集結伴，乘船來到常熟徐家，登門洶洶，出言橫蠻，口口聲聲道：「我們蔡家金枝玉葉的小姐，豈能做窮婆子？從沒見過她這般窩囊的！」譚夫人哪裡受得了這個氣，當場不好發作，等到那群咆哮的女流們走了，叫出兒媳蔡蕊珠，手持雞毛撣子問罪。蕊珠低頭不語，只見她眼淚婆娑，一串不斷線的淚珠噗嗤往下掉，地上砸出了一圈小水坑。

徐枕亞傷心地寫道，蕊珠「略受高堂訓責，驚猶疑懼，交迫於胸，亦復深坐顰眉，姬姜憔悴，爰與親友磋商，決以母病為重，用權術遣君大歸……」文中「略受」二字是為長輩諱，蕊珠終日顰眉寡笑，當是事實。母親的「病」，是越來越嚴重的怔忡症，藉口讓

---

[4] 因驚恐、勞累而發作的心悸病症。不發作時如常人，病情較輕者為驚悸，病情較重者（如終日悸動）為怔忡。

母親安心養病，讓蔡蕊珠逃奔西倉鎮娘家，其中用了什麼樣的「權術」？說來讓人啼笑皆非：在譚夫人鬧死鬧活逼迫離婚的要脅下，枕亞與蕊珠只好連袂出演了一起假離婚！荒謬的故事，夾雜著說不盡的辛酸，故事主人公的一番良苦用心，蒼天明鑒。

徐枕亞有〈悼亡詞一百首〉、〈雜憶三十首有序〉、〈雜憶補遺十首〉，敘述他與亡妻蔡蕊珠的情緣，其中「雜憶」第三十二首寫道：「廿畝荒田是禍胎，家庭從此啟嫌猜。人情輕薄吾無怨，貧賤夫妻本可哀。」詩後他含淚箋注：蕊珠初嫁，有畬田廿畝，其後蔡家忽然變卦，吝惜不與，家母疑心重重，恨恨刺骨，蕊珠難為媳婦矣。

蔡蕊珠返回故里，蔡家先前的那些好事者又改了口風，認為婆媳姑嫂不和，責任於夫婿，女子既適人，就不應常住娘家。無所適從的蔡蕊珠，穿一件滾邊玉色湖縐短襖，素雅中透出冷豔，乘船來到滬上。時徐枕亞正與劉鐵冷、沈東訥諸君創辦《小說叢報》，疲於筆墨應酬，見到夫君，蕊珠哭倒在他懷裏，嚶嚶私語：「妾生是君家人，死是君家鬼……」枕亞撫著蕊珠的肩安慰道：「汝來大佳，余正感旅居寂寞之苦，今當與汝組織一小家庭，稍享人生樂趣。乃略置傢俱，憑屋於虹口之餘慶里焉。」[5]

人間風波惡，據《徐枕亞年譜》載，1917 年 1 月，譚夫人得知枕亞與蕊珠在滬上建立了小家庭，與長女徐麗華同赴上海，打上門興師問罪。婆媳姑嫂間的種種紛爭，徐枕亞稱之為「夙孽」，這前世的冤孽，似永無完結之日，直到後來蕊珠生下一子，枕亞取名為無咎，以為從此可以不咎既往，無災無難，一門歡悅。然而到了 1922 年冬，一場紛飛的大雪，預兆著惡夢到了盡頭。那時徐枕亞仍耽溺於小說，在報館設榻獨宿，蕊珠病起之日，他正好回家晚餐，吃完飯臨回報館，被蕊珠扯住衣角，眼眶潮濕，幾番欲言又止。枕

---

5 此處引文均見〈亡妻蕊珠事略〉，載《徐天嘯與徐枕亞研究資料》。

亞不以為意，撫肩安慰了幾句，沒想到此一去便成永訣。請看《徐枕亞年譜》：「12 月 27 日，蔡蕊珠因病和產後不調，遽然辭世，時長女可貞十一歲，子無咎六歲，都由譚夫人領養，而譚夫人不准兩個孩子臨喪，枕亞傷痛之餘，作〈悼亡詞〉一百首，印成小冊子分寄朋好，又有雜憶三十首及雜憶補遺十首。」

徐枕亞有輓蕊珠聯云：「總算好夫妻，幸其死，不樂其生，先我逍遙脫塵網；可憐小兒女，知有父，竟忘有母，對人嘻笑著麻衣。」蔡蕊珠生前遭人白眼，死後仍被視作棄婦，不許埋入徐家祖塋。次年三月，徐枕亞「由滬買舟，風雨中載蕊珠之柩旋虞，葬於常熟北郊外頂山，陪同去墓地的僅兄天嘯一人。」（見《徐枕亞年譜》）

舊書生與現代性

潑向鴛鴦蝴蝶派的髒水中，「封建糟粕」是其中之一。棍棒橫飛，帽子亂扣，鴛鴦蝴蝶派幾乎沒作抵抗，就從文藝前線敗下陣來。倒是若干年後，遠在大西洋彼岸的夏志清先生不經意間為鴛蝴派摘下了這頂帽子。他一雙慧眼，識辨出民初小說中現代性的萌芽，在《〈玉梨魂〉新論》中夏先生寫道：「徐枕亞寫作《玉梨魂》時，並不知道《少年維特之煩惱》這本書，但他讀過林紓翻譯的《茶花女遺事》等西洋名著，顯然對徐氏有巨大影響，不僅提供了一位玉潔冰清的西洋血淚史的例子，更重要的是，供給徐氏結尾一個直接樣本。」又說：「《玉梨魂》是第一本讓人提得出證據，說明受到歐洲作品影響的中國小說。」

駢文體小說《玉梨魂》被稱作鴛鴦蝴蝶派的開山發軔之作，女主角是哀愁美貌的寡婦白梨影，能詩擅文，對外部世界充滿憧憬；男主角是外鄉來的教書先生何夢霞，是她兒子的老師，也是她精神

戀愛的對象，兩人書信往來，感情發展到不可自拔，但又有違封建倫理，白梨影遂李代桃僵，將小姑筠倩許給夢霞，並以死相逼，病中拒絕服藥，殉情而死。何夢霞按照白梨影生前願望，東渡日本求學，辛亥革命時回國參加革命，在一次戰鬥中陣亡，死時還懷惴著與白梨影喝酬的詩詞冊子。

　　新舊思想大衝撞的民國初年，《玉梨魂》能像一顆明亮的彗星，以其獨特的光芒搖曳生姿，這絕非偶然。當時西方婚姻自主思想已傳入中國，但傳統的舊式婚姻仍根深蒂固，要想衝破禮法約束，必須付出沉重的代價，有時甚至是生命。而《玉梨魂》的橫空出世，既有檄文的意義，又符合那個時代讀者們半新不舊的審美情趣，被壓抑的現代性，透過文言文的形式流露出來，有舊瓶裝新酒的味道。不僅如此，《玉梨魂》還大膽運用西方小說的寫作技巧，比如何夢霞與白梨影分手時，梨影低吟泰西名劇《羅米歐》中歌詞：「天呀！天呀！放光亮進來，放情人出去……」夢霞梨影之間的愛情故事之所以能寫得如此纏綿悱惻，哀婉淒涼，一個重要訣竅是放緩了敘事節奏，拉長了心理時間。這部小說彷彿是一座橋，搭著古典詩文和林譯小說的兩頭，既得到了舊讀者的愛戴，又被新市民的生活圈子擁戴。

　　戊戌變法失敗後梁啟超逃亡日本，隔海提出了小說界革命的命題：「故今日欲改良群治，必自小說界革命始！欲新民，必自新小說始！」[6]梁氏言論決非空中樓閣，他是在新市民們日益蔓延的喜愛舊小說的情緒上因勢利導，把小說當作救國的神話提出這一命題的。而最先實踐這一命題的，卻是當時倍感精神困惑的一幫舊文人，他們像迷失在叢林中的獸群左衝右突，用力撕扯周遭藤蔓的束縛，這些探索者，無意中竟充當了中國近現代文學轉型時期的先鋒

6　梁啟超：《論小說與群治之關係》，原載《新小說》1902 年第 1 期。

隊角色。看上去有點荒誕，然而卻是現實：發掘現代性，打頭陣的文學方陣，竟是被斥之為鴛鴦蝴蝶派開路先鋒的徐枕亞、吳雙熱、李定夷等人。

徐枕亞主要作品有《玉梨魂》、《雪鴻淚史》、《余之妻》、《雙環記》、《讓婿記》、《蘭閨記》、《刻骨相思記》、《秋之魂》、《枕亞浪墨》、《悼亡詞》等，風靡一時，可謂盛極。

徐枕亞的好友吳雙熱（1884-1934），名光熊，字渭漁，後改名恤，別號雙熱，取「熱心熱血」意。徐枕亞的《玉梨魂》熱賣之時，吳雙熱創作的長篇小說《孽冤鏡》也在《民權報》副刊相間連載，大受讀者追捧，幾與徐枕亞齊名。此外吳雙熱的作品還有《蘭娘哀史》、《孽冤鏡別錄》、《快活夫妻》、《斷腸花》、《鵑娘香史》、《無邊風月傳》、《花開花落》等。在他為《玉梨魂》寫的序言中，有句「是七尺男兒生能捨己，作千秋鬼雄死不還家」，後被《紅岩》作者引用作輓聯，成為名句流傳於世。《民權報》停辦後，雙熱回到家鄉常熟，辦了一份《琴心》週報，靠自家稿費收入補貼辦報開支，堅持了三年，獨力難支，終因經費不足而關門。之後他仍不甘心，又先後辦了週報《小虞陽》、《藥言》等，均無功而返。1927年，吳雙熱根據地方上一則社會新聞改編成話劇，在上海灘演出反響熱烈，受到事主的控告和追殺，他從此退隱文壇，一度任常熟縣黨部特別委員會秘書，後歷任上海安徽中學、鎮江中學、淮安中學教員，三十年代初執教於南京正誼中學，從此絕少動筆，自謂「我自以小說問世以來，靡論短長，大半為空中樓閣，愧非江郎，更當才盡。譬如一雜貨鋪子，日惟出貨而無來源，則烏能繼其後乎？」1934年，吳雙熱病逝，終年五十歲。

被稱作當時文壇「三鼎足」的另一位作家是李定夷（1889-1964），字健卿，江蘇常州人，家境本是旺族，但父親去世很早，他出生時已家道中落。1908年，李定夷考入上海南洋公學，與趙苕

狂、管際安、顧靖夷等人同學，周浩創辦《民權報》，將他收入囊中，與徐枕亞、吳雙熱成為同事，他們經常在一起談及國事，握手欷歔，濟世經國之心，轉化成風花雪月之筆，在近現代文學史上掀起了第一排浪花。李定夷作品有《鴛湖潮》、《賈玉怨》、《伉儷福》、《絲繡平原記》、《鏡花秋月》、《美人福》等。1913 年，李定夷與張詠述女士在上海結婚，張女士精通法語，文學素養甚高，常用「鬢紅女史」筆名在報刊上著文，夫唱婦和。據徐斯年《李定夷評傳》介紹：1919 年，李定夷掛名於友人所辦之「中華編譯社」，因主事者捲款潛逃而受牽連，事情辯白清楚後，他深為滬上人心險惡而感到寒心，心境也為之一變，頹唐消沉，不願繼續逗留上海，於是北上京城，先後任《大公報》駐京記者，《中報》、《正陽報》、《中華新報》、《順天時報》等報社編輯、記者。1925 年，李定夷入北洋政府財政部，供職於會計司第五科，1928 年入國民黨政府財政部，任視察，同年冬調中央銀行，先後任發行局秘書、文書科主任。1940年隨行遷重慶，1949 年入中國銀行上海分行學習，同年十月因病離職，1957 年任上海文史館館員，1964 年卒於滬，享年七十四歲。

有位筆名為「海綺樓主人」的作者在為李定夷《賈玉怨》所作的序言中，發表過一通議論，在他看來，一向被認為憂憤最深的屈原、賈誼之怨，其實「卑卑不足道」，惟有男女之愛，超越一切利害得失，發自情之所至，故其怨最是真摯，力量也最為巨大。這一說法具有濃郁的現代性色彩。人的解放是現代化進程中重要的一環，將人從血緣、族群乃至種族的牢籠中釋放出來，從共同體認同到單個鮮活的人，這是現代性的基本元素。遺憾的是，最早試圖在這方面進行探索的一群舊文人被指認為「鴛鴦蝴蝶派」，無端遭受辱罵和嘲諷，他們的左衝右突在世人眼裏成了小丑橫行。指鹿為馬，混淆視聽，無怪乎夏志清說，他們「當時的文字已經非常好了，後來的新文學反而退步了。」

歷史確實是荒誕的。新文化運動之後，小說逐漸向民族國家這一主流話語靠攏，鴛鴦蝴蝶派遭遇多方夾攻，終於落得個七零八落的下場。其傳承下來的餘脈，偶爾會濺起的幾朵浪花，比如張恨水、張愛玲、徐訏、陳定山，不經意間就擊起了片片驚歎。

細說文壇公案

1914 至 1924 的十年間，徐枕亞是在苦楚與煩躁不寧中度過的。他的情愛小史，像是一部內涵豐富的複調小說，相互穿插，交叉纏繞。一條主線是亡妻蔡蕊珠的家庭慘劇，另一條主線是俗務纏身的文壇公案。

1913 年冬，《民權報》被禁停刊，聚集在《民權報》周圍的文人們作鳥獸散，各自紛紛為出路擔憂。徐枕亞並沒有太驚慌，他還沉浸在《玉梨魂》的情境中，成功給他帶來了榮耀、聲名、喜悅以及自信。以徐當時的名氣，找個飯碗應不成問題。這一年中華書局在上海增設發行所，盤入文明書局和民立圖書公司，正處於蒸蒸日上的情勢，徐枕亞躊躇滿志加盟其中，意欲在上海灘大展鴻圖，沒料到，卻落得個折戟沉沙。

沒有污泥，哪有蓮花？年輕氣盛的徐枕亞，並不是很明白這個道理。即使是開風氣之先的中華書局，也難以跳出論資排輩的俗套，初進書局的徐枕亞，只夠格當個小編輯，他被安排去編輯低幼讀物。滿腹才氣無處施展，只能喝悶酒澆愁，在一本新著《酒話》的序言中他寫道：「余祖死於酒，余父死於酒，余於麴生交垂十年，因病而醉者四，碎其顱者三，破其衣者七，顛而踣者，更不知其若干次，每次必醉，每醉必傷，亦幾瀕於死矣。人事顛倒，愁環我腸，幾非此無以不炊，而沉溺既深，形神俱耗……」彷彿受了委屈的孩子，總

拿自己的身體出氣，終歸也不是辦法。有一次他編輯《高等學生尺牘》，主任沈瓶庵亂加篡改，且不許列名。沈瓶庵是資深編輯，是《紅樓夢》索隱派的代表性人物，徐枕亞無奈，只得強忍下這口窩囊氣，別寫一二小說，在中華書局創辦的《中華小說界》雜誌上發表。

1914年5月，友人劉鐵冷等人集資合辦《小說叢報》，力請徐枕亞擔任主編，徐遂脫離中華書局，回到了他留戀的文學園地。《小說叢報》創刊號封面，是粉紅色的花枝鬧春，一株帶刺的玫瑰斜斜挑出，這幅小寫意為金融界名流周佩箴試筆，徐枕亞在紅玫瑰下題詩云：「無地埋愁託腕神，風姨何必妒餘春，個中留得纖纖影，劍書鋒芒不刺人。」筆底下流露出的一脈溫情，預示著他的心情已從陰雨天轉為多雲。緊接著第二期封面，是兩個少女各自騎在馬背上，一紅一白，彷彿是歸來，又像是出發。

時有自由撰稿人李定夷、吳雙熱、劉鐵冷、蔣著超、蔣箸超、包醒獨、姚鵷雛、王西神、許厪父、俞天賁、沈東訥等，聚集在《小說叢報》周圍，上海七浦路的報館裏群賢畢至。徐枕亞也從這裏出發，再次開始了他的文學之旅。他把《玉梨魂》重翻花樣，假託獲得了書中主人公何夢霞的親筆日記，細分章節，綴以評語，加入一些纏綿緋惻的詩詞信札，取名《雪鴻淚史》，在《小說叢報》上連載。小說未連載完，即刊行單印本，讀者競相爭購。適逢年關，報館銀根吃緊，靠了一部《雪鴻淚史》，報館總算渡過了難關。

此時徐枕亞的心理正在悄然發生變化。《小說叢報》主編一度曾是徐枕亞、吳雙熱並列，從第四年第一期起，編輯主任只列徐枕亞，七期只列吳雙熱，並刊登了一則啟示：「本報自第三年起，按期出版，編制井然，頗獲社會歡迎。本年不幸重罹浩劫，致一二長篇隨人戛然而止，無任抱歉，唯有自四年七期起，增加長篇，力求精當，尚乞總觀前後，共鑒本社之真誠。」字裏行間，報社內部矛盾已見端倪。

個中原因緣起於經濟糾紛。《玉梨魂》初發表時並沒有稿費，時有《民權報》已離職的營業員馬志千，想了個生財之道：將《民權報》的文章分門別類編成小冊子，拿到坊間去銷售，生意果然大佳。食髓知味，於是把連載的《玉梨魂》印成單行本發售，不出兩個月，接連印刷了三版，仍然告罄。徐枕亞得知消息後，情緒中夾雜著欣喜與氣憤，他在報紙上刊登啟示，聲明要奪回版權。──那年月，版權意識還比較淡薄，馬志千也不示弱，繼續在報紙上刊登賣書廣告，一來二去，《玉梨魂》被炒作得越來越火。

徐枕亞最終奪回了版權。從這一事件中，他也嚐到了甜頭。到了辦《小說叢報》時連載《雪鴻淚史》，徐枕亞便有了經濟頭腦，為了讓《雪鴻淚史》能夠熱銷，他在報刊上刊佈公告：「徐枕亞著《雪鴻淚史》一書，與《玉梨魂》深有關係，書已付印，准一月出版。凡購《淚史》一冊者，概贈《玉梨魂》一冊。」又附啟示云：「鄙人前服務《民權報》時，係編輯新聞，初不擔任小說。《玉梨魂》登載該報，純屬義務，未嘗賣與該報，亦未嘗賣與該報有關係之個人，版權應歸著作人所有，毫無疑義。」

徐枕亞的獨行俠作派，不久便為他人所不容。《徐枕亞年譜》載：徐與《小說叢報》幾個合作者第一次糾紛發生於 1914 年 9 月，第二次糾紛發生於 1916 年 7 月。這之後他離開了七浦路，搬至交通路一三〇號獨資自辦清華書局，並創刊《小說季報》。發刊詞中，他將矛盾公諸於眾。其文云：「鄙人不敏，以無聊文字，與諸君相見者，六七年於茲矣。曩輯某報頗獲社會贊許，初亦欲聚精會神，貫徹最初目的，為社會教育之一助。竭我駑鈍，宏啟士林，而共事者意見分歧，以文字生涯，為名利淵藪，忌責之深，轉為傾軋，知非同志能不灰心，一再固纏，徒留得敷衍之成績，自知浮虞閱者，然不得已也。大丈夫不能負長槍大戟為國家干城，又不能著書立說，以經世有用之文章，先覺之後覺，徒悖此雕蟲小技，為天下相

見，已自可羞，而況居心穢濁，見利忘義，為文人，而行為之卑污苟賤，有為市儈所不屑為者，此中國人心之所以不可問也。《季報》之輯，蓋以答我多數閱者殷殷屬望之意，贖我數年來憊懶惰馳之過，而為普天下文人留一本來面目，勿令被盜名欺世之陰謀家，污我儒林一片土也。清者自清，濁者自濁，世多巨眼，自能識之，余何贅焉。七月七日虞山枕亞。」

這樁文壇公案早已時過境遷，誰是誰非難以判定。但無疑影響到了徐枕亞的創作，加之家庭慘劇屢屢上演，徐枕亞遍體鱗傷，他所寄予厚望的《小說季報》，也只出版了四期即告終刊。

香港作家黃天石，二〇年代採訪過徐枕亞，其筆下的印象記寫道：徐是舊式書生型，戴著深度近視眼鏡，氣度溫醇，談吐木訥，穿一件灰綢長棉袍，說話滿口常熟鄉音，斯斯文文的，和藹可親。那天徐枕亞興致很高，拉來了摯友許廑父，三人一起上了酒樓。回到徐的臥室，黃天石真切感受到了名作家的落寞。那間狹小的房子前面是鋪櫃，居中用木板隔開，後面擺放著一張中式床。床上擺了個盤子，一燈如豆，火苗在幽暗的空中跳蕩，徐枕亞在斗子上燒紅了煙泡，拿鐵簽戳個小孔，便呼呼地抽起來。煙霧彌漫，四處散發著濃郁的香味。妻子蔡蕊珠已過世一年多，徐枕亞的心情像黃公紹的那半闋《青玉案》：「春衫著破誰針線？點點行行淚痕滿。落日解鞍芳草岸，花無人戴，酒無人勸，醉也無人管。」

又是一場孽緣

1924 年 5 月 29 日，電影《玉梨魂》在上海南京西路夏令配克大戲院首映，影片由明星公司拍攝，鄭正秋改編，張石川、徐琥導演，王獻齋、王漢倫、楊耐梅分別飾演何夢霞、白梨影和筠倩，徐

枕亞應邀觀看，夢幻般的光與影把他帶回了昔日的記憶。電影散場後，徐枕亞搭乘無軌電車回家，初夏的風從車窗外吹進來，略微有幾絲暖意，可是心裏卻浸染了一片冰涼。「花樹空猶在，花魂不復回，此生心事已成灰……」淒婉的唱腔仍在腦海縈繞，遙想物事人非，他伏案命筆，寫下《俏人劫後詩》六首，吟誦道：「今朝都到眼前來，不會泉台會舞臺。人世淒涼猶有我，可憐玉骨早成灰。」「一番慘劇又開場，痛憶當年合斷腸。如聽馬嵬坡下鬼，一聲聲哭李三郎。」

這天徐枕亞正在報館編輯稿子，門房送來一迭信札，其中有封從北平寄來，紫色橢圓形郵戳像一抹胭脂，清麗娟秀的文字，無端勾起了他的遐想。展開細看，徐枕亞不覺動容。寫信的女子叫劉沅穎，是徐枕亞的讀者，在學校裏看過《玉梨魂》和〈悼亡詞〉，暗慕作者才華，更憐其家庭慘劇情以何堪，願以書信為媒，結識知己，結尾還附了她作的幾首詩詞，情思溢流，滿紙煙霞。徐枕亞大為感動，立即提筆回信道謝。從此二人詩簡往還，時相唱和，枕亞有詩記其事：「卻從蕊碎珠沈後，又遇花愁玉怨人」，「瞥眼年華銷綠鬢，銘心知己拜紅裙」，「鵑血已是無聲血，蠶蛻終多不了緣」，「尺書碧血緘身世，小印紅鈐識姓名」。

黃天石曾親眼看過劉沅穎的書信，他說那是一種很美的文體，文言和白話混雜，行文清婉，機智活潑，「我想告訴你一件事，你知道了准會嫉妒，試猜猜，是什麼……」欲言又止的現代句式，透出古典女性的伶俐和風趣。

劉沅穎的父親劉春霖，是清朝最後一個狀元，曾被授翰林院修撰，並赴日本留學考察，歸國後歷任資政院議員、總統府內史等職。女方顯赫的身世背景，讓徐枕亞起了一絲猶疑，北平那邊卻不放鬆，一天一封信，頻頻催促見面，徐枕亞收拾了些兒方巾氣，硬著頭皮北上走了一遭。他們的約會地點在北海公園，辨識的標誌是一

本《玉梨魂》，雙雙倚在白玉橋欄上，俯身望著滿塘荷葉，這情景不像是越籬翻牆的《西廂記》，倒像是散發出西洋氣息的《羅密歐與茱麗葉》了。

黃天石的回憶錄中說，在名門閨秀劉沅穎面前，徐枕亞面含愧色，愧的是自己的年齡、相貌以及一身酸行頭。劉沅穎卻並不在意，微微昂起頭：「只要你是徐枕亞！」果敢的話擲地有聲。不太圓滿的是，他們在北海公園的誓約，狀元父親絲毫不知情。作為北方的名士，劉春霖瞧不起南方海派那些野狐禪，聽女兒說了一段戀愛史，他連連搖頭：狀元府的千金，豈能下嫁給寫一個小說的雜家？

曲折的愛情故事再往下進行，是按沅穎的設計，讓枕亞拜師名宿樊雲門，名義學書，實則尋求援手。樊雲門做過江寧布政使，喜好風雅，曾以賽金花本事為藍本，作有長詩〈彩雲曲〉，名揚天下。民國後寓居北平，與袁克文、易哭庵等一班名士賦詩唱和，形骸放浪，徐枕亞的這段羅曼史，恰好對上了老名士的脾胃。樊雲門主動牽頭，辦了家宴，主客是江南才子徐枕亞，特意廣發英雄帖，邀約天下名流赴宴作陪。應邀前往的劉狀元，哪一刻只怕是如坐針氈，面子上仍笑模笑樣，以樊雲門騷壇盟主的身份穿針引線來做這個媒，他再也無話可說，點頭應承了這門婚事。

1924 年秋天，徐枕亞和兄長徐天嘯、文友李定夷等一行人奔赴北平，與劉沅穎喜結秦晉之好。那場轟動京城的婚慶是江湖上的一個傳說，久久成為人們津津樂道的談資：那時節天高雲淡，大雁南飛，牽走了遊子的目光，牽不走的是北平西單同和堂花團錦簇的熱鬧氣氛。隱隱綽綽的紅男綠女，在花木扶疏的景致中穿行，觥籌交錯，談笑風生。徐枕亞特地穿了一身簇新的西服，裏邊是潔白的襯衣，黑毛呢的寬簷圓頂禮帽，戴在他頭上有點不倫不類，於是只好一直拿在手上。劉沅穎身著一襲旗袍，領口袖口滾邊鑲飾了金絲綢碎花朵，是素潔不張揚的那種，看上去嚴冷方正，具有清教徒風

格。她手上捧著一束鮮花，臉部表情恬淡嫻雅，正好是名門大小姐的風範。

那天同和堂的一幕，成為報紙上的頭條社會新聞。好幾家報館派記者跟蹤採訪，寫成《狀元小姐下嫁記》，配發各種姿勢的結婚照，搶奪讀者眼球。徐枕亞的心情難得有了一抹喜悅，像連綿陰雨中太陽偶爾的露臉。他特意鐫刻了一方朱文小印「令嬡夫婿」，每逢有人來求字，徐枕亞飽醮濃墨寫過後，總要在宣紙上輕輕按壓下那顆印章。

這個愛情故事的後半截，劇情陡然起了轉折。結婚那年枕亞三十六歲，沉穎小他十歲，還是個追逐時髦的現代女青年。回想起來，她當初的一念慕才，只不過出於青春期的苦悶，畢竟所生時代不同，家庭背景不同，受到的教育也不同，婚後兩人的差異逐漸顯現，像匯流到一起的涇渭分明的兩條河水，不同的顏色很難融合。

第一次看見那個情景時，她吃了一驚：抽鴉片的丈夫蜷縮在床頭，像隻猥褻的刺蝟那般醜陋不堪。孤燈如豆，映照一張乾瘦蠟黃的臉，生活就像變戲法，變出的那個丈夫她不認識。原先心中供奉的那個偶像，頃刻間轟然倒塌。日子長了，沉穎慢慢也習以為常了，她託人找了份工作，在一所中學裏教書。每天清晨出門，傍晚回家，成天忙忙碌碌與黑板、粉筆、教鞭打交道，即便兩人到了一處，也形同陌生人，無話可說。要不就是吵鬧，甚或打鬥，她摔過杯子、盤子、碗，凡是能抓到手的一切，都被她無情地摔碎。日子在吵吵鬧鬧中過了大半年，徐枕亞終於不堪忍受永無寧日的生活，捲起鋪蓋搬回了南方。

從《徐枕亞著作繫年》[7]提供的資料來看，1925 年以後，徐枕亞的著述乏善可陳，十年間僅有十個短篇和少量詩詞、謎語集。

---

[7] 〈徐枕亞著作繫年〉載於《徐天嘯與徐枕亞研究資料》。

鴛鴦蝴蝶派的一代宗師,「在近代的曙光面前,情不自禁地睜開了雙眼,一剎那間又膽怯而自責地閉上了雙眼,本能地倒退了一大步。」[8]沒有前進的勇氣只能倒退,這其中的原因錯綜複雜,有時代,有家庭,也有個人性格,諸多中國元素共同行兇,合夥謀殺了才華橫溢的徐枕亞。

有兩三年時間,徐枕亞像隻季候鳥遷徙於北方南方。1928 年 2 月,遠在北平的劉沅穎生下一子,取名無病。無病出生後不久,就被徐枕亞遵家母令接到了常熟。劉沅穎獨守著孤單寂寞,經常莫名其妙地流淚。狀元父親見了,少不了要斥責幾句,沅穎硬碰硬頂撞,歇斯底里地大嚷大叫,一半是委屈,一半是賭氣。她的處境有點像《傾城之戀》中的白流蘇,即使被眾人嫌棄,也還得打腫臉充胖子,裝出幾分硬氣來。

就這麼強挺了幾年,1932 年冬天,徐枕亞再赴北平,苦口勸說她遷居南方。劉沅穎禁不住淚水簌簌往下掉,哭過一陣忽然沒聲了,認命吧,她在心裏作了決定:跟隨丈夫去江南常熟,當好本份的續弦夫人。再往後進行的故事尾聲,像冬天的月亮蒼白淒涼。沅穎常年生活在北平,到了南方水土不服,飲食不慣,原本還算健康的身體,沒過多久就變成病快快的了。加上徐母性情乖戾,動輒訓斥責罵,她是狀元千金,改不了心高氣傲的習性,哪裡吞得下這口氣?於是婆媳關係劍拔弩張,相互常年不說話。在「怨憎會」的無邊苦海中煎熬,人的心理和性格也會被扭曲,鄰居們經常看到的情景是:徐府裏的沅穎沈默寡言,每天靠做針線活打發時光。

這樁由孽緣結成的舛錯婚姻,在 1936 年冬走到了盡頭。劉沅穎彌留之際,將徐枕亞叫來,只說了一句話:「願教無病相從地下。」

8　陳子平:《哀情鉅子——鴛蝴開山祖徐枕亞評傳》,原載「中國近現代通俗作家評傳叢書」(之四),第 259 頁。

語畢，淚水滾滾而下。傷心至極的話語像把刀子，往徐枕亞心上一下下剮著。他為亡妻沈穎作輓聯云：「枉擔夫妻名義，我本贅疣，誰憐薄命郎君，曾受折磨多，早厭人生偏愛死；只為母子恩情，爾難瞑目，翻恨頑皮童稚，未諳離別苦，不隨娘死竟貪生。」又有詩云：「飄零勝作無夫寡，訣別翻因有子愁。」徐枕亞還作有〈懺雲詞〉八首，第三首云：「一門風雅獨憐卿，鶼鰈居然結好盟。誰信因緣經萬選，總嫌情性各孤行。勉成夫婦難為婦，何不師生了此生。畢竟誤人還自誤，一重公案欠分明。」

情殤：人鬼情未了

徐枕亞曾在「《雪鴻淚史》識語」中說：「余於言情小說，亦未免有崔顥上頭之感。江郎才盡，從此擱筆矣。」沒想到一語成讖。退出《小說叢報》後，他雄心勃勃創辦《小說季報》，僅出了四期便宣佈停刊，此時徐枕亞仍有著述，但影響大不如前。相傳報刊上那些署名「徐枕亞」的小說，不少是好友許廑父、陳韜園等人代筆。

那支生花的五色筆，不知被哪位神仙收走了。徐枕亞掉入一個循環怪圈：靈感枯竭，就到酒精與鴉片中尋找刺激，但越是這樣，越是文思堵塞。1930 年以後，他極少有文學作品問世，遂萌生了退隱江湖之心。1934 年初，徐枕亞將「清華書局」盤給「大眾書局」，悄然回到了老家常熟，在南橫街開設「樂真廬」，鬻字，篆刻，兼營古玩。

徐枕亞晚年的心境是落寞的。不，「落寞」二字太輕鬆，那是一種絕望的悲涼，那種悲涼瀰漫周身，浸透骨髓，彷彿在巨大無邊的冰窟中遊蕩，每一個毛孔都散發出寒氣。天地不仁，視萬物為芻狗，徐家的慘劇，格外驚心動魄。十幾年時間，徐家似乎沉入了一

場噩夢，幾乎所有家庭成員相繼病歿。除徐妻蕊珠、沉穎外，長女可貞，患精神病，十八歲亡；次女靈眙，二歲早夭；長子無咎，十五歲亡，次子無病，死時十一歲。只剩三女兒可久，過繼給了好友許厓父。沒完沒了的噩夢，還在他的親人中間漫延，過早離開人世的還有嫂嫂姚吟秋和侄女徐英，1933 年夏天，外甥女澄懷產後大出血身亡，姐姐徐麗華和夫君因悲傷過度，也雙雙追隨女兒踏上了黃泉路⋯⋯。

1937 年夏天，徐枕亞獨自回到了常熟黃泥鎮蟄居。日本兵攻佔上海，戰爭如火如荼，塗著膏藥旗的日機在縣城上空久久盤旋，爆炸聲和機槍掃射聲互相交織，硝煙彌漫，驚魂奪魄。這陣子徐枕亞反而平靜了，他一直在咯血，棉花球丟了一地，染滿了殷紅的血漬。好友戴章甫來敲門，身後跟著位穿藍布長袍的老中醫。老中醫拿脈時衝他笑了笑，說當年讀過大師的小說。「哦──」徐枕亞空洞的眼睛茫然四顧，神情若有所思。在他聽來，老中醫說的是一個遙遠的夢，他似乎忘了那個夢與他有關。

9 月 27 日，徐枕亞病歿，時年四十九歲。彌留時，枕亞望著從首府南京請假匆匆趕回來的兄長天嘯，聲音哽咽，幾不能語。「余少年喜事塗抹，於文字上造孽因，應食此報。」一句話像是禪語，天嘯忍不住鼻子酸了，千言萬語在唇邊顫抖，卻不知道該說哪一句。

常常沒來由地琢磨徐枕亞臨終前的那句話：「文字上造孽因，應食此報」。這位鴛鴦蝴蝶派的老盟主，莫非在靈魂升天時參透了天機？徐家的上十條人命，莫非是鴛鴦蝴蝶派作家們出征前悲壯的祭旗？這麼想是不是太殘酷了？更為殘酷的是，相對於鴛鴦蝴蝶派後來所歷經的磨難，徐家的慘劇只是一個開始。

風中的蝴蝶

——陳蝶仙的傳奇人生

繁華一夢成追憶

「……他有頎長的身體，帶著金絲邊近視的眼鏡。熟羅的長衫，常常喜歡加上一件一字襟的馬甲，手上拿了一把灑金畫牡丹的團扇，我常私心這樣地想，我大起來，要像我父親這樣地風度。」被稱作鴛鴦蝴蝶派最後一個傳承人的陳定山，晚年在臺灣回憶先父陳蝶仙時仍然難於抑止內心深處的情感。

陳定山記憶中的家園舊址在杭州紫陽山麓太廟巷，相傳是南宋韓侂胄南園的一角，花木極盛，山石玲瓏，尤其名貴的是院子裏那株數人合抱的桫欏樹，據說還是南宋時栽種的。「樹蔭數畝，其下為惜紅軒，玻璃三面，綠樹繞池，軒外為箭道，掛著幾角弓，是我父親和四叔叔常練的。草坡上立著秋千，則是我們兒童們的家塾，幼稚樂園。」——隔著幾十年的歲月往回看，那個殘破的家園依然使他感到溫暖如春。

1879 年 7 月 22 日，杭州陳氏大家族新添了一名成員。這個人原名壽嵩，字昆叔，後改名栩，號蝶仙，別署惜紅生、超然、太常仙蝶、天虛我生、國貨之隱者、櫻川三郎、大橋式羽等。父親陳福

元,字月湖,是江南名醫,略通星相占卜,娶妻王氏,無生育,續納妾戴氏,生四子四女,蝶仙在四子中排行第三,童年時那個華麗的大家族,幻化成一個抹不掉的夢境,成為他一生的追憶。

樓觀亭榭臨水而築,綠色窗框中鑲嵌玻璃,斜陽映射,熠熠如新磨之鏡。牆角一株芙蓉嫣然開放,不遠處,是公子們讀書的紅樓,彩繪的牆壁上掛著幾隻鳥籠,樹林深處隱隱傳來彈箏之聲……陳蝶仙就是在這樣的環境中長大的,雖說比不上紅樓大觀園的榮華氣派,但陳氏家族也稱得上江南旺族,一門之內有六十餘人,主家政者,起先是當官的叔父,叔父過世後由大堂兄繼任,吃飯穿衣,婚嫁事繁,無不需要統籌兼顧,並非易事。

陳蝶仙七歲時,生母戴氏和父親陳福元先後在同一年去世,小蝶仙十分傷心,好在嫡母王氏待蝶仙如己出,安排兩人伺候小公子,一個是上了年歲的女僕魯媽,一個是大他三歲的丫環小雲。嫡母王氏喜歡說部彈詞,因此家中常能看到這樣的情景:幼童蝶仙繞膝,朗讀古詩文,也朗讀《西廂記》、《再生緣》片斷,寓教於樂。加之私塾先生陳頌詩教給他作五七言詩,陳蝶仙自幼就對小說、詩詞和音律產生了濃厚的興趣,十四、五歲時,曾將習作刊印成冊,題名為〈惜紅精舍詩〉,年歲稍長,又將其作品輯為《一粟園叢書》。

1893 年,陳蝶仙十五歲,嫡母王氏也因病去世了。至親相繼離去,他在繁華的大家族中失去了精神依戀,初步品嚐到了孤苦零丁的滋味。據陳蝶仙自撰《天虛我生傳》云:「生為月湖公第三子,錢塘優附貢生,兩薦不弟。而科舉廢,遂以勞工終其身。」此期間陳蝶仙曾兩次參加科舉考試,均未獲錄取,十七歲時出門遠行,先是在海關某專員名下當助手,繼而在德清武康一帶做生意,皆是仰人鼻息,在他人手下討生活。

中日甲午海戰慘敗後的次年,康有為、梁啟超在京城發動「公車上書」,呼籲變法,梁啟超撰文指出,國民素質是一個國家存亡

的決定因素。當時青年陳蝶仙正在杭州，一邊做小本生意，一邊與文友詩詞唱和，時有習作《桃花夢傳奇》和《瀟湘雨彈詞》，雛鶯新試，啼聲嘹亮，已在杭州城小有名氣，與何公旦、華癡石並稱為「西冷三家」。陳定山著《武林舊思錄》內有《皺月廊》一則，記錄了當年文人雅士聚會的情景：「李可亭（河南名醫，著名書家）避署湖上，與家君（蝶仙）夜宿清漣寺，予時尚童子、何公旦、潘老蘭皆在座，詩酒唱和，凡十二人，清響競遠。時夜月方朗，遊魚出聽，寺僧乞留鴻印，因為署曰皺月廊，家君製跋，華癡石秉燭，何公旦書焉。」[1]

　　西風漸進，舊式書生也不甘落後，有一天，蝶仙與何公旦、華癡石三位好友聚首商議，準備盤下一家快要關門倒閉的報紙，舊時辦報，很多人只是玩票，「反正那時候出版界相當自由，政府既未實行新聞檢查，也不必向租界當局呈請登記，說出版就出版，玩膩了，興頭過了，隨時可以關門大吉。」[2]公子哥們逗一時高興，花上幾百塊錢，罵罵人，出出風頭，登點詩詞小品，也是一樁有趣的雅事。何況「西冷三家」另有想法，他們選擇辦報，既是為國家振興鼓與呼，又可試探走實業救國之路，議題一拍即合，1895 年，新盤下的報紙改名為《大觀報》，正式在杭州清和坊創刊，十七歲的陳蝶仙擔任報紙主編。

　　陳蝶仙在自傳中解釋過他幾個筆名的來歷。陳栩：「栩為似木雩之木，其材雖大而不為棟樑」；陳蝶仙：「莊周自以為醒，而仍在夢中說夢，不求永為蝴蝶，胱然無界似神仙，故號蝶仙」；天虛我生：「李白所謂『天生我才必有用』，實則虛生，故號名天虛我生」。在給友人章鏡塵的信中他寫道：「弟則生平，僅恃一枝筆，

---

[1] 　轉引自鄭逸梅《藝林叢葉》第 342 頁（4192 條）。
[2] 　引文參見孟兆臣著《中國近代小報史》第 25 頁。

混跡於新聞界中，浪操筆政，近廿年。舊號惜紅生，追科舉時，進取路絕，乃更號天虛我生。今人但知弟之別號，而不知即二十年前之惜紅生也。潦倒半生，未嘗得志，亦可謂名稱其實矣。」結合其從文生涯的經歷來看，陳蝶仙此言不虛，《大觀報》接辦後不久，即因鼓吹維新學說而遭致封禁，接下來又接手了一家報紙，同樣是好景不長。

初涉商界，即遭遇流年不利，陳蝶仙意興闌珊。此後不久他生了一場病，回紫陽山麓老家療養，眼前風景依舊，卻已經物是人非。這是 1998 年，陳蝶仙二十歲，翩翩少年已經長大成了一名富才學有擔當的成熟男子，而且前一年已完婚，女方名叫朱恕，略通詩詞歌賦，小夫妻感情篤深。也是在前一年，主持家政的叔父因病去世，陳氏家族由大堂兄接任，不到一年即無法再維持，各房鬧著要分家，變賣財產，簽定協議，經歷了一幕幕鬧哄哄的場景後，當年曾經的華麗氣派黯然謝幕。

療養期間，陳蝶仙每天踏著石徑在樹林中散步，一片片紅楓葉簌簌飄落，在半空中打著旋，那依依難捨的樣子彷彿是在留戀什麼。陳蝶仙被一種濃濃的懷舊情緒包圍著，陳氏家族發生的一系列變故，活生生地湧現到了眼前，1998 年秋天，陳蝶仙著手寫長篇小說《淚珠緣》，據作者自述：「這部書，是作者二十歲時候，在病中做著消遣的。從頭到尾不上一個月工夫，所以裏面的情節，也敘不到十年。」[3]其人夫朱恕回憶當時的情景，說陳蝶仙寫作時蟄居家中，不理一切，像是一尊坐佛。每當寫作痛苦至極，陳蝶仙就常以如來佛受難故事來化解，笑曰：「如此則覺我身所受，總不如如來之難忍。」[4]

---

[3] 陳蝶仙：《淚珠緣全集・自跋》。
[4] 引文參見鄭逸梅著《近代名人叢話》中第 313 頁〈天虛我生陳定山父子〉。

　　《淚珠緣》是《紅樓夢》的仿作，是一位年方二十歲的青年作家對前輩作家曹雪芹的致敬之作。當時其好友金振鐸作過統計：《紅樓夢》中男子二三二人，女子一八九人，共計四二一人，《淚珠緣》乃有五二三人，「又復時時照眼，絕不冷落，亦大能手。」[5]

　　對這本書，范伯群教授在《中國近現代通俗文學史》中曾作如是評價：「穿越了一百多年小說史的長河，繼承《紅樓夢》的人情傳統，豎起清末民初言情之纛的是陳蝶仙的長篇小說《淚珠緣》。」范伯群說《淚珠緣》是陳蝶仙在「養病中的排遣寂寞之筆，當然會在小苦而微甜中溫情如水」。又說：「天虛我生深得《紅樓》技巧之三味，也有從容調度大場面、駕馭宏大敘事網路的能力；從突出作品主題而作不同側面的巧妙設置，直到對故事起承轉合的輕鬆調遣，皆有上好表現；從對幾百人物的出場、退場的自然安排，可以看出作家心中具有運籌帷幄的統領腕力。總之，對天虛我生承繼《紅樓》精華來說，他學的是大家風範和胸襟見識，學的是擁有駕馭全局的大家手筆。」這部作品文筆細膩，溫柔纏綿，情緣摻著情愁，摹仿《紅樓夢》而又情趣有別，其功績在於承上啟下，歷史地位不可低估。

　　然而陳蝶仙寫這本書時畢竟還只有二十歲，是個初出茅廬的青年，無論是人生體味還是對社會的洞察力，都難以企及到曹雪芹那樣的高度，他承認自己所寫的也不過是「兒女癡情，家常閒話」，十多年後，陳蝶仙續寫《淚珠緣》第六十四回至九十六回，在《自跋》中坦誠道出了自己的心情：「金聖歎說的好，文字要立時捉住，方是本色。那過去和將來的，又是別項一種文字。我這《淚珠緣》便是當時捉住的文字。倘使現在再做一部《淚珠緣》，不要說字句情節另是不同，便是依樣葫蘆的畫了出來，也只算得別樣一種文字。」

---

[5]　金振鐸文：〈淚珠緣・書後一〉，載《淚珠緣》第463頁。

江湖上的傳說

　　身體康復之後，陳蝶仙重出江湖，其行囊中除了換洗衣物和日常用品外，還有一疊厚厚的文稿——那是蘸著心血寫成的《淚珠緣》前三十二回。1901 年，陳蝶仙在杭州清和坊開設了銷售書籍文具紙張的萃利公司，翌年開辦石印局，他在客廳裏掛楹聯一幅：「接見都為投刺客，相親總是直腸人。」真實地表白了這一時段他忙碌的際遇。

　　《淚珠緣》經石印館刊出行世，陳蝶仙名聲大振，此後陸續出版了《情網蛛絲》、《旅行笑史》、《棄兒》、《黃金祟》、《胡雪巖外傳》、《玉田恨史》、《滿園花》、《麗綃記》、《火中蓮》、《芙蓉影》、《雙花塚》、《井底雙鴛》、《詩魔小影》諸書凡百餘種，他的創作常以自己和周圍人物的經歷作素材，因此字裏行間每每迴盪著親切熟悉的影子，試舉《黃金祟》和《胡雪巖外傳》兩本書為例證。

　　《黃金祟》出版於 1903 年，美國學者韓南稱這部「陳蝶仙的自傳體寫情小說」是一部真正的愛情小說，「它與當時的寫情小說，即所謂『鴛鴦蝴蝶派』的愛情小說，有一些共性，但也有明顯的區別——以徒然無果而非以悲劇告終。它是一部青年成長小說，也是一部可追溯作者少年時期到他二十歲出頭的情史的自傳——這是陳蝶仙小說中的主題。」[6]

　　故事中有兩個主角，男主角叫珊，在江南的一個華麗家族中長大，鄰家有個叫箏兒的女子，比珊大三歲，聰明伶俐，常教珊疊紙繪畫，從小耳鬢廝磨，一雙小兒女親密無間，彼此也沒拿對方當外

---

[6]　韓南著：《中國近代小說的興起》引言。

人。忽然有一天，珊發現隔壁的箏兒不見了，一打聽，才知道箏兒已經搬家，不知去了什麼地方。箏兒的影子印在了珊的腦海中，無論睜眼還是閉眼，看到的都是箏兒，一顰一笑變化成空中幻影，無時不在，無處不在。

及至年歲稍長，母親為珊訂立婚約，納聘的禮金也送了，可是珊卻心中悵然。他和定親的女子殊不相識，又無共同情愫，此時心中最想納娶的是箏兒。但是箏兒出身卑微，家人的解釋是只可做妾不可為妻，而正式娶妻之前，是不可能先納妾的。在那種封建禮教的制度下，珊不能也不願意反抗，只能默默地承受。

箏兒因家貧墮入花界，被一盛姓幕僚看中，鴇母從中撮合，用酒將她灌醉，成其好事。箏兒遂成為盛幕僚的小妾，在金絲鳥籠裏過日子。起初也曾以淚洗面，對珊情意綿綿，矢志不忘，隨著時間流逝，箏兒逐漸習慣了杭州城裏的富貴生活，成天和一幫有錢的太太們遊園、觀花、看戲、喝茶、打麻將……她在金絲鳥籠中消磨時光，忘不了的是對珊的懷念。苦悶至極時，珊想過的解脫辦法是一死了之，轉念又想到家中的老母親、妻子、孤姪、寡嫂都需要他照顧，他活在世上並不單單是為自己，還有責任和義務，又選擇了繼續堅持。

後來珊赴杭州創辦公司，遇到困境時，箏兒慷慨解囊鼎力相助。而珊此時已經結婚了，妻子素知書達理，一個偶爾的機會，得知丈夫依然愛戀箏兒，於是建議珊收箏兒為妾。這時的珊經歷了生活的磨礪，先在海關上班，後在商海廝殺，已成長為成熟的男子，他放棄了這份感情，從持續了十幾年的思念中走了出來。陳蝶仙有一首詩《自題箏樓聚影圖》，詠歎這段刻骨銘心的情緣：「姐弟相呼二十年，情長如此豈無緣？終身有約今重訂，孽債冤由兩可憐。」

小說從始到末，一直籠罩著一種人生如夢的幻滅感。直至最後，又恢復了傳統的道德理念和儒學實質，不過那多少有點像是硬

貼上去的標籤。韓南分析這部作品時說：「《黃金祟》所代表的，特別是愛情和情感方面，是一種猶豫不決的、混亂的、令人痛苦的、絕望的和屈辱的文學。在《黃金祟》裏，我們感受到了一個正在迅速變幻的時代裏，成長於一個錯綜複雜的大家庭的青年身上的壓力和緊張。……小說揭示了一個敏感、才華橫溢、嬌慣而沮喪的男孩，努力將自己的愛情與當時的社會規範相互妥協調和，卻極少成功的過程。」

陳蝶仙的好友周拜花在《黃金祟》一書的「跋」中寫道：「老友陳君蝶仙，少即富於言情，二十年前嘗以家庭間之喜怒哀樂，仿《紅樓》之筆，著寫情小說《淚珠緣》，風行一時。然書中類多理想之裝點，所謂一半憑虛一半真也。去歲客蛟川，公牘之餘，作此種實事小說，凡書中人皆無一虛構，兩兩印證，大可作《淚珠緣》之參考書，其間年月事實，莫不彰彰可據。書成，初名《真淚珠緣》，又名《箏樓記》，繼而幡然有悟，直以《黃金祟》名之。」書中有諸多親朋好友的影子，有的甚至乾脆以真名入書（如長兄仲兄以及友人華癡石等），對於研究破解陳蝶仙青少年時期的生活經歷，提供了不少線索，大有裨益。

早期另一部作品《胡雪巖外傳》，完稿後託名為「大橋式羽」，1903 年在日本東京愛美社出版。這一年，陳蝶仙由杭州至滬，曾與四弟陳蓉軒一同遊歷日本，此次旅行的副產品是一部十二回本的《胡雪巖外傳》。雖說是演義野史，卻並非毫無根據的胡編亂造，陳蝶仙與胡雪巖家族有戚誼，早年曾訪胡氏故居「芝園」，撰有《芝園懷舊記》，筆下寫盡了昔日無邊的繁華：「予等常自後門入，其南向廳事九楹，榜為碧城仙館，迴廊互其西，循廊入垂花門，乃見嘉樹蔥籠，面東闢一小院，窗櫺雕飾之細，幾如文玩。玻璃悉為五色，間以磨砂，返景眩眼，不能內瞰。其樓欄尤精緻，柱雕獅子百頭，獅目以赤金為之，朝陽映射，燦若繁星，而窗隔屏門

之屬，悉以紫檀雕琢，嵌以黃楊花紋，益見窈窕，隋苑迷樓，殆不是過。」

寫《胡雪巖外傳》之前，他曾以百獅樓中胡氏寵姬為人物原型，寫有彈詞《媚紅樓傳奇》。陳蝶仙還有個親密無間的表兄叫顧紫笙，是胡雪巖的第四個女婿，顧紫笙當年在西湖旁築有「藕香居」，陳設几椅，俱為紫檀雲石，玻璃五色，幻若天上人間，其楹聯題曰：「紅也藕花，白也藕花，真個花花成世界；風來水面，月來水面，盡教面面吸湖光。」

說到《胡雪巖外傳》的影響，有件事不能不提：前些年杭州市政府斥資修復胡雪巖故居時，其設計和施工的主要依據，據說就來自於陳蝶仙的這部小說。若干年前，陳蝶仙在西湖邊建有「蝶莊」，由著名書家吳湖帆題字，蝶仙喜愛鏡子，走廊與房間處處都懸掛各式各樣的玻璃鏡，每有訪客到來，皆有誤入迷宮之感，其標新立異可見一斑。可惜那個新奇而有趣的世界，如今已經蕩然無存了。

在大時代的漩渦中

考察二十世紀最初十年陳蝶仙的行蹤，剖析其心路歷程，有助於全面理解這個人。

據陳定山在《我的父親天虛我生》[7]一文中說，1901 年前後，陳蝶仙身上已經流露出了他積極追趕新時代的跡象。那一年他二十五歲，在杭州清和坊開設萃利公司，專門闢出惜紅軒做了化學室，「其時，在杭州還沒有人懂得什麼化學，把幾何算術也當作一門神話，但是我父親卻能把 CHK 的原理瞭解得非常神速。他還變了不

---

[7]　〈我的父親天虛我生〉一文載於《春申舊聞》，陳定山著。

少戲法給我們小孩子看，一杯白開水倏忽間變紅變綠；一個四寸見方的草亭子裏面拴著一條紙牛，到下雨時裏面的牛便會自己跑出來；而惜紅軒的玻璃，也變了五色的。天井裏的涼蓬，裝了機括，自會舒展。諸如此類，都是我父親學了化學和機械之後的新發明。」

讀到這些文字，會使人想起馬爾克斯在《百年孤獨》中塑造的人物形象何塞，當何塞從吉卜賽人那裏看到磁鐵，便想用磁鐵來開採金子；看到放大鏡可以聚集太陽光，便試圖研製出一種威力無比的新式武器。對新生活的嚮往鼓蕩在胸中，使陳蝶仙成為開時代風氣之先的一個人物。在清和坊萃利文具公司裏，陳蝶仙採購了大批歐洲儀器到中國來試銷，如音樂盒、西洋鏡、手搖留聲機、自鳴鐘、琺瑯鑽石表、幻燈機……生意並不像事先預想的那麼好，甚至於可稱作清淡，次年陳蝶仙又投資辦起了一家圖書館，取名為「醒目社」，隱含有文化啟蒙的意味，又辦了一家石印局，仍然是與文化有關的實業。

可是陳蝶仙左衝右突搏擊的結果，卻遭致了親戚朋友們的訕笑，他們說：「蝶仙真成了洋鬼子，盡把這種怪力神的東西搬到我們杭州來。」在給好友王鈍根的一封信中，陳蝶仙這樣寫道：「人生處世，順逆之境，莫非天命，無可與抗。惟聽天由命，署一切榮辱於度外，庶身心漸漸能安，而境遇亦漸漸能順。否則，如逆風行船，徒費苦力。弟在廿五六歲時，即陷此境，作任何事，無不失敗。家人僉謂太公賣灰面。後索性不復營業，冥心息念，隨朱芙鏡兄，赴遂昌作幕，月入雖微，而身心有所寄託，由是漸漸得人信用，作事亦覺有興。」

陳蝶仙信中提到的朱芙鏡即朱兆蓉，江蘇如皋人，工詩詞，喜治印，也擅長繪畫和彈琴，芙鏡是他的字，與陳蝶仙是文友。陳蝶仙在杭州經商失敗後，先後在江浙一帶的紹興、靖安、淮安等地當幕僚，有時候也代課教書，1906 年底，他曾在上海創立著作林社，

主編雜誌《著作林》，銷售情況也不太理想，更有趣的是該刊發佈啟示，聲稱凡錄取文章者須交納費用，如刊登近世名人逸事偉績之稿每頁須納刊次二元，寫真（照片）半頁納報費五元等等，這種刊用文章還要交費的事，是二十世紀報刊史上的特殊景觀，也間接說明陳蝶仙辦雜誌時的經濟狀況很糟糕，該雜誌出版二十二期後宣告終刊。眼看著已過而立之年，仍然像水上浮萍般四處漂泊。1909年春，文友朱芙鏡援手相助，請他到幕中來當幕客。

其時朱芙鏡在浙江遂昌任知縣，此地山青水秀，環境幽美，明萬曆年間，湯顯祖曾被貶至遂昌當過知縣，其代表作「臨川四夢」與遂昌密不可分，當地一直有許多戲曲愛好者。朱芙鏡將陳蝶仙攬入幕中，卻並不安排具體事情，鎮日間與當地一幫戲曲愛好者雅聚，賦詩譜曲，研習崑曲唱腔技巧。朱芙鏡也是個有趣之人，經常參與其中，悠然自樂。縣衙門是理政辦案的處所，不宜鼓樂笙簫，就選擇了縣城東郊的綠玉亭，稍加修葺，為崑曲迷的演藝之地，邀約眾人攜酒放歌，演唱《牡丹亭》、《紫釵記》、《長生殿》等，與民同樂，大有「鳴琴而治」之古風。

滬上文友王鈍根

1911 年，武昌起義爆發，遂昌光復，朱芙鏡捧出一顆官印交給革命黨，擇一處清靜地成了佛家弟子，陳蝶仙也出走上海，繼續筆墨生涯，同時也為創辦家庭工業社做準備。

這年夏天，江蘇青浦人王鈍根正在上海編創《自由談》，久已知悉陳蝶仙的文名，書信不斷，力邀蝶仙加盟。是年冬天，陳蝶仙來到上海，經王鈍根推薦任中華圖書館編輯，創辦《女子世界》雜誌，12 月 10 日創刊，從雜誌的編輯方針看，該刊強調婦女實用知

識的傳播，開闢有「音樂」、「工藝」、「衛生」、「家庭美術」等欄目，這與陳蝶仙早期辦雜誌的名士作派有了細微的區別，他的重心已在向實用方面轉移。該刊翌年七月停辦，共出版六期。

　　王鈍根與陳蝶仙是情投意合的契友，兩人都為對方寫有小傳，鈍根為蝶仙寫的小傳[8]中說道：「天虛我生，姓陳，名栩，號蝶仙，別號天虛我生，浙江錢塘人。少負才名，當道諸貴介，多折節與之娣交。曾主著珺吟社，海內文士，聞風景從。後以商業失利，橐筆作幕遊，所至著賢聲。辛亥夏，余為《申報》創編《自由談》，廣徵文藝，君方在紹興幕，以詩八律見投，余讀之，大為傾倒。旋復得其短篇小說，益歎賞不已，飛書報謝，君答函尤殷拳可感，自是郵筒往來無虛日。是年冬，君始來滬，相見歡甚，握手凝視，轉疑夢景。君自言案牘勞形，頗復厭苦，願得滬濱一席地，安筆硯，展琴書，日對良友，以詩詞小說相和，生平這幸也。時余適兼掌中華圖書館編輯，創刊《遊戲世界》及《禮拜六》（小說週刊），銷行極一時之盛，乃商於館主，更作月刊，名《女子世界》，即聘君為編輯，出版後聲華藉甚，閨客貽書稱女弟子數百人。余乃薦君於《申報》經理，不納，乃余去《申報》，繼任者不得一當，經理乃卑禮厚市，延君主《自由談》筆政焉。《申報》銷數，驟增數倍。君又擇取家庭常識之一二則，加以實驗，試製牙粉，成績最佳，卒以是組織家庭工業社，發售無敵牌牙粉，數年來擴充資本至二十萬，分設釀酒、製汽水及炭酸鎂玻璃瓶諸廠，指揮擘畫，日不暇給，文字生涯，與是遂輟。貧寒之士，竊竊豔羨君能不以窮小說家終老，余獨以為君改業為富商，小說界之不幸也……」

8　原載《社會之花》1924 年 1 月 5 日第 1 卷第 1 期〈本旬刊作者諸大名家小史〉，轉引自潘建國文《〈工商業尺牘偶存〉所載鴛鴦蝴蝶派小說家史料輯考》，見《明清小說研究》2003 年第 3 期。

　　陳蝶仙亦曾撰有〈鈍根先生傳〉，收入《栩園遊戲文集》，文曰：「先生不知何許人，亦不詳其里居。若或詢之，則訥訥不能出諸口，蓋其舌根鈍也。先生與人脫帽為禮，露其圓光之頂，則如牛山之濯濯焉；時尚燕尾鬚，翹然可喜，而先生則下唇邊，盡為不毛之地，蓋其髮根，鬚根無一不鈍，故不能貫革而出。或謂以山芋摩擦龜背，輒生綠毛，先生無髮，厥貌不揚，先生無鬚，厥狀不偉，易以山芋摩之擦之，則綠毛叢生，亦奇相也。先生以之試之多日，仍無一根之毛出現，亦可謂鈍之至矣。先生幼時讀書，先生之先生授以句讀，先生輒若充耳無聞。先生之先生乃耳提面命之曰：『此茸茸之耳根，又何其鈍也。』於是，遂以鈍根之嘉名錫之先生。比及成年，知慕少女，惟情根太鈍，往往不利。乃膺相思之疾，蘊而未發。醫者謂一旦疾發則必無幸。然歷今數十年，猶未發也，蓋其病根亦鈍耳。先生既授室，閨房樂事固有甚於畫眉者，而結縭至今，未聞有呱呱者墜地。人或疑之，詢之先生之夫人，夫人笑而不言。有知之者因以告余，蓋其命根之根亦鈍而又鈍云。」文中極盡幽默調侃之本事，可見二人關係不同一般。

　　陳蝶仙的小說《玉田恨史》，就是根據王鈍銀內弟李清澄的真實經歷創作的，陳蝶仙在《〈玉田恨史〉傳概》中寫道：「鈍根來書云，內弟李君名昌海，字澄清，江蘇青浦縣之朱家角人。秉性醇厚，善事父母，尤好學，留心國事，論世具特識，肄業吳淞復旦公學，譯著甚富。光緒三十四年夏六月十八日夜，因納涼，得傷寒症，七日而死，年僅二十一歲。到黃氏，少於君一歲，同邑之玉田村人。工書善繡，能譜風琴，嘗以李君親製之歌，依聲和之。其伉儷之篤，概可想見。李君病危，夫人願以身替。及其死，乃於焚衣時自投於火，家人趨救得免。自是朝夕號泣，哀毀無狀。……翁姑勸之，則唯唯否否，但求速死。居恒憖冷饢，飲冷水後，且時作冷水浴，單衣當風，戰慄無人色。明年六月，疾果發，狀與李君同，且於李君

死日死，年亦二十一。說者謂精誠所感也。李君無後，夫人既死，其姑侯太夫人心乃大傷，書空咄咄，輒呼子媳名與之語，若電話然。但聞此問而不聞彼答。晨起必入子媳寢室，為之褰幃疊被，命婢進洗具，拂試几案維潔。夜則為之展衾下幃，至今行已五年矣，未嘗少替。哀此情狀，乞為哀情小說，以體其苦衷云……」

王鈍根是鴛鴦蝴蝶派的一個重要人物，他一生參與了十幾個報刊的創辦，其編輯宗旨是講趣味，重本真，不喜說教。後來他創辦了《禮拜六》，聞名遐邇，雜誌出版贅言中他寫道：「遊倦歸齋，挑燈展卷，或與良友抵掌評論，或伴愛妻並肩互讀，意興稍闌，則以其餘留於明天讀之。」「一編在手，萬慮都忘，勞瘁一週，寧閒此日，不亦快哉！」當年上海灘風行一句廣告語：「寧可不娶小老婆，不可不讀《禮拜六》！」由此可見《禮拜六》的編輯趣味以及雜誌在市民中的影響。

但是辛亥革命後，文藝急劇向左轉，一頂莫須有的「鴛鴦蝴蝶派」的帽子，壓得那些舊派文人喘不過氣來，大多數舊派文人噤若寒蟬，聽任各種責難、譏諷、謾罵和鞭撻。在鴛鴦蝴蝶派不多的辯護詞中，有王鈍根率真的聲音。

1924 年，王鈍根從友人處得知，柳亞子在一封書信中有詆毀滬上小說家語，柳亞子說他向來不看此類（鴛鴦蝴蝶派）小說，皆上海一幫文丐所為，不屑於與全無道德之文丐為伍，云云。王鈍根說他聽到消息後感到詫異，也感到可笑，「亞子號稱學者，何其言之蠻不合理如此。余初見新文學家謾罵文言派，輒作一筆抹殺語，以為少年淺躁使然。不圖亞子有養之士，習才白話文，便亦輕狂如此。夫提倡白話文可也，提倡罵人，抑又何必？豈不罵人便不足以為新文學家耶？且亞子昔為南社幹事，嘗與其所謂文丐者周旋甚歡，初不以為不道德，豈若輩文丐之道德，自亞子投降新體文後而始壞耶？抑眾人之道德忽然同時而盡壞耶？彼新文學家之所以痛

哭文丐者，殆謂以文賣錢耳，所謂不道德者，殆指言情小說耳。然獨不思新文學家之投稿索酬者正多，而舊文學家之投稿者，未必悉為寒士斤斤於金錢也。至於言情小說，亦猶彼等之白話小說與新體詩耳，白話小說與新體詩之描寫男女戀愛者，什居八九，其繪影繪聲處，或且甚於舊體文之言情小說。更有同是白話小說，其為舊文化時代人所作而未加新標點者，則醜詆為淫詞，為下流，而一經新文化之酋長批註，加以新標點者，則群奉為模範，學校且用為教本焉。」[9]

　　用左翼文學陣營代表人物鄭西諦的話說，他們的時代需要血的文學，淚的文學，不是雍容風雅，吟風嘯月的冷血作品，在一片甚囂塵上的聲討和喧嚷聲中，王鈍根的聲音顯得太微弱，被淹沒在口水中。王鈍根早年曾參加南社，也喊過激昂的口號，並非一味只管沉醉於鴛鴦蝴蝶的舊文人，縱觀他的一生，更應該算是一個矛盾體，在大時代的漩渦中沉浮，終於還是被一排巨浪吞沒了。辦雜誌屢遭抨擊，且經營也難以持久盈利，後來他設立明記公司經營鐵業，又遭慘敗。1933 年，王鈍根重操舊業，在滬上繼續辦雜誌《自由閒話》、《新上海》，均未獲得成功。此後他的興趣又有轉移，熱衷於戲曲，尤其是京劇，撰有《聶慧娘彈詞》等，建國後的 1950 年，王鈍根在上海病逝。

國貨之隱者

　　陳蝶仙有枚牙章，上面刻著五個篆文：「國貨之隱者」。陳定山說這個名號是一位達官貴人贈與的，他父親在工商尺牘上常用，且

---

[9]　轉引自《鴛鴦蝴蝶派散文大系‧活在微笑中》第 68 頁，王鈍根：《拈花微笑錄》。

為這個名號而自豪。民國年間的政壇，辦實業往往也成了做官的捷徑，陳蝶仙則對此現象不以為然，鐫刻了這枚牙章行走於世，也有戒備和自警的意思。

陳蝶仙對辦實業的嚮往由來已久，當年在杭州辦文具公司、醒目社、石印局等，皆可視作牛刀小試。據陳定山回憶，在杭州父親還專門請了個日本人教家人學習化學。在上海辦雜誌期間，其住宅是滬西門內靜修路三樂里，滬上文化人都知道陳家有個家庭工業社，研製成功了無敵牌擦面牙粉，陳蝶仙還在報刊上撰文，提倡國民工業常識，在《自由談》開闢《常識》專欄，撰寫的文章五花八門，如「造胰皂法」「苛性鈉制法」「製火柴法」「漂白法」「洋磁製法」「造糖法」「鍍金法」「造樟腦法」「攝影製版法」「彩色照相法」「照相石印法」「製醬油法」「普通肥料製造法」「薄荷油製造法」「甘油製造法」「紙纖維製造法」等等。此後又出版《家庭常識》單行本若干冊，風行一時。

陳蝶仙最初試製無敵牌牙粉是在 1912 年，他曾在浙江鎮海縣任代理知事，其時市場日本貨氾濫，國人引以為憂，創辦實業者多為棉紗、布匹等類別，而三個銅板一包的牙粉，並沒有什麼人關注。陳蝶仙即從小處入手，開始他的國貨生涯。這一年，好友何公旦在慈溪縣任知事，陳蝶仙前往拜訪，兩人在縣衙門後面的文昌閣品酒賦詩，時屆初冬，潮落河平，海天如鏡，推窗一望，見海灘上白皚皚一片，綿綿數十里，燦如積雪。陳蝶仙用手一指好奇地問：「那是什麼？」邊上有個小吏答道：「老爺，那是烏賊骨。」

陳蝶仙聽後異常興奮，趕緊回到鎮海縣，叫來四弟陳蓉軒商議。陳蝶仙的一生中，四弟陳蓉軒始終是他的得力助手，時任鎮海警察局長兼罪犯研藝所所長，陳蝶仙說，烏賊骨又名海碟硝，是天然磨齒的牙粉原料，他建議用罪犯研藝所的名義向上峰打個報告，爭取撥款兩千元，作為試製牙粉的經費。兩人一拍即合，連夜

呈文，然後是滿懷期待。誰知批文發下的結果大出所料，上峰不僅沒有撥款，反而是一頓訓斥，說陳蝶仙這個代理縣知事顢頇至極，居然想出這等糊塗主意，要用兩千元鉅款來辦渺小的一包紙袋牙粉，云云。陳蝶仙一氣之下辭了官，從此寓居上海，專心投入到牙粉事業中。

　　陳蝶仙一生創辦實業可分為兩個時期，一是研製無敵牌牙粉，二是改良手工業造紙，陳定山說他父親「前者是成功的，後者是失敗的」。當年的無敵牌牙粉風行全國，四億國民中有四分之一的人在用，成功顯而易見。而改良手工業造紙的失敗，其原因一言難盡。

　　陳定山回憶說，父親陳蝶仙不喜歡機器，辦造紙廠的想法是依靠手工。有一次，陳定山赴日本參觀了幾家大型造紙廠，回國後大發感歎，認為日本人從植樹、鋸木、造漿，一直到成紙，甚至連帶印刷以及裝璜成冊，都是一體化的機械化作業，規模宏大讓人嘆服，相比之下，中國的造紙業顯得太渺小。陳蝶仙聽後微笑，撫著兒子的肩膀說：「你不要灰心，你要知道，現在的世界各國工商實業有的是資本，而我們有的是人力。我們為什麼不利用手工業的豐富人力，使窮人個個有飯吃，而一定要跟在人家後頭，用機器來逼迫自己呢？除了飛機、火車，無法用人力推挽，一切工廠裏面的馬達，我認為都可以用人力來代替的。」陳蝶仙還說：「我不是不會造機器，只是我們不願意用機器來壓迫我們的工人，使他失業。尤其是我們家庭工業社，二十年來，每一個工人，大都成家生子，他們父母子女都在我家庭工業社做工。我一旦造了機器，拿裝粉部分來說吧，一隻裝粉機的效能，至少可以抵七個人。我們的經常開支固然要省得多，但是我們的六個工人就失業了。」

　　這種思維方式辦無敵牌牙粉成功了，後來用在改良手工業造紙上，卻遭遇了慘敗。

在戰亂中西遷

　　1937 年是中國人心頭的一個傷痛。盧溝橋事件後，陳蝶仙的家庭工業社搬遷至上海金神父路四一○弄，這裏是法租界，相對而言安全許多。但是隨著戰爭逐漸升級，尤其是「八一三」日軍向上海發起進攻後，大批難民湧入租界，租界成了擁擠不堪的挪亞方舟。

　　陳蝶仙電召兒子陳定山來滬，商議工廠西遷事宜。按照陳蝶仙的計畫，擬將他們設立在上海、江蘇、浙江的所有工廠全部向重慶西遷，可是其合夥人李新甫卻不同意，李新甫聽了遷廠的方案後哈哈一笑：「這是誰的計畫？要遷，你們營業部遷，我的廠不遷。」李新甫認為，就算日本人來了，做生意的還是要照常做，與國家勝敗存亡無關。當時持有這種想法的實業家不在少數，陳蝶仙說服不了他，只好聽任李的意見，留下了半數工廠。

　　陳定山回憶說，工廠西遷過程中，先搬遷的是上海、江蘇兩地的工廠，陳家在浙江也有不少企業，父親陳蝶仙一字未提，唯獨對杭州的手工造紙廠戀戀不捨。臨別之際，陳蝶仙專門回了杭州一趟，手工造紙廠是陳蝶仙親自設計的，遠遠看上去，不像是一座工廠，更像是一所花園，打漿房，漉紙室，都是飛簷挑角的亭榭……陳蝶仙站在山坡上，喃喃說道：「走吧，這次，我是失敗了。」他說這話時眼眶微微有點潮濕。

　　撤離上海城的那天，大街上靜悄悄的，好像是一個無人之境，只有一個賣方糕的，邊走邊敲打梆子，扯著嘶啞的嗓子，高一聲低一聲地叫著。走過陳蝶仙父子身邊時，賣方糕的人停下來，他認識陳家父子，告訴他們：兩天前，市長已經撤離了，臨行前留了輛汽

車，指名是留給大實業家陳蝶仙的呢！聽了這話，陳蝶仙心裏湧起一絲暖意。

一路向西撤退，經蕪湖、漢口、宜昌、重慶、成都、昆明。按照陳蝶仙的想法，在宜昌、重慶、成都、昆明這幾個西部城市一路設立工廠，以實業支持抗戰。可是沿途建造起來的工廠，不斷慘遭日寇飛機的轟炸，成為廢墟。不僅如此，還從上海方面傳來消息，原來的合夥人李新甫與之反目，拒不承認陳蝶仙父子在企業中的領導地位，更糟糕的是，過了段時間又傳來噩耗：留在江南沒有撤離的上海總廠、無錫紙廠等企業被日寇飛機炸毀，只剩下一片廢棄的磚塊瓦礫，滿目荒涼。面對此情此景，陳蝶仙沒有氣餒，而是表現出了異於常人的豁達大度。有段時間他住在成都，每天泡在茶館裏聽說書人擺龍門陣，有空了也為朋友寫寫對聯，好像生活中從來沒有發生過戰爭似的，也絕口不提那些被敵機炸毀的工廠。陳定山在昆明，寫信請父親去處理公務，陳蝶仙回信說：「成都的青豆蒸肉餅子，實在好，等我吃滿了一百蒸格，我便飛來。」

陳蝶仙有句口頭禪：「譬如昨日死。」這是一種遍嘗了千百種況味、看透了滄桑世事之後才有的人生境界。他說，人不可有極喜與極哀，要常持一念，前事早已化為雲煙，不應該因得失而沮喪，甚至也不必懷念。陳蝶仙認為人是有靈魂的，靈魂是一種至大至剛的天地正氣，永遠生存於天地之間。

妻子懶雲夫人留在了上海，女兒陳小翠也伺候左右，往西遷移的那些日子裏，他經常給上海的女兒小翠寫信，藉以傾訴思念之情，也以這種方式排遣寂寞。陳蝶仙在信中云：「我早想造一個桃源樂境，等太平之後，就從蝶莊邊的空地入手，左右都有餘地可買，實行孟老夫子的五畝之宅，再種些番薯備荒。我又有地在玉皇山蓮花峰下，只要你高興這個，我也能做灌園叟。」又云：「我萬事皆抱樂觀，每起煩惱念時，即以手拍額，喝曰：何又自尋苦趣，於是

立即轉念過去樂境，不覺怡然，此實妙法，可以卻病消愁。」又云：「夜眠如不入眼，只要呵出幾口濁氣，自然會得調息安神，一次睡足八小時。」

在給妻子懶雲夫人的信中陳蝶仙寫道：「我雖然只剩下一個兒在身邊（指陳定山），坐在火城邊寫這封信，心裏仍是很安定的，並不感到孤寂。瓶中的梅花，是胭脂一般的新萼，開了許多，很香，要比臘梅香得好聞，不知家園中的梅花開了沒有？前日在溫泉大池邊，看見池中的鯽魚，足有六七寸長，水溫約在華氏八十五度，著手如探湯，而魚竟游泳自如，並不煮熟，因念翠兒的熱帶魚，如果養到溫泉中，一定會得生兒孵種呢。」另一封信寄自昆明的信中云：「家中的紫鳶花開了麼？白蝴蝶依前飛滿了麼？這裏也有許多白蝴蝶飛來了，一數共有十四雙，都叢在一堆小草花開的所在。這花絕似紫鳶而小，似狗尾巴草上開了小朵的紫花，顏色和紫鳶花一般，但是毫無香味，大概白蝴蝶是愛茄花色和藕芽似的東西吧。不過一大群的三角花，顏色略深些，足足開了一個月了，從不曾見有白蝶成群的，也多有一雙粉黃蝶兒來點綴點綴。我因此很紀念紫鳶花，不想此地特開了一群小型的來，引些白蝴蝶來安慰我，可不是我的心電真告成功了。小滿節的約夢，可不要忘記了呢！」名士派頭，即使在戰亂中依然不改，真是讓人嘆服。

生死兩茫茫

1940 年 3 月 24 日，陳蝶仙在上海病逝。彌留之際，他將兒子小蝶、女兒小翠叫到床頭，臉上含著一絲微笑說：「我以名士身來，還以名士身去。」又說他平生有兩樁心願未了，一是天虛我生全集尚未刊行；二是死後必歸葬於桃源嶺。

　　陳蝶仙的兩樁心願至今仍是人世間的遺憾。在他死後的那些不正常的年代裏，出版《天虛我生全集》無異於是個夢魘，即便今天，時過境遷，陳蝶仙的讀者已不復存在，鴛鴦蝴蝶派仍然等同於罪孽，要出版其全集何其難也。至於他死後必歸葬於桃源嶺，也由於種種原因而未能如願，知情者只能搖頭歎息。

　　陳蝶仙是個大覺悟者，對生死有種達觀的態度，早在 1931 年，他就在西湖邊選擇了一塊風景極美的地方，為自己和夫人建造了死後的墳墓——生壙。陳蝶仙還為生壙做了一副墓聯：「未必春秋兩祭掃，何妨勝日一登臨。」他又做了「天虛我生懶雲夫人合傳」，請著名書家董暬香行書刻石，而題其墓曰「蜨巢」。妻子朱恕在墓道兩旁栽種了八十三棵松樹，過了幾年，樹木已成長林，每遇春秋佳日，陳蝶仙臂彎裏掛著手仗，帶著一家人沿著墓道去登高。看著滿湖遊艇在湖上穿梭如織，心情像陽光一般燦爛明媚。

　　生壙造好後還未來得及題名，戰爭爆發，日本人來了。陳蝶仙忙於工廠遷移，一路輾轉到了大後方昆明，他依然念念不忘故鄉那座生壙，曾對兒子陳定山說：「琪兒，我昨天夢見桃源嶺了。它還是好好的，松樹長高了，梅花開得很盛，你的祖父，我的二伯伯，三姑夫母，連你的堂房大姐姐在那裏看月亮，他們想來是等著我呢！……我的墳上開著一口池，池上開著一朵白荷，一轉眼，它就萎了，我是六月二十四，荷花生日生的，這個夢兆或者就是我的歸宿。」[10]陳蝶仙還特地寫了一篇《桃源夢》，寄給了遠在上海的夫人朱恕和女兒小翠，此文後收錄在《栩園遺集》中。

　　幾年後——1944 年春天，陳蝶仙的妻子朱恕也去世了。陳定山在《桃源嶺十年祭》一文中回憶：母親的遺言和父親一樣，「我

---

[10] 陳定山文《桃源嶺十年祭》。

死以後，可以把我們的雙柩葬到桃源嶺，桃源嶺是中國的土地，我們沒有理由默許給日本人。」

1944 年秋天，陳定山決定親自到桃源嶺去看看。但是當時桃源嶺是被日本人佔領的，尤其是杭州郊區出入行動很受日本人注意，陳定山經過不少的阻難和盤詰，來到杭州，第一個下榻之處是西泠橋蝶來飯店。蝶來飯店是陳定山在抗戰前修建的，曾盛極一時，影響巨大，因日本人的到來，陳定山隨同父親向大西南撤退，飯店交給了朋友沈劍青臨時打理，重新回到蝶來飯店時陳定山百感交集。

「沈劍青穿著一件破長衫，自己在劈柴燒飯，樓上住了三個日本人，正在呼么喝六。原來飯還是給日本人燒的，日本人住房子用人都不出錢，飯燒少了，便是一腳跟，劍青給我看，胸脯一大塊烏青，這是昨天踢的。」沈劍青對陳定山說，桃源嶺萬萬不能去，那邊已經是中國人的游擊區，去時容易，回來準會找麻煩，甚至你還沒出樹林子，就會被日本鬼子一槍送了命。

那天夜晚的月亮慘白，滿湖泛銀光，恍若罩上了一層霜。陳定山睡不著，偷偷爬起來往桃源嶺方向走，西泠橋上有個日本憲兵，他從黑暗中繞過去，淌過齊腰深的雜草，翻過了棲霞嶺和紫雲洞，回頭再看山下，站崗放哨的人影小得像是花生米一樣。走著走著，忽然被一把槍抵住了腰際，「是小陳先生嗎？」黑暗裏有人問，驚恐中他回頭一看，那人是陳家請來管生壙的錢老伯，他在山上打游擊呢。

錢老伯領著陳定山到了桃源嶺，月光下，挺拔的松樹和滿坡梅花依然如故，只不過比幾年前長高了許多。錢老伯告訴陳定山，這一帶因為是游擊區，所以樹木保存得還算好，日本人不敢來砍伐，生壙也得以保存得完好呢。錢老伯話未說完，陳定山已是淚眼娑婆，子欲養而親不在，父母雙亡的悲慘故事，他又如何說得出口？

何況父母的遺囑都是要歸葬於桃源嶺，眼下的戰亂情景，又如何能夠實現父母親的遺囑？

簡單寒暄了幾句，陳定山下山了，回到蝶來飯店，竟沒有一個人知道他去過桃源嶺。桌上一片狼藉，陳定山抓過一瓶沒喝完的五茄皮酒，一口氣喝下去，然後提筆寫了首詩：「酒醉推枰作枕頭，何期嘔血動盈楸。桃源無計逃秦法，父子何年共此丘。」

翌年日本無條件投降，消息傳到上海，陳定山準備運靈柩回杭安葬。誰知道才短短一年時間，人世間已發生了滄桑巨變，錢老伯去世了，墓道兩旁的 83 棵松樹被人砍伐成薪，滿坡的梅花蕩然無存，先前修建完畢的石亭子也被拆毀了。陳定山請人將父母的靈柩運到桃源嶺，在生壙裏安葬，墓道兩旁的松樹重新栽種，原來滿坡的梅花改栽了竹子，再之後是三年內戰，陳定山於解放前夕去了臺灣，1950 年他寫作《桃源嶺十年祭》時說道：「我天天夢著桃源嶺，看見我的雙親，攜手同行，指點湖上山光水色……天涯寒食，在臺灣更免不了思鄉的病。」

1959 年，陳定山收到了妹妹陳小翠從大陸寄來的一封信，其中有段文字與桃源嶺祖墳有關，信中寫道：「海上一別忽逾十年，夢魂時見，魚雁鮮傳。良以欲言者多，可言者少耳。茲為桃源嶺先塋必須遷讓，湖上一帶墳墓皆已遷盡，無可求免，限期四月遷去南山或石虎公墓。人事難知，滄桑倏忽，妹亦老矣。誠恐阿兄他日歸來妹已先化朝露，故特函告俾吾兄吾侄知先塋所在耳。」從這段文字來分析，陳蝶仙夫婦的墳塋似已遷移，遷墳的當事人陳小翠也已作古，這座墳墓只怕是再也找不到了。

悲涼秋聲，如潮似水

──李涵秋的心路歷程

回首往事已惘然

1904 年春天，已入而立之年的李涵秋收到一封信。信是從武漢寄來的，淺黃色紙面上畫著一枝梅，淡淡的疏影，透露出獨特的雅致。展開一讀，是恩師李石泉的親筆，盛情邀請他赴鄂擔當西席。李石泉，揚州人，未入仕途前曾設館授課，李涵秋即是他當年的得意門生。此人後來以大挑任知縣，分到湖北做官，深得總督張之洞賞識，保薦為道員，獲湖北清丈局總辦，人稱「李觀察」。清丈局負責土地管理，是個肥缺，官場中人人嚮往之，李觀察憂心的是兒女無良師，於是寫信邀學生來鄂援手。

接到恩師的信，李涵秋心裏頗費了一番周折。

李涵秋（1874-1923），名應漳，字涵秋，號韻花，別署沁香閣主。其父李朗卿，經營有一家煙館，可是李涵秋降生時，家境已經式微。他七歲的時候，父親去世了，留下的煙館被一夥計侵佔，幸虧叔父相幫接濟，始得入學，並於二十歲那年考取秀才。出身於貧寒家庭的李涵秋，懂事很早，二十六歲即設帳授徒，那年是1900 年，日曆翻開新的一頁，人類又一次迎來了新世紀的太陽。

再過了兩年，清廷明詔廢除千年科舉，凡私塾弟子皆入新式學堂，受此情況影響，李涵秋授課斷了生源，家庭財政面臨窘況，正在暗中發愁。

恰在此時，恩師的信猶如雪中送炭，應該說是件大好事。但是李涵秋卻有個心結，他內心嚮往的是古代士大夫的寫意生活，追求淡泊寧靜，不願涉足官場。多年後，其弟李鏡安寫了〈先兄涵秋事略〉一文評價他道：「長於古文詞章之學，惟性情恬淡，無志進取。後由李石泉觀察招之入鄂，當道中如貴陽陳筱石直隸高澤佘奇其才，爭欲羅致幕下，先兄輒婉言謝絕，以為一入政界，有如素質之衣，便染成皂色，雖再掏水洗濯，恐不能還我本來面目矣。」

一個人的行事作派，與其少年時代的記憶息息相關，李涵秋也不例外。

揚州自古是金粉繁華之地，歷史上有數不清的詩詞為證：「煙花三月下揚州」，「月中歌唱滿揚州」，「猶自笙歌徹夜聞」，「十年一覺揚州夢」等等，說的都是揚州「火樹銀花不夜天」的空前盛況。李涵秋從小在這甜蜜溫柔之鄉浸泡，很難不受影響，從他幼時酷愛評書，可略見一斑。據其好友貢少芹回憶：「三十餘年前，吾揚州評話家如李國輝、芝玉春之《三國演義》，鄧光斗之《水滸傳》，金國燦之《平妖傳》，龔午亭之《清風閘》，秦鑑南之《說唐》，張麗夫之彈詞，無不各擅勝場。涵秋幼時最喜聽講，且成癖焉。顧天資極穎慧，一經入耳，悉不遺忘，歸即摩肖書中人物之姿勢與口吻，於祖母及其母前復述之，頗得其彷彿。更能歷舉書中人之情節脫漏處，語極中肯。祖母戲謂之曰：『待汝長成，將使汝習評話業也。』厥後君為當代第一小說家，所取材料，半基於此。」[1]

---

[1] 參見貢少芹、貢芹孫著《李涵秋》，第 90 頁。此書初版於 1923 年，以此推論，文中所說「三十餘年前」應為 1890 年前後。

　　能說明他「性情恬淡，無志進取」的還有個例子，是李涵秋早年的愛情故事：二十歲考取秀才後，曾有一個姑娘愛慕其才華，與之相戀。姑娘名叫媚香，是揚州一個富紳家的千金，母親得知女兒媚香愛上了窮書生，苦口婆心勸說，可是媚香死活不依，發誓非李公子不嫁。萬般無奈之下，其母只得決定將她送到福建舅舅家。臨行前，媚香從後門溜出來，在秦淮河邊與李涵秋告別，默默流淚說道：「你帶我走吧，我們遠走高飛，生死不離！」書生氣十足的李涵秋被媚香這句話嚇呆了，怔怔地望著她，好半天未置可否。臨陣流露退縮之意的李涵秋，終於還是辜負了她的心意，媚香傷心至極，扭頭走了。看著她的背影，上穿玄色對襟衫，下穿綠裙子，身後拖一條長辮……那個漸行漸遠的女子成了李涵秋心頭上永遠的痛。後來李涵秋在武漢發表的小說處女作《雙花記》，其女主角原型即為媚香──這是後話。

　　二十四歲時，李涵秋完成了人生中的婚姻大事，妻子薛柔馨，深於國學，有掃眉才子之譽，且遇事有主見，是李氏得力的賢內助。接到恩師的信後，李涵秋與妻商量，這位聰慧幹練的薛夫人，關鍵時刻從背後推了丈夫一把。第二天，李涵秋收拾起行裝，搭乘一條小火輪，從揚州來到了武漢。

文壇初露臉

　　李涵秋抵達武漢時，已是民國前夜，中國社會正在醞釀劇變，各種思潮如同沉渣浮起，泡沫氾濫。這個習慣於慢節奏的揚州人，依然按部就班，過著朝九晚五的生活。

　　除了給恩師的子女授課外，李涵秋最大的樂趣是讀書，妻子不在身邊，臨時「鑽石王老五」的生活不免有點單調寂寞。有一次，

幾個文友在黃鶴樓雅聚，約好了晚上賞月，恰逢是夜忽降大雪，諸文友不免掃興，喚店小二取酒來，邊飲邊等雪停。李涵秋一時興起，多喝了幾杯，至雄雞啼聲四起，天色將破曉，雪卻越下越大，此時李涵秋已酩酊大醉，爛醉如泥了。歸家途中，李涵秋失足跌入街邊，呼呼大睡，天明時分醒來，全身濕透，狼狽不堪。這次醉酒使他大病了一場。從那以後，李涵秋學會了控制，終生喝酒再也沒有過量。

還有一件事，更能說明李涵秋理智克己的性情。遊幕武漢期間，李曾有一段秘密情史：有個妓女名叫惲楚卿，愛習詩作文，屢以吟風弄月之作投諸小報登載，李涵秋聞其文名，設法與之晤面，見其亭亭玉立，灑然一裙屐，滿心生起愛慕之意。結交不久，二人耳鬢廝磨，形跡益密，然而當惲楚卿談及委身之事，李涵秋又犯難了。一來家境不寬餘，不敢隨便娶姨太太；再則又怕一妻多妾之痛苦難以消受，「乃陽諾，陰與之悚，遂絕跡於妝閣矣」。[2]後來李涵秋與貢少芹談到這事，自恨薄倖不止，成為民國小說名家後，李著有《琵琶怨》一書，述詩妓惲楚卿事甚詳，書中多隱約詞藻，蓋為己諱也。

從以上兩件事，可以大略看出李涵秋其人。追新潮偏生淺嘗輒止，愛時尚卻是葉公好龍，腦子裏偶爾露出想出軌的苗頭，最終都被他扼殺在萌芽狀態之中。

但是李涵秋畢竟是文人，即便這位穿長衫的名士再理智，也有不那麼理智的時候。在武漢充任幕客期間，李涵秋曾引爆了一場「詩戰」，意外地使他名聲大振。

這事說來話長。清末，漢口有《公論新報》，以提倡風雅為標誌，聞名遐邇。該報特闢一專欄，名為《漢上消閒錄》，廣徵詩詞小品，鄂中知名人士如金熙生、包柚斧、胡石庵、鳳竹孫等，屢有

---

[2] 見貢少芹、貢芹孫著《李涵秋》，第 102 頁。

作品發表。李涵秋見之，不覺技癢，以近作感懷詩四首試投該報，其中有〈白桃花詩〉寫道：「一曲歌成燕子箋，梅香樓妃冷秋千。亭台春淺層層雪，烏溪風迴漠漠煙。才子文章慚少作，美人懺悔到中年。眼前洗盡繁華態，消受清寒薄暖天。」該報主事者為貴州人宦屏鳳，讀了這幾首詩，大為激賞，邀李涵秋過江面談，有相見恨晚之感慨。於是，李涵秋成了該報特邀專欄作家，《漢上消閒錄》無日不有他的詩文。一時聲名鵲起，尊者稱其為詩伯，忌者稱其為野狐禪，李涵秋對這個稱謂大不以為然，詩文中免不了隱含幾句譏諷話，這一下更是刺痛了對方陣營，為時一年之久的「詩戰」拉開了帷幕。

這場看不見硝煙的紙上戰爭，歷時一年以後，請第三者出面調解，方才休戰。李涵秋曾寫下一首長詩，詳敘其事：「武昌愁雲壓城黑，武昌江水連天赤……」寫這首長詩的時候，揚州人李涵秋心情不錯，他的大名早已經響徹武漢三鎮了。

一樁窩囊事

李涵秋在武漢的歲月過得很熱鬧，也很寂寞，熱鬧的是鵲起的聲名，寂寞的是孤獨的內心。單身一人，了無牽掛，每天最好的娛樂方式是讀書。成為《漢上消閒錄》的專欄作家後，他便開始寫稿。時間在不知不覺中流淌得快了起來，生活也因寫作而變得豐富和充實。

時有報人胡石庵，在《漢上消閒錄》上連載言情小說，頗受讀者歡迎，李涵秋讀後不覺怦然心動，遂生執筆效響之意。他的第一部長篇處女作是《雙花記》，內容如前所述，寫他自己與媚香的一段初戀感情。在自序中，李涵秋夫子自道：「汲汲求十數年前猥褻

私昵之境，以謀消遣法哉」，由此也可看出，這是李涵秋的一部消解苦悶之作。書中頗多自責和懺悔，也是作家當時心情的真實寫照。

書寫成後，欲投報館，又有點不自信，於是放入抽屜，密不示人。業餘時間，又繼續寫成了一部書稿，名《雌蝶影》，這部小說寫人人關心的家庭問題，敘事模式有點模仿翻譯小說。時有文友包柚斧前來造訪，見到這部書稿，愛不釋手。包柚斧沉吟片刻道：「近日滬上報館，正在以重金徵集小說，為何不寄去一試？」李涵秋道：「海內諸多著作家爭勝，不敢出招，何況我也不認識主編大人。」包柚斧笑道：「既然如此，我來幫你一試。」

李涵秋將書稿《雌蝶影》交給包柚斧，過了不久，李涵秋偶爾讀到《時報》，看到《雌蝶影》三個字，大喜過望，再一看作者署名，卻是包柚斧。李涵秋大起疑心，去向包柚斧詢問，包柚斧一臉鎮定，回答說他也大惑不解，恐怕是因稿件係他所託，主編誤以為包即是作者。包陪著笑臉道：「這事即使兄不來找我，我也會去信報館，問個究竟。」李涵秋道：「既然是這樣，你也不必去信了，我直接致函報館，讓他們糾正。」包柚斧一聽，怔住了，將李涵秋邀進內室，殷勤倍至，以實情相告，說事已至此，乞涵秋稍留餘地，不要撕破臉，至於稿酬，他也尚未收到，先墊付一百五十元，並贈杭州馬褂衣料一件，表示歉意，其他的等以後收到了再全款奉送。當即由包妻親自下廚做菜，熱情款待，

看著包柚斧可憐兮兮的樣子，李涵秋不忍繼續深究。事後李涵秋得知，其時包柚斧已收到了上海報館的稿酬，實際上是兩百五十元。經過這一番交涉，李涵秋對包深為鄙視，與之絕交，斷絕了往來。第二年，小說《雌蝶影》由上海有正書局出版，作者署名也改回為李涵秋。包柚斧並沒有想到，當時還是無名小輩的李涵秋，後來會成為紅遍中國的小說大家，如果想到了這一層，他恐怕也不會在清末民初的文壇上徒然留下這個笑柄。

東風惡

　　李涵秋在武漢時，曾經收了兩個女弟子，釀成了一個故事。以後他每每憶及，像一杯檸檬茶，苦澀中略帶一絲酸甜的味道。

　　兩個女弟子是葛家的一對姊妹花，一個叫韻琴，另一個叫辨琴。其父時任漢陽協鎮，是清末一位頗有新頭腦的舊軍官。葛某無子，只有一對千金，因此特別看重，將她們送進武昌女子師範學堂接受新式教育。兩姐妹從報紙上經常讀到李涵秋的詩文，心裏升起景仰之情，大著膽子給李涵秋寫信，附上了幾首小詩。寂寞中的李涵秋見有人送高帽子，而且捧場的還是兩個知識女性，興奮之情難以言表，將她們的小詩推薦到報紙上發表了，第二天，韻琴、辨琴兩姐妹來信感謝。這麼一來二去，兩邊感情日益深厚，不久，一對姊妹花被李涵秋收為女弟子，成為李在武漢生活中的一抹暖色。

　　李涵秋有個揚州老鄉叫胡瞿園，也喜歡舞文弄墨，見李涵秋文名大揚，心中已暗生嫉妒，又得知李收了兩個紅顏女弟子，更是醋意大發。胡瞿園寫了幾首詩，拿到《漢上消閒報》去發表，詩中諷刺李涵秋才具平平，葛氏姐妹不必崇拜，並張己之詩才如何高妙，大有毛遂自薦之意。豈料葛氏姐妹見了胡瞿園的詩作，捏著鼻子喊酸，步和原韻寫了幾首詩，將胡瞿園譏諷奚落了一番。兩個女弟子的舉動使胡瞿園無地自容，一腔怨恨遷怒到李涵秋的身上，差點釀成一椿大禍。

　　有一天，胡瞿園到李涵秋寓所造訪，見案頭有一封信，字跡娟秀，展開一讀，果然是葛氏姐妹寫來的。信中說，由韻琴、辨琴姐妹牽頭，邀集三五紅袖知音結成詩社，會所設在武昌蛇山抱

冰堂，特邀師長李涵秋加入，並望屆時光臨指導。胡瞿園據此消息，精心泡製了一封匿名信，投到湖北督署，指鹿為馬，謂李涵秋將於某日召集女革命黨人秘密聚會，其時離浙江秋瑾案發不久，清廷特別注意女學生的行動，時任湖廣總督的趙爾豐，得信後密囑張彪派兵捕獲。

很湊巧的是，這天李涵秋有事耽誤了一會，等他乘轎至蛇山附近時，清廷兵丁押著葛氏姐妹及其他幾個女學生正往山下走，李涵秋見狀大駭，趕緊令轎夫抬之出漢陽門，渡江至漢口租界避難。過了幾天，李涵秋又聽到消息，被抓的詩社女學生已獲釋放，但是官府認為幕後有黑手，責成李石泉調查李涵秋，李聞訊後連夜乘船東下，赴上海避禍。後來經李石泉等人在官場多方斡旋，擔保李涵秋決不是革命黨，官府才答應不再追究。經此一場恐嚇後，李涵秋返回武漢，從此深居簡出，不敢越雷池半步，更是不願意和政治沾邊了。

一段未了的佳話，偏生插進了一些不該有的齟齬，更證實了生活中難覓完美。而李涵秋恰好又是個追求完美的人，若干年後，葛氏姐妹赴日本留學，直至結婚生子，李涵秋仍與她們偶有書信聯繫。

去意徘徊

辛亥革命前後幾年，李涵秋遭遇到生命中的第一個低谷，初次品嚐了悲涼之秋的味道；但與此同時，他的創作卻步入了一個重要的黃金時期。

1909 年，先是因為莫須有的「女革命黨」事件，李涵秋被動地捲入了時代的漩渦；稍後不久，恩師李石泉不知怎麼得罪了上

峰，告別官場回到揚州，臨行前問李涵秋有何打算，李涵秋一臉
苦笑，搖頭不語。這一年，李涵秋跟隨李石泉回到揚州，仍就館
於李觀察家中。次年，應江蘇第五師範學校校長洪巽九之邀，執
鞭於教育界，擔任該校的歷史地理教員。空隙時間，繼續進行小
說寫作，李的代表作《廣陵潮》，大部分篇章都是在這一落寞時期
完成的。

　　1911 年，武昌城頭一聲槍響，宣告民國新時代開始了。政局
變遷，人事也隨之變動，李石泉受邀，出任民國新政官員，並提攜
李氏兄弟涵秋、鏡安擔任秘書長。民國初年鬎辮子即象徵革命，誰
再拖著一條「豬尾巴」都會自覺慚愧，在《廣陵潮》中，李涵秋寫
了一個人物名叫雲麟，是作者本人的自況，書中描寫道：雲麟順應
潮流，絞去一半頭髮，卻留下一半，盤著瘦辮子，藏在帽子裏面，
好在天氣寒冷，許多人都戴著帽子，也沒有人瞧得出來。他心裏想，
大清亡故，我留下這半條辮子也對得起朝廷，以後等體制徹底變
更，由君主變為共和，再斬草除根，鬎掉剩下的半條辮子，也不為
遲。其實雲麟的這種精神狀況，又何嘗不是李涵秋情感經歷的真實
寫照？在現實生活中，李涵秋進入民國新政府上班不到三天，就辭
職了。他憑藉的藉口是家母和叔父相繼去世，家庭重擔遽然壓上肩
頭，難堪重負。實際上，他是在儘量逃避社會俗務，躲進小屋成一
統，專心在文學領域裏構築自己的城堡。

　　然而平靜的生活終於還是被打破了。此時南北尚未統一，辮帥
張勳盤踞南京，據說要來光復後的揚州屠城。各種流言傳來，秩序
大亂，一夕數驚，老百姓紛紛逃難，學校也空無一人了。失業後的
李涵秋，只能指望從武漢寄來的稿費維持家計，更加糟糕的是，在
革命的大浪潮中，報紙早已淪為了一種工具，豈能容納與這場革命
有著隔膜的舊式才子繼續編織美夢，他的小說連載暫時停止了，生
活也陷入了無著落的窘況。

世人爭說《廣陵潮》

正在窮愁潦倒之際，面前意外閃現出了一條生路：友人張仲丹欲赴上海，臨行前來與李涵秋告辭，問他有無事情需要在上海辦。李涵秋略作沉吟，忽然想起先前在武漢報刊上連載未完的一部小說，何不請友人拿到滬上幫忙求售？張仲丹是個熱心人，聽李涵秋說了這個想法，當即點頭答應。

到了上海，張仲丹來到商務印書館，找到老熟人王蓴農，將書稿交給王看，王是滬上詞章名手，對文字的要求近乎苛刻，認為此書文采不足，擬退回。經張仲丹為之說情，勉強答應接受，但稿酬標準極低，為千字五角。張仲丹不敢作主，寫信問李涵秋，李的家庭正在鬧經濟危機，急需款項，迅速回信表示同意。可是等張仲丹拿著李的回信再去商務印書館時，沒想到王純農又變卦了，他雙手抱拳，連聲說了幾個「抱歉」，認為李作雖佳，然白話體例不太合適，仍將書稿退回。

被王蓴農退回的這部小說，後來卻成了鴛鴦蝴蝶派的一部名著。

滬上有個著名的報人叫錢芥塵，腦子裏裝滿了一些新思想，其時擔任《大共和日報》經理，從文友圈子裏聽說有這麼一篇小說，新近被王蓴農退了稿，很感興趣，託人要來一看，大加讚賞。小說原名《過渡鏡》，主要圍繞揚州的三戶人家，展開辛亥革命前後十餘年的世態沉浮和社會變遷，按照李涵秋的本意，是想將小說寫成中國社會轉型時期的一面鏡子。錢芥塵提筆將書名改為《廣陵潮》[3]，在《大共和報》的副刊專欄《報餘》上逐日連載，一經問世，大受讀者歡迎。

---

[3] 揚州古稱廣陵郡、廣陵國。因這部書以揚州為背景，取名《廣陵潮》十

　　對於這部近百萬字的小說，時人如此評價：「二十四橋之風物，猶躍然紙上。」李涵秋自己也曾坦率地自白：「我這《廣陵潮》小說是個稗官體例，也沒有工夫記敘他們的革命歷史，我只好就社會上的狀態夾敘出他們的事蹟」。一番夫子自道，無意中觸摸到了文學創作的真諦：只有摒棄任何先行的主題，沉湎於自己的藝術天地，才有可能寫出優秀作品。

　　胡適說：「民國成立時，南方的幾位小說家都已死了，小說界忽然又寂寞起來。這時代只有李涵秋的《廣陵潮》還可讀；但他的體裁仍舊是那沒有結構的《儒林外傳》式。」胡寄塵認為李涵秋的小說「在近代小說家內，可與吳趼人頡頏，而超過李伯元之上」。魯迅在 1917 年 12 月 31 日的日記中寫道：「上午寄家書並本月用錢五十，附二弟三弟婦箋各一枚，又寄《廣陵潮》第七集一冊。」書是寄給母親的，魯迅的母親周太夫人，也是李涵秋眾多熱心讀者中的一位。

　　李涵秋成了民國初年的小說名家，當時的上海報刊林立，隔兩三天，便有一家新報紙創刊，而每家新創刊的報紙，都以刊登李涵秋的小說為時髦，時有「無李不開張」之說。儘管如此，李涵秋仍然保持著舊式文人的士大夫情懷，不以物喜，不以物憂，依然沉湎於自己的文學創作天地中，有一則軼事記道：「涵秋一日乘驢走鄉間，叉於兩樹間，驢自胯下逸去，而先生方窮思小說資料，竟不覺也。」軼事顯然有誇張色彩，但記敘李涵秋沉湎於文學創作達到忘我的境地，也並不純粹全是虛構。數年間，他共寫了三十三部長篇小說，字數達近千萬，堪稱著作等身的社會小說之泰斗了。

分貼切。小說借鑒了揚州人喜聞樂見的揚州評書特點，使小說富有「廣陵風味」，張恨水曾說；「據一個揚州朋友告訴我，揚州說書人，就是這個作風。」

　　還有一件趣事，順便說下。李涵秋成名後，王蓴農主持《婦女雜誌》，曾寫信向李徵求小說稿，收到王蓴農的信後，李涵秋大不以為然，仍對舊事耿耿於懷，發牢騷道：「今日涵秋，猶是昔日涵秋，西神（王蓴農）為何前棄而今取耶？則信乎文字無定評，惟虛名是重耳。」

不合時宜的名士

　　在生命的最後幾年，李涵秋有些落魄。這個舊派的揚州人，趿拉著一雙木底拖鞋，嘎噠嘎噠，在陽光難以照射到的街巷裏悠閒地踱著步子，腳底踩出的那些聲響，總是難以和大時代協調──儘管他也曾試圖跟上時代的步伐。

　　1921 年，時任財政部次長的張岱杉，在書肆間偶爾購得《廣陵潮》，讀後大感興趣，一日與錢芥塵（時錢為天津華北新聞經理）閒談，提及此事，張岱杉道：「觀李君之作，雖不乏事實，然屬子虛烏有者居多。若撝拾真事，以此妙筆渲染，當勝《廣陵潮》十倍。」錢芥塵是聰明人，聽出他話中有音，小心去試探，果然，張岱杉的意思，是想請李涵秋來京任幕僚秘書，援筆為張作傳。經錢芥塵居間撮合，李涵秋答應北上，正在準備啟程時，北方發生洪災，津浦鐵路為大水沖毀，此行乃止。不久，張岱杉免職另任，這件事也不了了之。

　　到了這年秋天，錢芥塵重返上海，擔任《小說時報》主任，寫信邀請李涵秋也來上海，參與編輯事務。李涵秋瘦削的身材，戴著金絲邊眼鏡，雖說已到中年，卻不留鬍子。他抵達上海時，滬上文人雲集報館，皆欲一睹大文豪的風采。這讓李涵秋感到全身不自在，那個瞬間，有個古怪的念頭掠過腦際：自己彷彿成了關在籠子裏的怪物，在供遊人觀賞憑弔。

在從報館回大東旅館的路上，這種不自在的感覺變得更加強烈。當時乘坐的是一輛摩托卡（腳踏機動車），車速並不太快，對於習慣了慢節奏的李涵秋來說卻是風馳電掣。一路上，他始終覺得頭暈目眩，低聲咕噥不習慣顛簸。送他回旅館的朋友錢芥塵等人百般無奈，只好停下來，換乘了一架黃包車。李涵秋仍覺難受，頻頻用手撫摸腦門，擔心會得了腦震盪。到了大東旅館，一行友人陪他乘電梯，李涵秋又鬧笑話，四處看過一遍，道：「人說上海房間狹小，誠不誣也。」一席話把大家逗樂了，一個個都想笑，卻又不忍心笑出聲來。

才住了幾天，李涵秋便感到諸多不習慣。他要吸水煙，煙灰隨便彈在地上，把旅館房間的油漆地板燙得留下焦痕，老闆讓他賠錢，李涵秋感到滿肚子都是委屈。白天太過喧囂，只好將寫稿的時間改在了夜晚。他把自己關在樓閣上，足不出戶，平常很少有人見到其行蹤。朋友有雅聚宴客，也一概推辭謝絕，實在推託不了，應徵前往，也只是略食少許，不終席而去。不知者謂其清高，實際上他有難言的苦衷：在揚州過慣了閒適的生活，對十里洋場的酒食間徵逐，格格不入。

鴛鴦蝴蝶派的另一位代表作家周瘦鵑，在一篇文章中回憶道：「我和李先生的最末一次見面，是在申報館。談了一會，李先生興辭而去。過了一二分鐘，忽又走了回來，說：『那石扶梯上有一段沒欄杆，我不敢走下去，可否打發一個差役扶我下去？』我答應著，急忙喚一個館役，扶了李先生一同下樓，我立在樓梯頂送著，不覺暗暗慨歎。心想青春易逝，文字磨人，李先生只不過是個四十九歲的人，已是這樣頹唐了⋯⋯」[4]

閒下來的時候，李涵秋常常懷念在揚州的那些日子，懷念那頭心愛的毛驢。在逝去的歲月裏，李涵秋悠哉遊哉，每天都騎著毛驢

---

[4]　參見魏紹昌編《鴛鴦蝴蝶派研究資料》（上卷・史料部分），第 588-589 頁。

去學校，聽見噠噠的驢蹄聲，就知道是李先生來了。那頭毛驢脾氣特別強，總愛和他鬧彆扭，每次進學校門，都會用力撅彈後腿，冷不丁將李涵秋摔下來。李涵秋很是生氣，指著毛驢訓道：「你再敢摔我一次，我就將你賣掉！」第二天，毛驢故伎重演，李涵秋果然不食言，賣掉毛驢，雇了一輛獨輪車代步，並風趣地將獨輪車稱作「一輪明月」。

——每當想起這些，李涵秋心上就會湧出一絲溫暖，像是從遙遠處投來的一束燈光，在召喚著他。而在上海的這種隔膜的生活，真的能夠讓他窒息。

第二年，李涵秋辭別上海，回到了揚州。

情史就是痛史

李涵秋的一生中，除了妻子薛柔馨外，還有個女人始終在他心目中佔據著舉足輕重的位置，此女子即前邊所提起過的媚香。

媚香的真名叫做玲香，揚州分別後，李涵秋思念不已，夜闌人靜，一燈如豆，常常獨坐作癡想，燈花跳躍，以為是伊人之影，撲之則空。他在武漢曾做小說《雙花記》，書中的女主角媚香，即為玲香，是一部寄託悲苦思念之作。據說《雙花記》由小說林社出版時，李涵秋特地向出版社提出要求：稿費多少不在乎，但一定要在書的扉頁上印出他的照片，究其原因，是希望小說能夠行銷到福建，倘若玲香能夠看到此書，知道是他寫的，可以恢復聯繫。如此情癡情聖，憨態可掬。此後在長篇代表作《廣陵潮》中，李涵秋又將玲香寫入書中，取名為紅珠，並在最後讓紅珠成為雲麟之妾，而眾所周知，雲麟為作者李涵秋本人的自況。

　　有個叫朱春駕的鴛鴦蝴蝶派文人曾寫過篇文章，標題是〈李涵秋三十年前之情史〉[5]，詳細敘述了李涵秋與玲香的一生情緣。李涵秋跟隨李觀察從武漢回到揚州後，最為關心的便是玲香的行蹤。託人一打聽，得到的消息讓他痛徹心扉，深切感受到人生之無常。原來，玲香的父親前幾年已去世，一棵大樹倒了，家族迅速走向衰敗，玲香被人輾轉賣到妓館，張幟某班，現已鶯遷江南金閶么鳳院中。李涵秋得知後不勝惋惜，連夜趕赴蘇門，明察暗訪，不料竟遇之於可憐筵上，玲香懷抱琵琶彈奏，李涵秋飲酒聽曲，二人相對默然涕泣。

　　曲終人散，玲香邀請李涵秋至其家，私底下詢問，玲香已改名為韻花，二人回首往昔，直覺不堪。李涵秋對玲香情意纏綿，但卻並不太懂得柳巷規矩，沒過多久，床頭之金已所剩無幾。玲香多次苦諫，讓他離開此地，去過正常人的生活，李涵秋偏生聽不進去，百般無奈之時，玲香只好暗中以金釧相贈。這樣的日子總有到頭的時候，直到妓館一再下逐客令，李涵秋才依依不捨地離開。

　　回到故鄉，李涵秋兩耳不問窗外事，一心閉門寫小說。某月，與友人外出，夜泊秦淮河，聽到窗外水聲潺潺，難以入眠，披衣而起，獨立船頭，看秋水一色，愁月當空，禁不住心潮起伏。忽聽到鄰船隱約有嗚咽聲起，燈光朦朧，少頃，一女子挽纜出視，觸目驚喜，疑是夢中，此女子好生面熟，細看竟是日思夜想的玲香！兩個斷腸人相對，哭訴離情，難以成聲。玲香道：「自君去後，妾自歎命薄，每天惟毀容哭泣度日，所受之苦，一夕難訴。後來遇到遜清大臣李某，被聘為小妾……」聽了這番話，李涵秋雖說愁腸千結，卻也有一種釋然：玲香畢竟被官宦迎娶，有了靠山。雙方留下聯繫地址，匆匆話別，等到李涵秋辦完事，再到上海去尋訪玲香時，此

---

[5]　文見袁進編選《紙片戰爭——〈紅雜誌〉、〈紅玫瑰〉萃編》，第 171 頁。

時辛亥革命爆發，新浪潮如火如荼，按照玲香提供的地址，尋訪到的卻是一座頹敗的廢墟。

這之後李涵秋與玲香之間失去了聯繫，像一隻風箏，斷線了。時光流逝，轉眼已是三十年，李涵秋著作之餘，對鏡照容，白髮悄然爬上了頭。乃自題居所曰韻花舊館，又改沁香園，皆是懷念玲香所為也。某日黃昏，李涵秋正在家中枯坐，有一老嫗到來，直呼其名，神態神秘莫測，說要引他去一個特殊的地方。李涵秋遂跟從前往，奔走數里，前方忽現一茅舍，漸漸走近，老嫗手指榻上，但見玲香仰臥於上，容顏憔悴，眼神淒迷，淚如雨下。

玲香拉著李涵秋的手，哭訴她的遭遇：辛亥革命後，官宦李某一度在上海當寓公，今春抱疾病故，妻妾飄散，不久玲香又大病了一場，因思念李涵秋，特意折道來到揚州，要與他見最後一面。聽玲香說話的聲音，已是氣息奄奄，李涵秋不由得潸然淚下。回到城裏，李涵秋援引名醫，一心要為她醫治，可是夙願未了，第三天傍晚，玲香還是玉殞香消了。

李涵秋低著頭，從茅舍中走出來，眼前是一片榆樹林，一道紅光倏忽閃過，定睛看去，是隻絢麗的狐狸在林中跳蕩。這讓他猛地想起了《聊齋》，想起了寄託著蒲松齡無限期冀的那些女鬼。此情此景，他一時間竟分辯不清今夕何夕了。

生命像是一架老式座鐘

回到揚州，李涵秋重新找回了閒適的心態，深居簡出，種花養鳥，日以著書為樂事，生命像是一架老式座鐘，拖著慢悠悠的步子，滴答滴答，表面上聽起來，似乎有點單調孤獨，內部的節奏卻仍然很豐富充實──只是已沒有幾個人能聽得懂了。

　　他每天清晨即起，端坐在書桌前寫作，時間以兩小時為限，剩下的時間則用於讀書、種花和養鳥。李涵秋感到自己的生命漸漸臨近老態，他常常回憶起過去的那些情景，即以寫作來說，最多的時候，他要為五六家報刊寫稿，同時連載的長篇計有《新聞報》的《鏡中人影》，《時報》的《自由花範》，《晶報》的《愛克司光錄》，《快活》的《近十年目睹之怪現狀》，《小說時報》的《怪家庭》等。李涵秋的蠅頭小楷寫得很工整，滿篇文字看上去，像是賞心悅目的藝術品，被上海灘的編輯們交口讚譽。每一想起這些，心中便會浮起英雄暮年的感慨。

　　他晚年作的幾首詩，準確地刻畫出了這一時段的心境。如《病中》：「滿院秋心睡不成，病中習靜寂無聲；本來骨已如花瘦，禁得西風幾五更？」另有《自嘲》：「不涵春意只涵秋，當日題名已足愁。文字媚人如妾婦，酒棋誤我不公侯。側身天地誰青眼，幾度星霜催白頭。但說蓴鱸好風味，江南曾未有歸舟。」

　　某日，李涵秋忽將家人召集在一起，執著夫人薛柔馨的手，歎息道：「吾生不逢時，逢茲亂世，不能以十萬毛瑟槍殺盡天下民賊，僅憑一枝禿筆描寫社會罪惡，聊解嘲耳，非吾願也。吾行年五十矣，漸趨暮境，生平著作約千萬言，嘔盡心血，促我天年。況邇來文機甚窘，吐字維艱，再遲數年，恐成沒字碑矣。若不及時行樂，藉花鳥自娛，吾墓草且青矣。」[6]李涵秋平時為人處事不拘言笑，忽作如此狂狷之語，薛夫人頗感詫異。

　　這天晚餐後，李涵秋仍是談笑自如，自鳴鐘響過七下，女僕幫他打水洗過手腳，子女輩道了晚安，李涵秋揩薛夫人入寢室，忽感頭微暈眩，薛夫人裝好一袋水煙，遞給他吸，李涵秋接過來吸了一兩口，卻並沒有像往日那樣好起來，相反是失去常態，手足顫慄不

---

[6]　見貢少芹、貢芹孫著《李涵秋》，第 51 頁。

止，水煙袋猝然墮地。薛夫人驚慌失措，大呼「來人」，等到子女
輩一個個掌燭來到寢室時，李涵秋生命的鐘擺已經停止了。

　　李涵秋逝世後，民初文學界大為震驚，著名報人張丹斧作輓聯
云：「小說三大家，北存林畏廬，南存包天笑；平生而知己，前有
錢芥塵，後有余大雄。」范煙橋哭李涵秋詩云：「黃金華髮兩蕭蕭，
沉寂吟壇未可召。二十四橋明月夜，不堪重聽廣陵潮。」胡寄塵有
輓聯道：「自陶淵明乞食以來，看他許多人，有幾個亮節高風，堪
稱文丐；願李文吉修文之暇，憑這一支筆，將那些邪神小鬼，寫入
君書。」

　　雖說李涵秋被指派為鴛鴦蝴蝶派的領袖人物，但是關於他的研
究卻一直奇缺（污辱和謾罵倒是不少）。多虧其好友貢少芹在他去
世後不久編撰的一部《李涵秋》，得以保存了許多珍貴的資料。李
涵秋得以活在更多讀者心目中的，是他的那些作品，比如才女張愛
玲，就在文章中自稱曾是李涵秋的讀者。

　　其實李涵秋的讀者遠遠不只是一個張愛玲，文學的傳承往往
完成於無形之中，其中任何一環都不可或缺，香港作家董橋曾感
歎道：「沒有漢人小說，沒有六朝的鬼怪志異書，沒有《世說新語》，
沒有唐代傳奇雜俎，沒有宋朝的話本，沒有《三國》、《水滸》，沒
有神魔小說，沒有明清的人情小說，中國今日的小說就不是今日
的小說。」是的，事情總是這樣，一千年前的「啪噠」一聲，一
千年後的某個時刻還會響起回聲。那麼，揚州宛虹橋那間老房子
裏曾經擺動過的老式座鐘，能夠在今天的文學殿堂裏聽見它的一
絲回聲嗎？

人海茫茫夢無涯

——嚴獨鶴的私人生活史

「兒時頑皮史」

《兒時頑皮史》是鴛鴦蝴蝶派雜誌《半月》在 1922 年發起的一道命題作文題，參加這次命題作文的有畢倚虹、陳蝶仙、嚴獨鶴、周瘦鵑、張枕綠、王純銀、沈禹鍾等，畢倚虹那時候大約正陷入戀愛的苦悶中，他在文中寫道：「人生觀，本是極煩悶的，只有兒童的時代，比較上煩悶少些，一個一個，皆具有活潑潑的精神和愉快的動作，那裏預料得到將來的煩悶？所以成年以後的人，一步一步往老裏走，便時時刻刻回想兒時的興味了。」

在那場命題作文中，嚴獨鶴交的卷子並不是寫他自己，而是寫他的胞弟天侔。「予弟天侔，幼時跳躍好弄，性聰慧，善模仿，他人有所作，效之無不酷肖。」有一年春節，群兒嬉逐街頭，見有小販擺攤，雜陳糖果，引人為牌博取，天侔覺得饒有興趣，回家後援引為例，取一小板凳，上糊一方白紙，於四角書「天地人和」四字，中間置一小磁杯，一小磁碟，杯覆碟上，其狀如搖攤上的骰盆。遊戲方法很簡單：於磁杯中藏「天地人和」竹牌四枚，任取一枚，置於杯內，參與博弈者出錢為注，注可大可小，從一文到十文，任君

挑選，然後射之，中者酬以糖果和食品。自然，所得獎品也是各有不同的。

相對於胞弟天侔的頑皮而言，嚴獨鶴的性格要沉穩許多。嚴獨鶴（1889-1968），名楨，字子材，別號知我、檳芳館主，筆名獨鶴，浙江桐鄉烏鎮人，同鄉名人有勞乃宣、呂留良、豐子愷、陸費逵、沈雁冰等。據其孫嚴建平在一篇文章[1]中說：嚴獨鶴六歲進私塾，啟蒙塾師為母舅費翼墀——此人是浙江名士，學問淵博，循循善誘，給嚴獨鶴打下了深厚的國學基礎。十四歲那年，正值八股初廢改行策論，陸費墀認為侄子文理通達，不妨應試科場，其父抱著試試看的想法，帶他前往，沒想到一試即中，且考了個第一名，接著縣府道三級跳考試，均在前三甲之列。一鶴沖天，心中泛起說不出的欣喜，按前清俗例，進了學必須拜客，嚴獨鶴去拜見各界人士，有個李老先生不以為然，撇嘴問道：「切莫高興得太早，秀才該做什麼事，知道伐？」嚴獨鶴神清氣定，款款答道：「范仲淹為秀才時，即以天下為己任，由此可見，我嚴秀才身上的責任不輕。」李老先生聽罷，拍案叫絕，連聲誇讚他小小年紀能有如此抱負，實屬大用之才。

嚴獨鶴沒有走入仕途，與他父親的觀念關係極大。上個世紀初葉，中國社會正處於轉型時期，門戶初開，西風漸進，嚴父是個被新思想薰陶過的知識份子，時任江南製造總局文案主任，他希望兒子能接受現代教育，於是送嚴獨鶴到江南製造總局所屬的兵工學校，後來又升入該總局附設的廣方言館就讀。所謂「廣方言館」，今天的叫法就是外國語學校，嚴獨鶴廁身其中，先學法文、英文，再學數理化諸科，正當他躊躇滿志，準備畢業後出國留學深造之際，忽然發生了一場變故。

---

[1]　嚴建平文〈新聞界前輩嚴獨鶴〉，原載《上海灘》1992 年第 12 期。

對於嚴獨鶴來說，1908 年是個特殊的年份。這一年，他的父親去世，家境迅速轉為敗落，「有誰從小康人家墜落的麼？我以為在這途中，大概可以看見世人的真面目。」（魯迅語）嚴獨鶴收拾起滿腹浩瀚心事，不得不俯身謀取職業，以贍養全家。那一年四月，風聲瑟瑟，為父親辦完葬禮後，嚴獨鶴身穿灰色長袍，上身套洋布馬褂，頭戴瓜皮帽，站在廣方言館的院子裏留影紀念。他的雙手交叉放在前邊，眼神中透著幾份迷茫，似乎是在那兒沉思，又似乎在向遠方眺望。背後的襯景是黑瓦粉牆的一幢房子，幾株桃花斜斜地刺過來，給這張沉悶的舊照片增添了一抹暖色。

此後嚴獨鶴先是任教於上海南區小學，繼而又赴江西上饒廣培中學教英文，辛亥革命後回到上海，在兵工學校當了一年文牘員。1913 年，嚴獨鶴入中華書局任英文部編譯員，在此期間，他初步顯露出優秀編輯的潛質，提出了不少絕妙的新點子，譬如他提出主辦中學生英語比賽，通過比賽找出語法錯誤，辭彙不足等，以備編著新書時借鑒。當時獲得第一名的，便是日後赫赫有名的教育家林漢達。建國後，林漢達曾任教育部副部長，嚴獨鶴每次赴京開會公幹，林漢達都要盡地主之誼，在家中設宴款待，師生相見，兩鬢幡然，提及往事，免不了唏噓不已，感慨歲月無情，造化弄人。

——當然了，這些都是後話。

福開森與《新聞報》

舊上海有條街叫「福開森路」（今武康路）。根據張愛玲小說改編的電影《色戒》，放映到最後那段，佳芝放走了老易，裝得像沒事人似的叫了輛黃包車，隨口說：「到福開森路去！」可見這條街在昔日上海灘名頭之響亮。福開森是美國牧師，1886 年波斯大學

畢業後即來華傳教，旅居中國六十年，先後擔任過盛宣懷、張之洞、端方的洋顧問，出任過南洋公學監院、中國紅十字會副會長等職，是名符其實的中國通。

清末民初，上海影響最大的有兩張報紙，一是《申報》，一是《新聞報》。

《申報》的創辦人是英國商人梅查，此人早先夥同其兄做茶葉生意，蝕本後，改行辦報，沒想到一炮走紅，有段時間，《申報》成為所有報紙的代名詞，有人在看報紙，無論是什麼報，說他在看申報，一定不會錯。《新聞報》的最早創辦人是英商丹福士，因經營不善，被迫拍賣抵債。1899 年 11 月的一天，福開森路過英國領事公堂，看見了《新聞報》的推盤拍賣廣告，便參加競拍並以廉價買下全部產權，《新聞報》從此進入福開森時代。

福開森雖說已經來華十年，能說一口流利的漢語，但畢竟是外國人，對於中國各階層（尤其新聞界）依然隔膜，於是，他選中兩名華人負責報社日常工作，一個是汪漢溪，擔任總經理；另一個是福開森的中國學生，文筆頗佳的金煦生，擔任總編輯。

汪漢溪秀才出身，原是上海交通大學總務長，當時二十五歲，可是此人並沒有什麼新聞知識，也沒有什麼辦報經驗，人也淳樸老實，福開森看中他的大概就是這一點。汪漢溪倒是知恩圖報，在《新聞報》兢兢業業幹了二十五年，直到五十歲時累死在任上。這之後，由他兒子汪伯奇繼任總經理。

汪漢溪雖說業務不內行，但是卻有一套先進的辦報理念。他在《新聞事業困難之原因》一文中分析說：「辦報非經濟獨立，則言論記載難以自由；即使苟且敷衍，亦不能廣其銷路。」報紙的黨派角色與經濟孱弱，形成互為因果的惡性循環，足以毀滅任何「輿論公器」。在此基礎上，他拿出了兩條對策：一是無黨無偏，一是經濟獨立。

這兩條看似簡單明瞭，但真正要實施起來，並不那麼容易。

辛亥革命後,《新聞報》放手改革報紙內容,側重報導社會經濟新聞,服務於工商界讀者,為保證有充足資訊來源,除設專職記者採訪外,還在各行各業聘請通訊員,及時向報館供稿。《新聞報》的副刊原名為《莊諧叢錄》,其時聘請嚴獨鶴主持,取《水滸》梁山好漢縱情「快活林」之意,改名為《快活林》,形式活潑多樣,注重趣味性,內容力求雅俗共賞。經過一番改革,《新聞報》後來居上,發行量從起初的幾千份變為十萬份以上,躍居當時中國報紙發行量之首位。

滬上誰人不識君?

1914 年是嚴獨鶴人生的一個重要轉折。這年春天,燕子歸來,和燕子一起歸來的,還有嚴獨鶴輕快的心情。家族中的幾個兄弟工作都有了著落,嚴天侔、嚴畹滋進中華書局做編輯,嚴蔭武則在上海街頭掛起了大律師的招牌。他自己呢,剛過春節就接到董事長福開森親筆寫的聘書,暗紅色的綢緞底子上,斜挑出幾朵梅花,分明是個好兆頭。過完正月十五,《新聞報》總經理汪漢溪請客,總編輯金煦生作陪,敲定嚴獨鶴的應聘事宜。設宴的地點定在狀元樓寧波菜館,自從父親去世後,嚴獨鶴家境窘迫,生活拮据,沒有踏進過高級酒館的樓梯,所以那天他對狀元樓的印象特別深:咖啡色牆壁上掛著一幅水墨畫,上頭幾排歪歪扭扭的藝術字,樸拙稚氣,起初以為是唐詩宋詞,細一看,卻是寫的一堆菜譜:寧波燒鵝、青菜蹄膀、糖醋排骨、五花肉……。境由心造,嚴獨鶴的嘴角不禁浮起一絲笑紋。

若干年後,嚴獨鶴已成古稀老人,兒子嚴格祖佑子承父業,也進報社當了編輯,與兒子談起這段往事時,嚴獨鶴眯縫著眼,沉思

片刻道:「辦好一個副刊,要抓住三個要領,一是須有一篇好言論,二是須有一幅好的畫,三是須有一部好的連載。唯有如此,方能相得益彰,讀者才會買帳。」

這三條,嚴獨鶴當年都是身體力行的。譬如說好的畫,他請浙江同鄉丁慕琴長期專職供稿,丁慕琴擅長人物、仕女和佛像,漫畫風格自成一家,此人筆名丁悚,其子丁聰,也是後世著名漫畫家。再譬如好的連載小說,嚴獨鶴主持《快活林》副刊期間,先後邀請李涵秋、向愷然、張恨水、程瞻廬、李東野、許瘦蝶、劉成禺等名家撰稿,所連載的長篇無一不在上海灘掀起陣陣波瀾。

說到好的言論,就該輪到為嚴獨鶴請功頒獎了。嚴獨鶴用「知我」的筆名,「每天在副刊上發表短短的時評式的談話,載於附刊的右上角,為一固定欄目。所談頗多獨特的見解,而以含蓄出之,且寓諷刺於詼諧中,甚為得體。」[2]這些「談話」式的文章,長則六七百字,短則三四百字,所談內容從國家大事、社會新聞以至日常生活瑣事,或尖銳潑辣,或娓娓道來,文風活潑可愛,成為滬上的一道風景。時代相隔久遠,如今的讀者恐怕很難想像當時的盛況,不妨想想上世紀六〇年代香港《明報》上金庸的時評,八〇年代衛斯理的科幻小說連載,以及如今鳳凰衛視的當家名旦「一虎一席談」節目,或許能夠揣摩一二?

文章影響大了,好評如潮水般湧來,望著桌案上堆積如山的讀者來信,嚴獨鶴感到了一絲欣慰。間或,也會有雜音摻和其中,雪花般飄過的信件中,偶爾也有一兩封威嚇信,有一次,嚴獨鶴收到了一束鮮花,拆開一看,裏頭竟包裹著一枚尖刀。

甚至有更離奇的故事發生。那天嚴獨鶴照常上班,走至電梯口時,忽然有一人迎面撲來,拔出銼刀,朝嚴獨鶴後頸猛地一刺,嚴

2　參見鄭逸梅文:〈嚴獨鶴的齋名及其他〉,載《清末民初文壇軼事》,222-223 頁。

獨鶴感覺有異，速以右手擋護，但是已經遲了，銼刀已傷及身體，流血不止。幸虧門衛及時趕到，上前制服了兇手，才沒有釀成大禍。事後，嚴獨鶴被送往附近的仁濟醫院急救，兇手則交巡捕房關押候審。等到嚴獨鶴出院時，才弄清楚了兇手行刺的原因。原來，那兇手是《快活林》的讀者，閱讀嚴獨鶴的「談話」，成為他每天必做的功課，日子久了，覺得嚴獨鶴身上有種特殊的魔力，尤其是幾篇戀愛和失戀的「談話」，更是使他懷疑，自己的失戀是被作者使了妖法所致，如不除之，自己將永無寧日。此人被確診患有精神病，嚴獨鶴在病中獲知後，認為他是看了「談話」有所觸動，係一時的魯莽行事，自己也亦有一定的責任，於是主動承擔了那個瘋子進瘋人院的費用。

　　儘管嚴獨鶴的「談話」欄目頗具影響，在上海灘掀起了不小的波瀾，可是當友人倪高風將這些作品剪貼成冊，送到嚴獨鶴本人手上時，嚴獨鶴粗略翻檢一通，搖頭歎氣，大有悔其少作之意。事後，他對三兩知己說了心裏話，認為這些速朽文章，時效性太強，時間一過，即成昨日黃花，沒有什麼保存價值，只能充實字紙簍了。——這話儘管是自謙，仍然說得有些過了，熬更守夜寫在稿紙上的那些心血文字，沉澱在時間深處，總有一天，當有人拾起那些美麗的貝殼，濺出一聲驚呼：呀，瞧這社會的活化石！

做個優雅的文字客

　　嚴獨鶴與鴛鴦蝴蝶派發生關係，最主要的還不是靠那些淺白的「談話」。當時有《報人外史》評論他在新聞界的地位「一似梅蘭芳之於菊部，顧曲周郎，沒有不知道梅大王的；讀報人士，沒有不知道嚴主筆的。」文章中寫他，「待人接物，處處穩重，先生天性

謹守，好好先生典型，進入新聞圈，一舉成名天下聞。對外交際，八面玲瓏，同事尊敬，友朋愛戴……立身處世像嚴先生般到處受歡迎的滿堂紅人物，實在難得，求之報人中，像嚴先生般交長生運，常盈不虧的，惟氏一人，別無第二。」[3]

這樣的淡定人物，這樣的文壇地位，成為鴛鴦蝴蝶派的領袖，必定是遲早的事。何況，嚴獨鶴的心始終與那些民國舊派文人共振。

嚴獨鶴的心境是澹泊閒適的。他說：「別國的戰爭，都是槍炮戰爭，我國卻於槍炮戰爭而外，又有一種紙片戰爭。最明顯的便是電報。你發一個通電罵我，我也發一個通電罵你，儼然各整旗鼓，廝殺得十分熱鬧……向來的紙片戰爭，只在軍界、政界，如今卻連商界、學界，都有一種特殊的紙片戰爭……好好的一個社會，偏要染著軍界政界的惡行病，直向破裂毀敗的路上走去，還有何話可說呢？」[4]有一則掌故，也能看出他對白話文運動的心態：「五四」大潮初起，嚴獨鶴去拜訪一位寫白話詩的友人，結果友人外出，嚴獨鶴在書房裏轉悠，發現桌上有首未完成的白話詩，紙上寫道：「越開越紅的石榴花，紅得不能再紅了！」嚴獨鶴搖頭苦笑，忍俊不住提筆接了下句：「越做越白的白話詩，白得不能再白了！」

舊時的滬上文壇，有「一鵑一鶴」的說法。鵑是指在《申報》主編「自由談」的周瘦鵑；鶴是指在《新聞報》主編「快活林」的嚴獨鶴。

嚴獨鶴和鴛鴦蝴蝶派糾纏在一起的，還有兩件事：

一是 1922 年 8 月，他受世界書局老闆沈知方之托，主編鴛鴦蝴蝶派代表刊物《紅雜誌》，與中華書局的另一種鴛鴦蝴蝶派代表

3　玖君：〈報人外史〉，原載《奮報》民國 29 年 7 月 23 日。
4　原文參見《鴛鴦蝴蝶派散文大系‧都市魔方》第 34 頁。

刊物《禮拜六》作良性競爭，並提筆寫了發刊詞。為紀念這份刊物
問世，洋場才子們在狀元樓大張宴席，文人雅聚，不為品蟹賞菊，
只為精神佐餐，矜持的嚴獨鶴也忍不住多喝了幾杯。在當晚寫就在
「發刊詞」中，他興味闌珊，寫道：「雜誌發刊，何必有詞？今有
詞焉，亦不過如說書之開場白，唱戲之引子耳。茲試問雜誌可以命
名者多矣，何獨取乎紅？」接下來，他大大抒發了一通感情：「或
曰，國旗五色，首冠以紅，斯《紅雜誌》，將以鼓吹文化，發揚國
光也。或曰，紅運大來，舉世皆喜，斯《紅雜誌》，將集名小說家
之著作，異軍突起於雜誌界，大走紅運也。或曰，紅，色彩中最富
麗者也，吾國社會習慣，於喜事必尚紅，曰維紅乃吉，斯《紅雜誌》，
殆將借吉祥文字，放一異彩，以博社會人士之歡迎也。」喜悅奮進
之情，躍然紙上。

　　二是 1921-1922 年間，嚴獨鶴的長篇小說《人海夢》在《新聲》
雜誌上連載（從第十一回起在《紅玫瑰》上連載），並在 1924 年由
新聲書局出版單行本。《人海夢》是嚴獨鶴唯一的一部長篇小說，
而且沒有完稿，用今天的話說叫做「太監貼」。但是民國時期的長
篇通俗小說，有頭無尾的現象屢見不鮮，其中原因十分複雜，難以
一言道盡。在於嚴獨鶴，主要是由於事務繁忙，斷斷續續連載了幾
年，仍然成了一隻斷尾巴蜻蜓。這部長篇屬於「社會小說」，以華
國雄、鍾溫如表兄弟二人的經歷為線索，反映辛亥革命前後中國社
會面貌。畢倚虹稱嚴獨鶴是「殆有實力之小說家」，並自謙地認為，
他的小說《人間地獄》與嚴獨鶴的《人海夢》比較起來，「不佞有
愧色矣。」[5]

　　其實嚴獨鶴的《人海夢》並沒有畢倚虹說得那麼好，與同時期
的社會小說相比，擺在一流位置上有些勉強。不過這畢竟是嚴獨鶴

---

[5]　參見畢倚虹：《人海夢‧序》。

的第一部長篇，出手不凡，透出磅礡大氣，已經不容易了。嚴獨鶴自謂不善於長篇巨製，恐怕是他為稻糧謀，無意分出更多精力和時間，專心撰寫小說的遁詞。還是好友趙苕狂最瞭解他，說他「不欲專於小說鳴於時，僅把小說視為其餘技」。趙苕狂的話中，隱隱透出一絲難言的遺憾。

一段從神交到知交的因緣

舊上海洋場上那些故事中，軍閥與文人有絲絲縷縷的關係。1929 年，張學良東北易幟，五色旗換成青天白日滿地紅，為造聲勢，請滬上新聞界群賢前往採訪，因為《新聞報》名頭太響的緣故，嚴獨鶴擔任代表團團長。返回途中，他在北京逗留了幾天，會見朋友。

在海派文人與京派文人的聯誼會上，他悄悄問身旁的錢芥塵：「哪個是張恨水？」錢芥塵用手一指：「張恨水不就坐在那兒嗎？」順著方向看去，一個穿藍布長衫的青年人，梳著分頭，臉上寫著與年齡不相稱的穩沉。嚴獨鶴貓腰走過去，遞上名片，說道：「張先生，我看過您的小說，饒有興趣。」見張恨水低頭看名片，嚴獨鶴乘勢說：「想請張先生為《新聞報》寫部長篇，我想張先生不會推辭吧？」

其時，張恨水已在北方報刊上發表了小說《春明外史》和《金粉世家》，新蟬第一聲，振人耳膜，北方讀者為之矚目。但是通俗文學的大本營在滬上，能在高手如林的上海發表小說，是張恨水的一個心願。接到嚴獨鶴的邀請後，可以想像張恨水的心情，像出征之前的戰馬，有喜悅和興奮，又帶有一點緊張。這之後，嚴獨鶴專門請了一回客，赴宴的只有兩個人，一是錢芥塵，一是張恨水。回

到上海後，嚴獨鶴還特地給張恨水寫了封信，一番敘舊後，他像與老朋友交談似地寫道：「在上海發表小說，一個不能太長，因為上海人沒有耐心看長小說；再一個，小說要加一點噱頭。」

張恨水所寫的這個小說，就是後來為他奠定了文學地位的《啼笑因緣》。事過多年，張恨水在《〈啼笑因緣〉誕生記》一文中回憶說：民國二十二年，他在軍閥混戰的北方難以立足，便將家眷安頓在故鄉安慶，自己去上海「討生活」。初到滬上，恍若來到了另一個世界，這裏沒有火藥味，沒有逃命的難民，租界的日子燈紅酒綠，有人打著飽嗝，邊剔牙邊罵不抵抗主義……這些都讓張恨水不大習慣。同時張恨水又驚喜地發現，上海的文學生涯，依然是寬綽的道路。這有點類似於鬧哄哄的春秋戰國和魏晉爭鳴時代，既有苦悶中的微微歎息，又有靈魂的沉淪與掙扎，還有隱約的振奮與吶喊聲。而思想界巨擘、民營資本家、出版商以及洋場才子們共同營造的舊上海文化氛圍，又為這一切提供了一個像模像樣的舞臺。

張恨水一到上海，就被約稿的編輯圍住了。他們催著讓張寫續集，因為在上海，已有好幾種續啼笑因緣的書在暢銷，卻沒有一本是張恨水本人的。張恨水拗不過，把自己關在「鴿子籠」裏，用半個月寫成了續集。

《啼笑因緣》一炮走紅，又是出書又是改編電影，張恨水名聲大振。以前《新聞報》的副刊專欄是名家輪流坐莊，那以後則由張恨水獨家包辦了。《太平花》、《現代青年》、《燕歸來》、《夜深沉》、《秦淮世家》、《水滸新傳》等長篇一部接一部連載，直到上海被日寇佔領，內地郵件不通為止。一位成功作家的背後，默默站著一位優秀的編輯。樂於為人作嫁衣裳的嚴獨鶴，多年後談起這段因緣，用句笑話來掩飾了他的心情：「譬如戲班中來了超等角色，似乎我這個邀角的，也還邀得不錯哩。」

戒指與香囊

嚴獨鶴的原配夫人叫盧榮貞，鵝蛋臉，身材苗條，標致得像一幅古典仕女畫。原以為結婚是走進了幸福的殿堂，夫妻伉儷情深，相廝相守，能恩愛到地老天荒，無奈天不遂人願，盧榮貞不幸患了肺病，請英國醫生布梅診斷，需要從後背開刀，結果一刀下去，才發現傷的是前葉，人沒救活，反倒又多受了許多磨難。嚴獨鶴日夜服侍病人，仍未能挽留妻子的生命，中年喪妻，苦不堪言。人生的季節轉換太快，從暖意融融的春天到冰天雪地的寒冬，竟只有咫尺之遙！在為亡妻寫的悼詞中，他寫下了自己悲苦的心情：「不克雙飛，徒守獨鶴之身」，並從此以「獨鶴」為筆名，終生不變。

據老朋友周瘦鵑說，十年以前，他在中華書局在編輯的時候，就看見同事嚴獨鶴手上戴著三個戒指，左手的無名指上，戴著個藍寶石戒指，右手的小指和無名指，戴著兩個赤金戒指，一個是作圖書印章用的，另一個是紀念他前夫人的。嚴獨鶴重續鸞膠，從新市娶了新夫人陸蘊玉回家，文友們在鬧房時，提議「獨鶴」二字應取消，至少也要改為「雙鶴」，嚴獨鶴搖頭拒絕，仍然將那枚戒指戴在手上。不過，此後不久，嚴獨鶴還是撤掉了那枚「圖書印章」，換成了新夫人陸蘊玉饋贈的結婚戒指，戒指雖然有變，前後不過三隻，始終代表著嚴獨鶴對愛情的矢志不渝。

嚴獨鶴娶陸蘊玉是在 1917 年冬天。過完蜜月，即逢新年，閨中頗多樂趣，一言難以說盡。每天早晨，這對新婚夫妻懶懶地躲在床上，眼睛半睜半閉，聽著報童撳響叮噹的門鈴，聽著傭人上樓梯的踢踏聲，一陣窸窸窣窣，傭人把剛到的報紙放在門口走了。有一天，陸蘊玉打開新到的報紙，「呀」地一聲驚叫，嚴獨鶴扭過頭，

湊近一看，這天的「快活林」[6]赫然登載了一篇諧文：「勸獨鶴更名」。文章是文友許瘦蝶寫的，意思仍是重複友人們以前的提議，謂鶴今不獨，名號應改為雙，可號曰「雙鶴」。

嚴獨鶴不以為然，辯解道：「獨鶴二字，有何不佳？飲之太和，獨鶴與飛，此即雙飛和樂之象，實為吉祥文字。」陸蘊玉也不吱聲，低首皺眉，眼中似有淚光。獨鶴見新人似有不高興之意，改口說道：「獨鶴為舊號，今結婚後，當取一新號，作永久紀念也。」陸蘊玉聽到這裏，始轉嗔色為笑顏，扭臉問道：「改何新號，可志新婚之喜？」嚴獨鶴笑而不答，過一會，附在她耳邊輕聲道：「到了那一天，你自然就知道了。」

這年的元旦，他們是在溫馨的氣氛中度過的。早晨起床，貼好了桃符，放過了鞭炮，嚴獨鶴掏出一張紅紙，徐徐展開，上書「檳芳館主」四字。不待嚴獨鶴解釋，陸蘊玉的臉兒已經微紅了。蓋「檳芳」二字，於陸蘊玉閨名及小名中，各占一字，且連綴成號。為紀念這個雅致的別號，陸蘊玉特地織了隻香囊，上頭繡著「檳芳館主」，嚴獨鶴每每佩帶胸前，胸中都似多了一分暖和的春意。此事過後不久，嚴獨鶴又將書齋命名為「玉雪簃」，玉者乃蘊玉，雪者乃雪兒，將他愛妻的情意表達得淋漓盡致。

當年曾唱「雪兒」歌

關於嚴獨鶴的續弦夫人陸蘊玉，有必要多說幾句。

據陳定山在《春申舊聞》中回憶，陸蘊玉小名喚作雪兒，民國初年，雪兒與紫瓊老九雙雙張豔幟於北里，紫瓊眉目飛揚，秀美雋

---

[6]　嚴獨鶴休婚假期間，《新聞報·快活林》由好友周瘦鵑代為主編。

永，雪兒手不釋卷，守禮含羞，兩人談吐都很文雅。所以當年舊式文人雅聚，都愛到會樂裏她們家。

嚴獨鶴性格穩沉，原本是不逛花街柳巷的，在喪偶以後，他形單影隻，黯然神傷，朋友們想拉他出來散散心，調節一下苦悶的心情。其時有個「狼虎會」，是陳定山、周瘦鵑、李常覺、丁悚四人率先發起的，後來，畢倚虹、嚴獨鶴、王純銀、任矜蘋、周劍雲、江小鶼、楊清磐也加入進來，成了新聞、出版、電影界文人雅士的聚餐會。這些人，年齡在三十至四十歲之間，吃起來狼吞虎嚥，「狼虎會」由此得名。這個「狼虎會」，從 1917 年到 1937 年，一直持久不散，人數雖說只有一桌，卻是昔日洋場品嚐美食的權威。尤其是發掘有特色的小館子，成了「狼虎會」的日常工作，以上諸位才子，都發表過「滬上酒食肆之比較」一類的文章。舊時那些餐館，連名字都透著古雅味道：陶樂春、雅敘園、小有天、菜根香、梁園、雲記……這些早先名不見經傳的小館子，經過報紙副刊《快活林》、《自由談》一渲染，立馬在上海灘走紅了。偏偏這些文人雅士不喜熱鬧，定下個不成文的規矩：以後發現有好吃的小館子，誰也不許聲張。

一次聚餐後，有人提議說：「何不將狼虎會開到紫瓊雪兒的香巢裏去？」江小鶼撇嘴說：「我們何必落入這種俗套？索性在一開間的館子裏，叫個堂差。」於是眾人回應，楊清磐親自上街，到四馬路買了幾十張梅紅請帖，由畢倚虹執筆，叫了滬上花界著名的「四小金鋼」、「五虎將」。而陸蘊玉，則被列在這次被邀請名單之首。嚴獨鶴本是無可無不可的，見眾人如此捧場，不由得也心生暖意。這天的聚會十分熱鬧，樓上樓下觀者成市，一條畫錦里弄堂全都擠滿了人。是夕主客皆歌，唯有嚴獨鶴與雪兒，坐在一個角落裏喁喁私語。

有一則戲叫《玉簫女兩世姻緣》，演的是書生韋皋愛戀歌妓韓玉簫，卻不幸早亡，多年後又巧遇官家女兒張玉簫，終於喜結姻緣的故事。嚴獨鶴與陸蘊玉的故事，是元雜劇的民國版。雪兒也是多愁善感病快快的身子，更巧的是，她也患有肺病，聽了嚴獨鶴講述其前妻的舊事，雪兒更是自憐身世，手帕擦不乾淚水，哭到傷心處，咳嗽聲裏帶著絲絲微紅。二人相愛相憐，嚴獨鶴每天在報館裏發完稿子，匆匆到雪兒的粉妝閣，那個時刻，他便成了殷勤伺候花魁的賣油郎。

終於有一天，嚴獨鶴提出了要迎娶雪兒的想法，紫瓊老九笑道：「怎麼不早說哉，雪兒早在等著這一天了！」雪兒得知消息，禁不住淚如泉湧，叫人摘了牌子，死心塌地要跟著嚴獨鶴去過日子。「雪兒確有林下風度，自為嚴氏婦，從不見她再穿過一件華豔的衣服，嫁了獨鶴二十多年，不見她在戲館裏出現過一次。」雪兒嫁後光陰，還有十幾年在藥罐邊掙扎，嚴獨鶴精心服侍，從無怨言。隨著社會的進步，肺病不再是絕症，陳定山說，1949 年他離開上海時，「雪兒嫂子已面團團有如和喜姑娘一般了」。[7]

名士風骨

「八一三」戰事爆發，上海淪陷成為「孤島」，嚴獨鶴所在的《新聞報》，被迫接受日方新聞檢查，發行量一落千丈。汪伯奇試圖亂世守成，輾轉託人，幻想庇護於漢奸者流。結果筆戰未果，又添槍戰，並不斷出現暗殺事件，腥風血雨，世人悚懼。

---

[7]　引文參見陳定山著：《春申舊聞》第 162 頁。

　　日偽報紙上，公佈了八十三人通緝黑名單，其中大半是報刊從業人員。《新聞報》最先蒙難的是「泥菩薩」編輯倪瀾深，此人歷來信奉不問政治，超然物外，但是那天深夜他乘坐黃包車回家，突然遭致特務綁架，後雖被釋放，但因驚悸過度，不久還是死了。另一個蒙難的是記者顧執中，回家看望生病的兒子，返回報館途中，有人從背後朝他開黑槍，子彈打入後頸右側，幸而未及要害，顧執中大難不死──老先生後來活到了 98 歲高壽。

　　日偽特務對於上海新聞界採用拉攏與恐嚇二法，給知名的編輯、記者寄恐嚇信，「要求他們立即改變態度，否則即缺席判決死刑」。嚴獨鶴也收到了這樣的信，他未予理睬，有一封信更為離奇，掂在手上沉甸甸的，拆開來看，信封裏包著一顆子彈。

　　在這麼一種背景下，1941 年，嚴獨鶴憤然辭職，改而從事教育，與好友陸澹安、朱大可、施濟群等，在上海北京東路創辦大經中學，親任校長。並延聘名師，擔任教務，又請陳蝶仙、王西神等作詩詞講座。可惜學校沒開辦多久，日偽政權派人上門來，要他去登記註冊，嚴獨鶴嘴上應承了幾句，回頭卻含淚將大經中學解散，安心去過清貧的生活。

　　關於嚴獨鶴私人生活史的記載，此處留下了大量空白，猶如一幅寫意水墨畫，帶給讀者許多猜測和遐想。1947 年出版的《上海時人志》（戚再玉主編），如此評價嚴獨鶴；「先生廁身新聞界，數十年如一日，風格高潔，淡於名利，以視彼新聞記者為從政之階梯者，相去何可以道里計。為人倜儻不羈，富正義感。」有一則地方史料說，抗戰勝利後，嚴獨鶴曾攜夫人陸蘊玉回鄉掃墓，在江南水鄉烏鎮，他重新踏進翰林舊宅院，見到多年未謀面的親友，感慨良多。老家人說，嚴獨鶴人顯得消瘦，精神卻依然矍鑠，介紹滬上種種新世相，僅三言二語，就能勾勒出一個大致輪廓。談笑風生，謦笑間盡顯名士風範。

噩夢式的謝幕

建國後，惲逸群代表上海市軍管會文管會接受了《新聞報》，嚴獨鶴被安排到新聞圖書館工作，擔任主任。後經多次合併，新聞圖書館併入上海圖書館，嚴獨鶴任副館長，主持《全國報刊索引》編輯及剪報工作。

從前臺轉入幕後，嚴獨鶴的名字從報紙上消失了。1953年秋，有人告訴他，說香港報紙上登載了嚴獨鶴因抑鬱而病故的消息，還刊登了一整版輓聯和悼文，嚴獨鶴聽後啼笑皆非，自嘲道：「這個消息好像也並沒有錯，獨鶴的文字生涯已經死了。」

不久，全國開始首屆普選，忽一日，嚴家接到提籃橋區人民政府的一封信，稱有要事商談，嚴獨鶴驚詫莫名，自忖與該區政府素無聯繫，後方知自己被推舉為該區的上海市人大代表候選人。嚴獨鶴捧著大紅的證書，嘀咕說：「在提籃區當代表，好像不大吉利。」

據報人徐鑄成回憶，上世紀五〇年代末，他和嚴獨鶴分在同一個政協小組學習，除了幾個左派召集人外，同組的還有特赦戰犯陳長捷（原國民黨天津警備司令），楊振寧的父親楊武之，曾被魯迅譏彈的女師大教務長蕭純錦等，開會時大家都有戒心，不愛發言，追緊了才表個態，不外乎說幾句「思想深處找原因」之類的套話，嚴獨鶴那時已快八十歲了，每次催促發言時，他總是埋頭抽煙，似乎要把自己藏進繚繞的煙霧裏。徐鑄成說，嚴獨鶴晚年時的煙癮不再像以前那麼大了，以前每天抽一廳（五十支），而且，香煙的牌子也由「中華」、「牡丹」改成了「飛馬」，甚至「勇士」。

到了1965年，忽然傳說上海師範學院破獲了一個「反革命組織」，不僅有綱領，還抄出了「大總統」、「行政院長」等組織名單，

在該學院讀書的嚴獨鶴之子嚴祖佑，儼然列為「行政院長」，被一網打盡，關進了提籃橋監獄。嚴獨鶴前幾年說過的話，竟一語成讖，老父親去探監，兒子不小心提及這段往事，父子倆淚眼相對，默默無言。

這一年，嚴獨鶴主動要求將自己的工資由每月兩百元降為一百五十元，把家中客廳牆上掛的中堂、條幅，一律換成革命語錄和標語。但是他的努力全都是徒勞，文革中，嚴獨鶴還是成了牛鬼蛇神，終日恐懼地瞪著眼睛，坐在破沙發上呆呆地出神。兒子嚴祖佑從勞改農場回滬探親，嚴獨鶴顫巍巍地告訴他：在街道里弄的統一佈置下，每戶居民天天都必須學習《毛主席語錄》，鄰里一些老人文化不高，嚴獨鶴就把他們邀到家中，逐字逐句講解。兒子嚇了一大跳，連忙要求他立即停止這種後患無窮的「輔導」，兒子說，以他當時的身份，根本沒有資格輔導革命群眾學習毛主席語錄，這麼做只能是惹火燒身。嚴獨鶴默默地聽著，想了好半天，才點了點頭說：「我明白了。」

一輩子以文為生的嚴獨鶴，到晚年時一拿起筆手就發抖。他最怕的是每星期交一篇「思想彙報」，每到週末，嚴獨鶴就焦躁不安，繞著狹窄的屋子團團轉，一邊踱步，一邊不停地搓揉雙手，不知道該怎麼去交差。嚴祖佑說，父親晚年的那些「思想彙報」基本都是由他代寫的。嚴祖佑回農場的前幾天，嚴獨鶴的神情又開始不安了，睜著充滿血絲的雙眼，孤苦無助地說：「你走了，我怎麼辦？」嚴祖佑只好將以前的「思想彙報」整理一番，分不同角度擬就了六七篇範文交給父親，叮囑他分不同時節、不同形勢抄一篇交上去。嚴獨鶴混濁的眼睛，這才恢復了些許光亮。「父親接過這幾張紙，神經質地緊緊攥著，就像沉般上的落水者，抓住僅有的一塊木板。」[8]

8　參見嚴祖佑文〈父親嚴獨鶴散記〉，原載《檔案春秋》2006 年第 5 期。

　　1968 年 8 月 26 日，嚴獨鶴依依不捨地離開了人世，其時家境已經貧瘠至極，所有個人財物被掠一空。夫人陸蘊玉尋遍整個屋子，終於找到一架電風扇，拿去舊貨商場換了七十元，才得以將先生遺體送往殯儀館火化。

　　直到 1979 年早春，上海市文化部門終於為嚴獨鶴補開了個追悼會。因為冤死者太多，龍華殯儀館排不過來，於是別開生面，將幾個人的追悼會放到一起開。和嚴獨鶴一起合開追悼會的亡友是徐開森、畢雲程、言慧珠、何無奇，五幅遺像一字排開，五份悼詞依次宣讀，五位死者的親朋好友並排站在一起寄託哀思……肅穆的氣氛中透著一絲滑稽，細細品味，卻又無比蒼涼。

　　死者已逝，真正體味蒼涼的是那些活著的人。當年的「雪兒」，已成了陸老太太，為悼念亡夫，她備好一本紀念冊，請獨鶴生前諸舊友題識，無奈世事滄桑，存者寥寥，僅顧執中、鄭逸梅、陸詒、徐恥痕、徐碧波、丁芸生、胡亞光等數人為之點綴一下而已。

滿腹心事與誰言？

——包天笑的流年碎影

徘徊在臺北的鄉愁

　　包天笑是 1946 年來臺北的。曾經留學德國的大兒子包可永，返國後在滬上西門子公司做工程師，三〇年代任上海市電報局長，日本投降後，臺灣回歸，包可永隨長官陳儀赴台接收，成為地方要員，於是把年愈古稀的父親接到臺北奉養。當時包天笑的女兒包可珍也在臺北，次子包可閬則在香港任職。在臺北，包天笑先是住在長子包可永家，「那是一個由籬笆牆圍起來的庭院式的房子，頗適宜於養花種草，老人散步，然而有一次遇到颱風，籬笆被吹坍了，花草也是一片狼藉。」[1]包天笑後來搬到女兒可珍家居住，地址是臺北市重慶南路二段六巷，一幢兩層樓的小洋房，地上鋪了木地板，進門無須脫鞋，內設浴室、洗面盆和抽水馬桶，但是也沒有日本風格的榻榻米，這已經同他在上海住的房子差不多了。

　　包天笑那幾年很少寫作。兒女們家境寬裕，他再也不用靠日夜寫稿養家糊口，偶爾寫點小品詩詞，也是抱著玩票的心態，「無非

---

[1]　欒梅健著：《通俗文學之王包天笑》，第 203 頁，上海書店出版社。

是廣州人所說的『買花戴』而已。」習慣於賣文為生的人丟開了寫作，就像一匹馬卸下了車軛，既輕鬆又莫名的惆悵。重慶南路不遠有個植物園，那些說不出名字的熱帶、亞熱帶的奇花異木，包天笑從前未曾見過。每天傍晚，他都會踏著暮色來到植物園散步，抽空在附近茶寮裏坐上一坐。那時分，一股濃得化不開的鄉愁就開始在身邊彌漫，溫馨地包裹著他。

　　從上海啟程繞道香港到臺北，這一路走得太匆忙。他原以為是一次短暫的行程，於是將所有書籍圖冊全都留在了家中，未曾料到這一去就成了水天兩隔。到了 1949 年 3 月 22 日，包天笑「忽然興起，又寫起日記來」。那段日子是臺北的梅雨季節，「天陰」、「鎮日雨」，「傾盆大雨」，「陰晴不定」等字樣在日記中反覆出現，包天笑的心情也同天氣一樣「陰晴不定」。這個一輩子不愛和政治打交道的舊文人，此刻最關心的是海峽兩岸的政治時局。日記中大段抄錄了最新消息、通訊報導、戰地新聞、兩岸軍政界任免名單……他還特地從商店買回了一台收音機，「每日聽上海空中書場說書，亦可收北平廣播」。碰到從上海逃過來的人，包天笑總是不厭其煩地詢問情況，上海米價漲至九萬元，煤球每擔二萬元，人心世情則是「共產黨來也罷，不來也罷，依舊醉生夢死，過一天是一天的糊塗日子」。對方的回答使得他的心又往下沉了一沉。

　　看來一場改朝換代已然不可避免了。在天翻地覆的時代面前，包天笑並沒有眩暈。清政府的五色旗、民國政府的青天白日滿地紅，對於古稀之年的他來說如同過眼雲煙，眼睛一眨就過去了。即將成立的新政府會是什麼樣的？他孜孜不倦地尋求答案，除了看報紙、聽廣播外，他還專門到圖書館借了本《大地的女兒》，作者美國人史沫萊特，共產黨稱她是紅色作家，包天笑試圖從字裏行間讀到有用的資訊，增加對新政權創立者的瞭解。

戰亂歲月能收到一封朋友來信彌足珍貴。他先後收到鴛鴦蝴蝶派友人姚鵷雛、徐卓呆等人的來信，逐字抄錄在日記中。寫信成為他臺北生活的重要內容。去東門郵政局寄信的時候，順道至陳小蝶處小坐。陳小蝶是陳蝶仙（天虛我生）之子，不久前才從上海來到臺北，兩人談時局，談友人消息，談臺北的雨季，偶爾相對無語的空隙中，相互能體味得到對方「感時花濺淚」的歡惋。

雨仍在沒完沒了地下著。包天笑收起雨傘，打開信箱，裏頭靜靜地躺著一封信，是孫女兒以聰從香港寄來的。滿紙歪歪扭扭的稚氣，掩飾不了戰爭年代的難堪與無奈：「……我們大概要到美國去，我也要去，我想頂好不去。要是去了，我是言語不通，外國人常常瞧不起中國人，被他們嘲笑，時時想回家，那末還是不去為妙嗎？」包天笑的眼睛有點潮濕了，心上泛起一陣酸楚。童言無忌，小孩子哪裡懂得大人們的苦衷。誰願意做背井離鄉的遊子？一個時代轉換之際，所有知識份子都面臨選擇，無論去還是留，都將是兩難的境地。

包天笑的鄉愁浸泡在臺北的雨季中，像綠色的藻類在空氣中漫延。他寫了一首詩，題為《相思炭》：「難期槁木作春回，爐火深紅映玉腮。莫道相思如熾炭，相思寸寸竟成灰。」末尾附注云：「臺灣有一種樹，名曰相思樹，兩樹隔溪種之，枝葉會糾結相接。台人以相思樹燒成炭，最耐火。」

1949 年 5 月，包天笑提筆開始寫《釧影樓回憶錄》。在這本書的「緣起」中他感歎：「一部十七史從何說起了呀！」包天笑說他做了個夢，變成了一個兒童，依偎在母親身邊，一剎那間又醒了，披衣坐在床頭，已是鬢髮斑白。在臺北的日子裏他經常做夢，清夜夢回，思潮起伏，「睡不著，引起了我枕上種種回憶。但是那種回憶，也是一瞥即逝，似春夢無痕」。包天笑一邊回憶一邊寫，稿紙上的毛筆小字，沒有一劃是顫抖的，個個都是簪花格，工整地站在方格紙中，像宮殿中訓練有素的仕女。

1949 年 10 月 1 日，中華人民共和國在北京宣告成立。沉浸於回憶中的包天笑在這天的日記裏寫道：「自今日始，臺灣鐘點即撥慢一小時，已非夏季時令了。」這讓人想起張愛玲《傾城之戀》中那句話：「他們唱歌唱走了板，跟不上生命的胡琴」。是的，舊時人物包天笑彷彿掉進了鐘錶那些精巧的齒輪中，在回憶中慢悠悠地飄浮，時光似乎是倒著流淌的。

十字路口的少年

包天笑（1876-1973），初名清柱，又名公毅，字朗孫，筆名天笑、拈花、春雲、釧影、冷笑、微妙、迦葉等，著名報人，小說家，鴛鴦蝴蝶派後期的重要領軍人物。

包家祖先經商，住蘇州閶門外花步里，開了一家很大的米行。包天笑出生時已是家道中落，不過兒時記憶中，他吃的米仍是黃米，有個奇怪的名字叫「厫心」，據說是黃米中的高級者。包天笑說，黃米的好處是柔和而容易消化，像蘇州人的性情一樣。

七歲那年，包家遷居至蘇州桃花塢。這裏是江南著名的年畫之鄉，與天津楊柳青齊名，世稱「南桃北楊」。雖說包家房子沒有先前的大，但是桃花塢濃郁的文化氛圍給他留下了深刻印象，紅紅綠綠的木版年畫隨風飄蕩，空氣中似乎也彌漫著歡樂喜慶，拐過一條巷子，就看見了金聖歎故居；沿著青石板街道多走幾步，人們說，四百年前唐伯虎住在那裏。桃花塢的街巷人家像是中藥鋪裏的小抽屜，隨手打開一個，便有濃厚的文化韻味撲面而來。

也不是所有桃花塢人都敬重文化。譬如說包天笑的舅祖吳清卿，靠在胥門外開燒酒行起家，成了蘇州城公認的首富，就不贊成包天笑繼續讀書。包天笑長到了十三四歲，按照舊習俗是選擇職業

的年齡：一曰讀書，一曰習業，視孩子的資質以及所處環境（如家庭貧富條件等）而定。吳清卿是包天笑祖母的弟弟，包家有什麼大事商議，祖母必請吳清卿來主持。那年春節，包家召開家庭會議，定奪包天笑習業還是讀書的大事。吳清卿率先提出主張：「第一，讀書要有本錢，要請名師教授，而且家中要有書可讀。為什麼那些富紳家中常能科甲蟬聯？正因為有了好條件，加之子弟好樹苗，當然事半功倍。第二，讀書靠耐性，現在他家境不寬餘，栽培不起，倒不如習一職業，三五年後，就能獲得薪水，足以養家，以後再勤懇就業，不愁這個家不興了。我不相信商業場中，沒有出奇制勝的人。」舅祖吳清卿還列舉了某某人某某人的例子，都是蘇州商界鉅子，也沒讀什麼書，捐一個功名，藍頂花翎，照樣出人頭地。

吳清卿的話似乎也有道理。但是他列舉的那些人，恰恰都是包家所瞧不起的人。包天笑的父親在一旁插嘴道：「那些人有什麼好，都是昧著良心，賺黑心錢。」包天笑的母親使個眼色，上前打圓場：「理是那麼個理兒，可是我們家清柱生性忠厚，不能和貪狠的人爭勝。」老祖母也開口了：「都是你們把孩子嬌養慣了，不能吃苦。」

家庭會議出現了兩種聲音。坐在邊上一直沒吭聲的二姑丈尤巽甫，站起來發表意見：「讀書要有本錢，這是經驗之談，我不反對。但若是紳富人家，科甲蟬聯，而無一個寒士，永無發跡之日，這也不對。試看吳中每一次鄉試，中式的大半都是寒士出身。再有一說，惟有寒素人家的子弟，倒肯刻苦用功，富貴人家的子弟，多習於驕奢淫逸，難於成器，也是有的。」尤巽甫是蘇州老名士、清初著名詩人尤侗的後代，富而好學，在蘇州也是一個人物。他誇讚包天笑氣度好，性格沉靜，應是個讀書種子。二姑丈的話，使這次家庭會議的天平倒向了「讀書」一邊。

其實舅祖吳清卿也並非不贊成讀書。吳家有兩個兒子，延聘的就是一流家庭教師──大名鼎鼎的清翰林葉昌熾。吳清卿的真實意

思他話中已說得很明白了：讀書第一要有本錢；第二靠耐性，這個「耐性」實際上仍是「要有本錢」的意思，只是更加深了一層，需要有很多的「本錢」。見眾人的意見傾向於讀書，他也不再爭辯，嗯嗯哈哈地應付了幾句場面，散場了事。

這場家庭會議是包天笑人生的一個十字路口。多虧了包天笑的父母親以及二姑丈尤巽甫的堅持，才使得近現代文學史上多了一位優秀的報人、編輯家、小說家，才有了後來文壇上那些有聲有色的表演。

「那時父親便決定主意，不給我習業，而要我讀書了。」包天笑饒有興趣地回憶起了應縣府初試的那隻考籃：共計兩層，上面還有一個屜子。下邊一層母親給他放了許多食物、水果；上邊一層裝筆墨文具，以及幾本《詩韻集成》之類的參考書。漫漫科舉路，有趣的回憶並不多，更多的是死記硬背。包天笑實在不喜歡那種枯燥呆板的方式，他經常在舊書攤前留戀忘返，偷偷買回了許多雜書，如《紅樓夢》、《浮生六記》、《解頤錄》、《快心編》以及上海新出的石印刊物《點石齋畫報》等，博覽群書，使他把人們視為正途的科舉功課荒廢了，二姑丈尤巽甫知道了心裏著急，寫信叫來包天笑，說道：「那種八股文，我也知道沒有什麼意義，而且是束縛才智的，但是敲門之磚，國家要憑它取士，就不得不走這條路了。許多寒士，也都以此為出路，作為進身之階。」一席話，說得包天笑眼淚都快掉下來了。

正當包天笑收拾起心情，準備好好用功備考，父親因患痢疾忽然病逝了。那年包天笑十七歲，他回憶說：「家中本已困窘，父親病中，母親所有剩餘的一點衣飾，也典質淨盡了⋯⋯現在這副擔子，是落在我肩頭上了。」

舅祖吳清卿，答應每月資助包家數元，被包天笑婉謝。讀書人的清高氣質，已在他身上開始彰顯。這一年，包天笑開館授課，在蘇州當起了小先生。

蘇州：往日的那些朋友們

歲月流逝，昔日的友人已然模糊。一經回憶，那些熟悉的面目異常清晰，像是一部久違的老電影，從封存的倉庫裏挑出放映，朋友們一個個從銀幕中浮現出來。在蘇州，八位鄉梓青年成立了讀書組織──「勵學會」，每月約定日期，在胥門養育巷的一家茶館裏聚會兩次。「那個茶館裏，往往有一種圓桌，我們便開起了圓桌會議，笑語喧嘩，莊諧雜出」。包天笑憶起他們的名字時，不免有點傷感：李叔良、祝伯蔭、楊紫驎、汪棣卿、戴夢鶴、馬仰禹、包叔勤。每一個名字都是一個活生生的人，如今友人們都已先他而去，隨著墨蹟落在紙上的是清淚兩行。

那一天，金蘭之交的拜把兄弟楊紫驎興沖沖來叩門，臉上掛著難言的喜悅。楊紫驎神秘地展開信封，是一遝石印的《時務報》，上面登載了梁啟超的《變法通議》。梁啟超的文章酣暢淋漓，清新明快，愛讀梁文，是那個時代進步青年的接頭暗號。「一幫青年學子，對於《時務報》上的一言一詞，都奉為圭臬」。一股清新的空氣吹來，「勵學會」的八個成員興奮不已，圓桌會議上各抒己見，人人臉上流露出對外部世界的神往之情。

之後不久，他們便與留日學生聯絡起來，常常通信，捎帶寄來些日文書籍，其中不少是歐美名著。日本的書以漢字為基礎，半猜半蒙，也能勉強讀懂。包天笑是個求知慾望極強的人，他不滿足於似懂非懂，經打聽，有個叫藤田的日本和尚在蘇州城裏授課，包天笑與友人相邀，進了這所學堂去學日文。藤田先生著一身和服，腳上沒穿木屐，卻是皮鞋。包天笑跟著藤田學了三個月日文，又跟一位姓顧的先生學了半年英文。顧先生是蘇州電報局的電報生領班，

西服革履，皮鞋擦得鋥亮，梳著中分頭，為人處世的作派乾淨利索。包天笑還跟一位江先生學過法語。江先生性情孤傲，不諧時俗，他所收的學生共有二十人。

最讓包天笑難忘的是和幾個朋友創辦東來書莊。風起雲湧的時代，啟迪了一代有為青年。在與李叔良、楊紫驎等好友創辦「勵學會」時，他們就有個願望：辦一種刊物，開一家書店。他們的朋友中，有不少人赴日本留學，時常從日本寄來各種雜誌，如《浙江潮》、《江蘇》、《新湖南》、《直言》等，托蘇州的朋友們幫忙推銷。當時的蘇州，也有三四家書店，但尚未受時代風氣影響，所售書籍滿架都是木版線裝、經史子集，新書極少見。在「勵學會」的圓桌會議上，八位志同道合的朋友商定了一個計畫：以股份制的形式成立一家書店，十個股東，每一股十元，合計一百元。

取名東來書店有兩層意思。其一是虛指，紫氣東來，很吉祥的一句中國成語；其二是實指，書店裏的書籍，都是從東洋寄來的。東來書店開張，給蘇州的文化生活帶來了一股清新的空氣，每天都有穿著時髦的青年人川流不息，也有身穿長袍馬褂的老夫子，偶爾也來光顧。除了銷售書籍外，書店還經營地圖和文具，如鋼筆、墨水、鉛筆、信紙、信封等，「信封是一種雙層紙的，裏面一張畫著各種畫，外面一張薄紙，映出裏面的畫來；信箋是一種捲筒紙，紙張潔白，你高興寫多麼長，就寫多麼長。比了中國固有的信封信箋，自覺耳目一新，雅有美術趣味」。包天笑回憶起這些細微末節，心上泛起了一陣快樂。

開辦東來書店，對包天笑來說是人生最初的歷練。「勵學會」推舉包天笑為書店經理，他果然不負眾望，不到一年，資本就從一百元變成了五百元。包天笑是只盡義務、不支薪水的經理，其好處是無論店裏新到了什麼書籍、雜誌，他都可以先睹為快。不僅如此，

他還在書店裏認識了許多蘇州名士，如曾孟樸，吳訥士、金松岑、楊千里、方還、陳夢坡、龐棟材、周今覺等。

往事紛至遝來，恍若一張犁新翻開的泥浪，散發著陳年的味道。

「後來我們異想天開，提倡用木刻的方法，來出版一種雜誌。用最笨拙的木刻方法來出雜誌，只怕是世界各國所未有，而我們這次在蘇州，可稱是破天荒了。」包天笑們創辦的雜誌名叫《勵學譯編》月刊，每期約三十頁，兩萬多字。內容大多譯自日文，以政治、法律類居多，也有探討社會、人生的文章。在刻字方面，找的是蘇州最大的毛上珍刻字店，兩萬多字的篇幅用了不到一個月時間，這在當時已經算是很快的速度了。

《勵學譯編》的最初幾期，居然能銷到七八百份，不能不算是奇跡。除了蘇州本地讀者外，還有外地寫信來郵購的，甚至還有日本的一兩家圖書館也來信索取。當年的木刻雜誌如今已成絕響，包天笑在回憶錄中很是為之驕傲。但是這種輝煌並沒能維持多久，大約半年後，雜誌銷售量有所下降，苦苦支撐了一年，雜誌出滿十二期，終因財力不濟而休刊。

《勵學譯編》雖然失敗，包天笑對辦雜誌仍然饒有興趣。過了一兩年，他見市面上有一種《杭州白話報》[2]頗受歡迎，於是躍躍欲試，也想過一過辦報之癮，擬辦一份《蘇州白話報》。其時，杭州已有印刷所，蘇州卻沒有，只好再找毛上珍刻字店訂約。《蘇州白話報》是旬刊性質，每十天出一冊，每冊八頁，內容有世界新聞、中國新聞、本地新聞等，特別注重社會性，如戒煙、放腳、破除迷信、講求衛生等，全都演繹成白話，或編成山歌。這種做法，與後來的鴛鴦蝴蝶派講求趣味性、最大範圍地爭取讀者群，已相當接近了。遺憾的是包天笑的理想還是在殘酷的現實面前碰

2　《杭州白話報》創辦者為陳叔通、林琴南等人。

了壁，印刷工具日漸進化，蘇州又沒有新式印刷所，人家印書印報，都到上海去了。「我們也不能儘量開倒車，最慘者，不及三年，所有的《勵學譯編》和《蘇州白話報》的木版，堆滿了東來書莊樓上一個房間了。及至東來書莊關店，這些木版又無送處，有人說：『劈了當柴燒。』有人還覺得可惜。結果，暫時寄存在毛上珍那裏，後來不知所終。」[3]

萠門春秋

包天笑的通譜兄弟中，有個人叫戴夢鶴，年輕有為，是多才積學之士。戴夢鶴早年考取南京高等學堂，被學堂創辦人萠光典所看重。萠光典，字禮卿，光緒朝進士，江蘇候補道員。此人博學強記，有辯才，生性孤傲，放蕩不羈，人稱萠瘋子。萠光典愛才心切，將幾個有心栽培的得意門生招入麾下，在書館裏專門闢出房子，供門生們讀書成材。可惜的是，戴夢鶴患有肺病，身體不濟，病在萠家公館裏，日子拖得長了，終覺得不是辦法，於是想回蘇州老家休養生息。臨行之前，萠光典為他辭行，神情依依難捨，反覆叮囑讓他養好了病再來南京，又問：「蘇州有沒有願意出來做事的朋友？請舉薦一人，我想為兩個孩子聘一位教書先生。」

戴夢鶴舉薦的人是包天笑。那時候滬寧鐵路尚未開通，從蘇州到南京，要先到上海轉乘輪船，包天笑人生地不熟，戴夢鶴主動提出有個老傭人喚作金福的，曾經陪他去過幾次南京，於是包天笑帶上金福啟程，搭乘一條外國輪船公司的客輪，沿著長江到了南京。

---

3 本小節中的引文，均引自包天笑《釧影樓回憶錄》。

到了蒯公館，金福上前投帖報到，門人告知說：「蒯大人不在，但此事他早已吩咐，請包老爺現在就搬進公館裏住下。」蒯氏公館與南京安徽會館相連通，裏面一個大庭院，雅有花木之勝。當天晚上，蒯光典有個飯局，回公館已是亥時，包天笑正要脫衣就寢，蒯先生來叩門了。「他是一位瘦瘦的五十多歲人，嘴唇上一撮小鬍子，頭髮略有一些花白了。但是精神奕奕，非常健談，一口安徽廬江口音……」包天笑起初還聽不清楚他的話，後來慢慢混熟了，只聽蒯先生謙和地說：「我們這裏一切都不拘禮，今天閣下舟車勞頓，早些安息，明天晚上再談。」

第二天蒯光典沒有食言，吃過晚飯後來到包天笑室中，閒聊至深夜。蒯光典問包天笑最近喜歡讀什麼書？主張哪一種學問？這一問把包天笑問窘了，包天笑說他平時讀書雜亂無章，「抓到籃裏就是菜」，以後還望先生指教。蒯光典面帶微笑說：「你要看書，我這兒有個小小的藏書室，儘管去挑選。」及至包天笑見到了那個「小小的藏書室」，大為驚訝，裏面排列著七八個大書櫥，堆滿了書，其餘的櫃子上、桌子上，也到處橫七豎八地擺放著一些線裝木版書，如入山陰道上，目不暇接。

包天笑到南京後不到一個月，帳房先生送來十二塊錢，說是他的月薪。蒯先生的俠義之舉，讓包天笑感覺受之有愧。別小看了這十二塊錢，他在蘇州家鄉教書，每月也不過十二元的館穀[4]呢！包天笑總覺得，成了蒯家的食客，不做點事過意不去，他悄悄打聽當初說定的為蒯家兩個孩子授課之事，有人告訴他說：教書的事，由原來的授課的陳先生蟬聯了。蒯先生已經發過話，請包天笑稍安勿躁，靜心讀書，將來自有機會報答社會。

4　館穀：此處指私塾先生的酬金。

就這樣，包天笑在南京住了一年多。1901 年底，二十六歲的包天笑被蒯光典派往上海，參與金粟齋譯書處的編輯校對工作，用功讀書學來的本領，終於派上了用場。

蒯光典籌辦金粟齋譯書處，並非一時心血來潮，此事說來話長。

蒯有個大名鼎鼎的朋友名叫嚴復，是直隸候補道員，這位出洋留學生出身的青年才俊，熟悉洋務，曾翻譯過赫胥黎的《天演論》，是清末頗具影響的啟蒙思想家，然而官場上卻不甚得志，始終掛著候補的空銜，未補實缺。究其原因，不外乎恃才傲物，思想另類。嚴復與蒯光典性情相近，又同在官場為候補道，關係相處得不錯。因此，嚴復經濟上鬧窮的時候，首先想到的便是蒯光典，向蒯借了三千元，說好了到期就還，可是借款到期時，嚴復口袋裏依然空空如也，只是交出了幾部譯稿，說要抵帳。蒯光典道義之交，嘴裏罵叨了幾句，還是應承下來。

另有一位杭州的葉浩吾先生，曾留學日本，其時也是上海新學界之人，名士派頭特重，經常生計缺乏，甚至斷炊。經人介紹來找蒯光典，借了七百元，也是將譯稿作為抵償。

放了白花花的銀子出去，收回來的是一堆譯稿，蒯光典無可奈何，索性成立了「金粟齋譯書處」，派方漱六、汪允中、包天笑三人到上海，租房子置家俱，做起了書籍印刷的生意。

「金粟齋譯書處」對於蒯光典來說，也許只是他人生中的一個小插曲，但是對於初踏入社會的包天笑來說，卻具有特別的意義。在上海，包天笑結識了一大批文化名流，如章太炎、吳保初、沈翔雲、馬君武、鄭孝胥、張元濟、林白水等，為他日後進入文化界提供了相當的便利。

回憶起蒯門春秋的往事，有兩件事讓包天笑為之傷感。

其一是換譜兄弟戴夢鶴之死。包天笑每次回蘇州，最先拜望的便是戴夢鶴，他年齡還不到二十四歲，面色紅潤，精神甚好，不像

是有病的人。包天笑輕聲細語安慰他，給他講自己母親得了肺病醫治好了的故事，戴夢鶴點頭，像是看透了包天笑的心事似的，還特意跳得老高讓好友看，證明他的身體健康無礙。豈料沒過多久，友人來信告知戴夢鶴已病危臥床，包天笑匆匆趕回蘇州，還未走到戴府，就接到了報喪的條子，是日即是他的大殮日子。「急往弔唁，已陳屍在室，道義之交，知己之感，不覺淚涔涔下……」包天笑為英年早逝的好友戴夢鶴寫了篇祭文，充塞悲哀，無從下筆。

其二是金粟齋譯書處的關門。當初蒯光典開館印書，本是權宜之計，為的是解決幾部抵債的譯稿，但是蒯光典是世家子，名士派頭，又帶點公子脾氣，他不知現代的出版事業已成商業化，以玩票心態是很難做好的。加之蒯光典認識的人多，每逢有到上海辦事的朋友，他便介紹到金粟齋來請客招待，開銷自然增大，好笑的是蒯先生似乎並沒有察覺，反倒寫信來罵金粟齋開銷太大。金粟齋開辦了不到兩年，蒯光典補缺去官場發展，只好退掉房子，遣散工人，草草收場了事。

難忘一隻煙蓬船

率性而為的包天笑，一生最不缺乏的是真誠。他在古稀之年開始動筆的那部《釧影樓回憶錄》中，真實再現了昔日豐富多彩的生活，甚至連最私密的嫖妓行為也不隱瞞。他在該書續編中坦誠地寫道：「憶我在三十歲以前，真個是守身如玉，除了自己太太以外，可稱不二色。三十歲以後居住在上海，交流既多，出入花叢，在所難免……」

包天笑的第一個妻子名叫陳震蘇，原籍江蘇溧陽，遷居至蘇州洞庭東山。包天笑曾經夫子自首：「我自十八歲訂婚至二十五歲，

方始結婚，中間相隔七年之久。在這個時間中，所遇見的女性不少。然而我的心中，好像我的身體已經屬於人家了。雖然我與我的未婚妻未曾見過一面，未曾通過一信，但是我常常深自警惕，已有配偶，勿作妄想。」一介傳統的書生形象，躍然紙上。

　　早在蘇州創辦東來書莊時，包天笑經常去上海為書店進貨，落腳之處是寶善街鼎升棧。那天恰巧樓上有個亭子間，包天笑包租下來，方便看書寫字。這家客棧白天倒還清靜，一入夜便喧鬧起來。推窗望去，有一個月臺，對面是一家上海人稱作「長三堂子」的妓館，到了掌燈時節，酒綠燈紅，哀絲豪竹，全是她們的世界。狹窄的弄堂，樓上兩邊的人可以互相說話，一抬眼就能看清楚那邊她們的紅木床，包天笑當時二十多歲，非常面嫩，見了女子就要臉紅，但他越是這樣，街對面的那班女孩子越是找他逗趣，有時喚他「書呆子」，有時裝扮他近視眼看書的模樣，逢到這種時候，包天笑就閉起窗來讀書──可是心旌蕩漾，怎麼讀得進去呢？

　　日子住得稍長，包天笑得知對面的女倌人叫金湘娥，是滬上花界名妓，她手下的侍女喚作阿金，約有十八九歲，楚楚動人。每次包天笑推開窗子，總是看見阿金衝他點頭，報以微笑。住在這種地方，真堪稱「流鶯比鄰」。

　　愛慕之情在包天笑心上悄悄生長。終於有了個機會：八國聯軍打進北京時，滬上也傳來謠言，說有洋兵要來攻佔上海。城裏人紛紛逃難，船票陡然成了緊俏貨，好不容易，託人高價買到了一張船票，卻是平時只有窮人才會乘坐的那種煙蓬船。包天笑帶著鋪蓋擠上船，早已是人滿為患，頂棚矮塌塌的，只好蛇行而入，身體都難以站直。忽然聽見背後有人在叫他，扭頭一看，面前站著的正是寶善街的阿金！

　　阿金穿一件淡青色竹布罩衫，下身是一條黑褲子，粉黛不施，渾身上下透出一種清新自然之美。那天晚上，煙蓬船艙人塞得滿滿

的，好像一悶罐沙丁魚。解纜開船了，阿金把位置換到包天笑身邊，兩床鋪蓋緊緊相挨。煙蓬船溯江而上，嘩嘩的水聲清晰可聞，掛在船艙棚架上的一盞煤油燈輕輕搖晃，桔黃的微光帶來了久違的溫暖。客人大多都入睡了，船艙裏此起彼伏傳來鼾聲，包天笑那晚失眠了，他久久端詳著阿金的睡相，竟越看越覺得可愛。

夜半時分，包天笑仍在輾轉反側，不過這一次不是為看阿金，而是膀胱發脹，便意急迫地襲來。阿金似有所察覺，睜眼看著他，輕聲問：「少爺為何不睡？」包天笑一臉窘態，只好吞吞吐吐說了。阿金一笑，蜷縮起了身體，讓包天笑從被頭面爬過去，揭開布蓬，跪在矮銅欄杆前小解。然而江深月黑，船又開得快，因裝載的人多，船舷離江面不到一尺，危險殊甚。見包天笑在犯難，阿金又想出了一個辦法，解下了她的一條白湖縐紗的褲帶，將包天笑攔腰縛上，然後由她緊緊拉著，這樣一來，包天笑膽子大了許多，站在船邊抖抖索索，小解了個痛快。

重新鑽進被窩，身體舒暢多了。阿金也不吱聲，摸索半響，從小網籃裏抓了一把大蜜棗，塞到包天笑的手裏。這一晚，包天笑是在大蜜棗的甜味中安然入夢的。及至一覺睡來，紅日已經升起，早晨的陽光投射進來，客人們一個個開始起床了。扭頭再看阿金，她正架著一面鏡子在那裏梳頭。見包天笑看她，阿金紅著臉笑了：「今天要回鄉下吃喜酒，像蓬頭鬼那樣不好的。」她邊說邊用一塊手鏡檢查，橫一照，豎一照，包天笑的心情不自禁地隨著那面手鏡上下翻飛。

臨分手時，阿金問：「少爺還會到上海嗎？」包天笑說一定會。阿金又問：「還住那家客棧？」包天笑點點頭，反問她：「你也仍在金湘娥那裏？」阿金也點點頭。誰知道這一分手就再無消息。兩個月後，包天笑再去上海，仍住寶善街鼎升棧，推窗走到月臺上一看，不覺大失所望。物是人非，對面換了陌生人家，包天笑問客棧裏的

茶房，茶房搖頭，去向熟悉的舊人打聽，對方說：「滬上有三個金湘娥，先生想找哪一個？」包天笑滿臉茫然，將三個金湘娥都問到了，卻沒有名喚阿金的侍女。

從此，包天笑東也尋阿金，西也尋阿金，為了她，多吃了不少花酒，多叫了不少堂唱，有朋友說：「上海堂子裏叫阿金的總有一百多，難道你沒有一個賞識的？」等包天笑解釋了緣由，朋友笑道：「你可真是沙裏淘金啊。」包天笑畢竟是鍾情重義之人，他曾經寫過一個短篇小說《煙蓬》，發表在《小說月報》，包天笑在小說中感歎道：「豈知人生也似斷梗飄蓬，離合無常呢！」

鴛鴦蝴蝶派新盟主

1906 年早春二月，包天笑辭別了青島的教書匠生活，攜家帶口奔赴上海。那隻德國海輪在海上遇到了大風浪，平日不暈船的包天笑也吃不消了，嘔吐頻作。妻子震蘇病了，懶洋洋靠在床上，三歲的女兒可芬臉色白得像一張紙，包天笑一邊照顧他們，一邊張望甲板上的動靜：浪花撲上甲板，響起忽喇喇一片水聲，船員和水手們全都穿著雨衣雨靴，來回奔跑呼喊，微弱的口哨聲在風中被拉成了一條線……那真是一次奇異的旅行，海船在中途還曾經拋錨，開炮擊沉了一枚水雷。據說那枚水雷還是上一年日俄戰爭中的遺留物。

包天笑將家安頓在愛文義路勝業里。那個草創的家，當時四壁空空，什麼東西都沒有，包天笑到舊貨市場買了張鐵製雙人床，另外添置了一些必備的家俱，「草草佈置一下，居然成一個很安適的小家庭了」。包天笑在上海一住就是 20 年。直到 1946 年春天，包天笑隨長子可永去了臺灣。

在上海的二十年，是包天笑生命中的一個高峰。

包天笑的文學成就是多方面的，他既是小說家、翻譯家，又是報刊編輯，還是一位不可多得的文學活動家、優秀的組織者。多年研究鴛鴦蝴蝶派的蘇州大學教授范伯群評價說：「在中國通俗文學史中，包天笑是一位大師級的人物。」此話有點過獎。但是無論如何，包天笑都稱得上是一位橋樑似的領軍人物，在鴛鴦蝴蝶派作家中起了承前啟後的作用。

1909 年創刊的《小說時報》，被鄭逸梅認為是鴛鴦蝴蝶派的第一個刊物。這本刊物的創辦人是狄楚青，由包天笑和陳景韓（冷血）輪流擔當編輯主任，不過，陳景韓熱心政治，經常外出採訪社會新聞，看稿子的活計基本上落到了包天笑的頭上。《小說時報》除了大量登載翻譯作品外，另一個顯著的特點是文學傾向的轉變──文學中強烈的社會使命感不再那麼濃烈，取而代之的是趣味性和市場屬性。《小說時報》出版後，銷路很好。狄楚青乘勝追擊，又提出要辦一份《婦女時報》。這本刊物 1911 年 6 月創刊，由包天笑一人擔任主編。包天笑回憶說：「我在上海時報館當編輯的時候，同時也寫小說，編雜誌，一天到晚，就忙了那些筆墨上的事。那個時候，我正當壯年，精神很好，除了編輯報紙雜誌外，每天還可以寫四五千字，在賣文上，收入很豐。」

稿費制度是辛亥革命才流行的。在此之前給報刊投稿，不僅沒有稿費，有時候還需要倒貼版面費，相當於今天的「有償新聞」。近代印刷業的革命以及隨之而來的稿費制度，既是新文化運動帶來的產物，又反過來有力推動了新文化運動，大批傳統文人湧入報刊以及圖書市場，促進了傳統文人向近代文化人轉型的步伐。在《釧影樓回憶錄》中，包天笑回憶他當初與楊紫驎合譯《迦因小傳》，得到了上海文明書局的稿費一百餘元，「我當時的生活程度，除了到上海的旅費以外，我可以供幾個月的家用，我又何樂而不為呢？」

是書中他還多處寫道:「我於是把考書院博取膏火的觀念,改為投稿譯書的觀念了」,「覺得不如安坐家中,寫寫小說,較為自由而舒服便利得多了吧!」

包天笑主編的刊物還有《小說大觀》、《小說畫報》等。在《小說大觀》創刊號的「例言」中包天笑寫道:「每集所載小說,均選擇精嚴,宗旨純正,有益於社會,有功於道德之作,無時下浮薄狂蕩海盜導淫之風……無論文言俗語,一以興味為主。凡枯燥無味及冗長拖遝者皆不採」。這一主張,何嘗不是眾多鴛鴦蝴蝶派作家對文學的理解?

有了相近的文學情趣,加上稿費制度的刺激,一大批由舊文人轉變而來的自由撰稿人應時而生,環繞在包天笑周圍,形成了鴛鴦蝴蝶派的一大作家群,他們是畢倚虹、陳蝶仙(天虛我生)、姚鵷雛、葉楚傖、周瘦鵑、范煙橋、蘇曼殊、向愷然(平江不肖生)、程小青、鄭逸梅、徐卓呆、張毅漢等。那些風光無限的名字,銘記的是一個豐富多彩的文學時代,可惜後來已被人淡忘了,他們被打入冷宮,遭受冷落甚至遭受污辱。

世紀老人在海邊散步

1950 年初,包天笑由臺灣搬遷到香港[5],寓居銅鑼灣開平道二號,這是個依山傍水的好地方,從自家樓上可以看到大海上的船帆,使人心曠神怡。去香港是他幾個兒子們的主意,內戰如火如荼,

---

5　一般都認為包天笑是 1949 年從臺灣移居香港的,《通俗文學之王包天笑》一書作者欒梅健則認為應是 1950 年初,最充足的證據是,包天笑那本「斷爛日記」最後幾篇和後記均為 1949 年 12 月底寫於臺北,表明該年底包天笑仍在臺灣無疑。

香港畢竟是英國殖民地，暫時不會有戰亂之憂，於是由次子包可閎
親赴臺灣恭迎老父親——那年包天笑正準備過七十四歲生日。

其實他並沒有過生日的心情。在那本未能再續寫的「斷爛日記」
的最後幾頁，包天笑隱約透露了私密的心事，他寫道：每逢有什麼
集會，一幫風姿綽約的臺灣女記者都會到場，她們總是問人家對局
勢的感想如何？問到包天笑時，他的回答是「我沒有感想。」顯然
這句話是逃避的託辭，貌似平淡卻充滿複雜感情，在那個天翻地覆
的特殊時刻，一個飽經滄桑的老人豈會沒有感想？共產黨取代國民
黨統治大陸已是大勢所趨，同時包天笑到臺灣後也經歷了一系列變
故：「二・二八」事變、國民黨政府遷台、金門炮戰等，更糟糕的
是陳儀因「二・二八」事變導致下臺，大兒子包可永政治上失去靠
山，仕途變得黯淡，國難家愁糾纏一起，像一團陰雨天的濃霧，堆
積在這位老人的心頭。

到香港後他幾乎每天都去海邊散步，這個習慣堅持了二十五
年，高伯雨說他「即在九十八歲的上半年，他還每天外出散步，手
臂上掛著一枝手杖，從不拿它點地，只是緩步而行」。海邊歸來便
回到書房，用毛筆寫信寫文章，他最為牽掛的是江南煙雨中的故鄉
蘇州，除了靜心讀報時尤為關注蘇州的消息外，還與周瘦鵑、范煙
橋、鄭逸梅等舊友書信往來。鄭逸梅寄給他一包牽牛花的種子，他
用溫水浸泡處理後種在了牆旮旯裏，靜靜地等待發芽、開花，那些
吹吹打打的小喇叭花讓他一次次想起蘇州昔日的桃花塢，想起鞭炮
聲中隨風飄蕩的花花綠綠的那些年畫……

人生已走過了拐彎處，繁華喧囂統統留在身後，他愛上了海邊
散步的那種閒適。但是一個人又怎麼能夠和過去分割開呢？人的過
去就像影子，總是默默地跟在身邊，平日似乎忘卻了，不經意間偶
爾回眸，才發現那影子始終若即若離，須臾不離左右。1960 年 7
月 20 日，香港《大公報》刊登了寧遠的《關於鴛鴦蝴蝶派》，文中

寫道:「鴛鴦蝴蝶派作品發祥地是上海,但執筆者大多是蘇州人,他們也有一個小小的組織,叫做『星社』,主要人物有包天笑、周瘦鵑、程小青、范煙橋等……」昨日的行囊被人貿然打開任意翻檢,包天笑心裏頭有種說不出的滋味,更何況鴛鴦蝴蝶派那頂美麗的帽子向來都是他最為諱忌的。

他寫文章《我與鴛鴦蝴蝶派》為自己辯護,依然是婉約溫和的風格:「寧遠先生說我『以風格而言,倒還不是道地的鴛鴦蝴蝶派』云云,至為感謝」,接下來筆鋒一轉寫道:「談起鴛鴦蝴蝶派,我名總是首列。我於這些刊物,都未曾寓目,均承朋友們告知,且為之不平者。我說,我已硬戴定這頂鴛鴦蝴蝶的帽子,復何容辭。行將就木之年,『身後是非誰管得』,付之苦笑而已。……至於《禮拜六》,我從未投過稿。徐枕亞直到他死,未識其人。我所不瞭解者,不知哪部我所寫的小說是屬於鴛鴦蝴蝶派。」一樁掩埋於塵埃中的歷史公案,毫不留情地撕碎了他平靜的生活,以至於他在臨終前幾年寫《釧影樓回憶錄續編》時仍然口口聲聲堅稱自己不是鴛鴦蝴蝶派,像是挨了打仍不認錯的孩子。一個本應該讓人充滿敬意的作家,卻淪落到百口莫辯的尷尬地步,皆因為鴛鴦蝴蝶派所背的惡名太過深重。包天笑至死拒絕承認自己是鴛鴦蝴蝶派,既是個人的悲哀,也是時代的恥辱。

包天笑明白,人終究是無法割裂過去的。1961 年,他收到了鄭逸梅從蘇州寄來的舊作《留芳記》[6],再一次勾起往日的回憶,百感交集。他收到書的時間是上午,恰巧在那天下午,得知梅蘭芳逝世噩耗,不勝感悼,他在書上題了兩句:「春意留芳留不住,天南地北痛斯人。」包天笑被籠罩在鄉愁中,去國離鄉的哀傷和惆悵

6　《留芳記》是包天笑二〇年代的一部作品,全書以梅蘭芳為主角,涉及到當時政界、商界和文藝界諸多人物,是繼曾樸《孽海花》之後的一部傑作。

纏繞心頭，沒有哪味藥能醫得好他的思鄉病。鄭逸梅說包天笑每星期必來一信，日常瑣屑，朋蹤友跡，無所不談。他反覆叮囑鄭逸梅多寄點大陸報刊，包天笑晚年喜歡讀《新民晚報》，尤其唐雲旌主編的《繁星》副刊，那上頭經常刊登瞿兌之、周作人、鄧散木等人的淡雅小品，可以給他那支筆進補。

　　包天笑移居香港後，每天的工作只有兩樣：在海邊散步，在書房回憶。新加坡報人連士升評價包天笑「最大的興趣和唯一可以發揮才具的地方就是寫小說」，八十歲後包天笑寫了歷史小說《新白蛇傳》，還有那部人稱「百科全書」的《釧影樓回憶錄》。包先生謝世前十二天，高伯雨帶著新印好的《釧影樓回憶錄續編》來敲門，包天笑想起身相迎，被照料他的那位廣東女傭人給攔住了。高伯雨回憶說，包天笑那時「小腿以上都腫了……坐在椅上，兩腳沒有穿鞋子，赤足踏在地板，腳背腫脹大如甘薯，他一雙手按著膝頭，微微喘著氣。」當他聽高伯雨說書已出版，頂多過一個星期就能發行了，包天笑面露微笑，喃喃自語：「完了一件事情了。」

　　1973 年是包天笑生命的終點。上半年他身體還正常，偶爾有小病服藥就痊癒了，朋友們都相信他一定能活到一百歲。進入九月，他的腳背忽然腫了，走路也很困難，不能到海邊散步，包天笑情緒低沉，他讓家人把自己扶上陽臺，眺望遠方大海，一句話也不說，沈默得像尊雕塑。高伯雨來看他，他扶著高伯雨的手輕聲說：「我恐怕不久於人世了。」高伯雨安慰他，他只是點頭，安靜得像個孩子。10 月 27 日，包天笑給高伯雨寄去一短札，只有寥寥數語：「我病甚，幾欲與老友長別矣，日來顧我一談。」高伯雨趕去看他，談了二十多分鐘，他精神還算不錯，廣東女傭說人老了怕孤獨，包老是想念老朋友了。11 月 10 日，高伯雨再去看他，包天笑正在翻閱報紙，忽然停下來，用筆在紙上寫道：「我已垂危，不及談矣。」對生命的眷念已深入骨髓，勸慰對他而言只是月光下的安魂曲。

11 月 24 日，家人覺得包天笑神色有異，急忙送入香港法國醫院，三個鐘頭後，世紀老人與世長辭。按照他家鄉蘇州的習俗，小孩出生後家人贈與金鎖片，鐫刻「長命百歲」四字，本來是誇張浪漫的禱告，包天笑卻把它演繹成了真實的傳說[7]。

包天笑去世後，香港多家報紙雜誌發了消息和悼念文章，香港文化人易文在《大成》第三期著文《包天笑先生》，文中談及他對鴛鴦蝴蝶派的看法：「我從小學四五年級接觸了『新文藝』起，對所謂『鴛鴦蝴蝶派』就有了幼稚淺薄的排斥偏見，而『吳門天笑生』這樣的筆名，當然被目為這一類作家。當時只知道崇拜徐志摩、郁達夫、茅盾、魯迅那一方面的『諸子百家』，一味以為如張天翼那樣從鴛鴦蝴蝶派轉變過來便是進步，其實我哪兒有識別能力與輕視什麼作風的資格？但因此就從未想到拜見這位父執長輩，或去瞭解一下他的作品。等到讀書較多，認識事理略為成熟，才發覺清末民初新舊文學中外文化轉型期間，被稱為鴛鴦蝴蝶派的作家，實在也有不可抹煞的貢獻。」易文的父執是包天笑的朋友，這位晚輩在文中說：「包天笑的時代早已過去，但他的一生並非平白浪費。我後悔從來未晉接，因之更增敬重與悼念。」可惜這樣的晚輩那時候實在太少了。

7　包天笑生於 1876 年，卒於 1973 年，享年 98 歲，積閏 101 歲。

分明是書生

——葉楚傖的本色

曾是叛逆少年

　　童年是每個人一生中最好的營養滋補劑，可是葉楚傖的童年卻充滿了哀傷，據其子葉元在〈憶先父葉楚傖〉一文中說，「父親在子女面前甚嚴肅，很少和我們閒談，更少談到他自己。有時也談一點，總是談他童年時候的貧困生活，如何穿著沒有成的鞋子去上學之類，教育我們要勤勞儉樸。」

　　葉楚傖的哀傷源自於家庭的破落。更早的時候，吳縣周莊的葉太和醬園，簡直是榮耀風光的代名詞。經商發跡的鼎盛時期，葉家修建了大宅深院「祖蔭堂」，期盼祖先的福祉能夠蔭庇葉家後代，無奈造化弄人，輝煌的家族說衰敗就衰敗了，到了葉楚傖父親那一代，葉家開始走下坡路。

　　他父親叫葉鳳巢，生性愛交朋友，慷慨大方，木桶的短板是他不事生產，眼睜睜看著葉太和醬園因無人打理走向荒蕪，葉鳳巢依然是一副「千金散盡始還來」的公子派頭。《葉楚傖年譜簡編》[1]

---

[1]　《葉楚傖年譜簡編》作者毛策，原文見上海文史資料選輯第 79 輯《葉楚傖

說葉鳳巢「身為前清秀才,卻鄙視帖括之學,不屑於逐鹿舉業,因而家道衰落,千金盡散。不得已假館授徒,藉以維持生計,後遊幕浙中,受聘於杭、嘉、潮三府統領署中文案」。葉楚傖十一歲那年生母王氏去世,葉鳳巢再婚,楚傖及其妹宗淵形同被拋棄的孤兒,幸好有姨父姨母沈仲眉夫婦援手相助,才度過了那一道難關。

　　葉楚傖無疑繼承了父親身上的某種基因,他後來的行俠仗義、浪跡天涯,都與早年葉鳳巢的行世作派太相像了。據《年譜》載,1903 年,葉楚傖入上海南洋公學就讀,一學期後轉入龐青臣主辦的潯溪公學,龐家是上海南潯旺族,龐青臣是康有為的兒女親家,滿腦子裝著新思想。曾捐鉅資贊助孫中山鬧革命,因此潯溪公學學生思想新潮,崇尚西方進步學說,經常公開抨擊清廷,不久,葉楚傖被捲入學潮,學校解散,他只得返回吳縣,備受親友嘲諷,沈仲眉夫婦不時溫言慰藉。

　　1907 年,葉楚傖在蘇州高等學堂就讀,畢業之際發生了一件事情:按清廷規定,凡高等學堂畢業生,可視為舉人五貢,分授七品官職,對於莘莘學子來說這是良機,可歎的是有機會的地方就有腐敗,學校某監督受賄作弊,憤怒的學生將其一頓痛打,從而引發學潮,校方稟報江蘇巡撫,指控葉楚傖為革命黨派來的罪魁,葉被拘捕入獄。多虧童年恩師陶小泚出面,邀集地方鄉紳,聯名致書在京城的蘇籍官員,經多方斡旋方得出獄。

　　了卻了一場牢獄之災,葉楚傖無意繼續留在南潯。正巧在廣東汕頭主持《中華新報》筆政的同鄉好友陳去病因病辭職,極力推薦葉楚傖,於是葉匆匆去了南方。

　　紀念集》附錄,以下引文簡稱《年譜》。

汾湖的記憶

　　即便是後來做了高官，任國民黨中央黨部秘書長，葉楚傖依然保持著往日飄逸灑脫的派頭，無論上班還是開會，他常隨身攜帶一把小小的白磁茶壺，知悉內情的同事明知道哪是裝酒用的，還是有人明知故問，他便微笑道：「不要破解了我這個『機密』，古人云『寒夜客來茶當酒』，我這是白天公幹茶當酒。」其子葉元也說：「我父親是個文人，儘管後來當了官，但不脫書生本色，仍舊是個文人。」

　　葉楚傖文學造詣很深，是一位極為難得的全才。鄭逸梅說葉楚傖在小說、詩詞、散文、戲劇上都有不俗成就，他的筆名有葉葉、小鳳、湘君、簫引樓主、之子、老鳳、單公、龍公、屑屑、春風、琳琅生等。

　　無論從哪個角度看——他的從文態度或者作品風格——葉楚傖被劃入鴛鴦蝴蝶派都純粹是個誤會。其作品《如此京華》《前輩先生》，包括哪部半個月內寫完的、為他贏得盛名《古戍寒笳記》，處處金戈鐵馬氣吞山河，哪裡看得出鴛鴦蝴蝶的影子？他自己也說：小說具有移風易俗的作用，必須十分注意作品行世之影響，作者必須嚴肅認真，對社會、對讀者極其負責的態度，那種借言情、黑幕以及淫誨海盜的小說商，無異乎私販鴉片者。鴛鴦蝴蝶派研究學者、蘇州大學教授徐斯年將葉楚傖劃為鴛蝴派中的「教化派」，恐怕也是出於無奈，鴛鴦蝴蝶派是個筐，什麼都往裏頭裝，除了左翼文學被稱作「純文學」外，其他難於歸類的文學作品都逃脫不了被戴上鴛蝴帽子的厄運，這樣的文學現象一直持續了若干年。

　　《古戍寒笳記》是一部歷史小說。小說寫明末清朝的一段反清舊事，結局以悲劇收尾，雖然寫出了抗清力量如何發展，抗清英雄

如何有勇有謀,但畢竟不可改變明朝滅亡的歷史事實。葉楚傖在書中夫子自道,小說是借「英雄軼史」之酒杯,澆自家「胸中塊壘」。書中寫了三支抗清義師,居於核心地位的是以袁靈芝為首的分湖之旅。據《吳江縣誌》載,汾湖舊稱分湖,位於縣城東南六十里。而葉楚傖的故鄉就在汾湖兩岸,書中的人物原型都是他從小所景仰的、耳熟能詳的先賢。

范煙橋所作序言中,將葉楚傖《古戍寒笳記》與吳漢槎《秋笳集》[2]相比,認為小鳳乃漢槎之再生,前書乃後書之復作。徐斯年教授評論說:「葉小鳳沒有把吳漢槎作為《古戍寒笳記》的人物模特兒,然而漢槎卻成了這部小說的『情感模特兒』。」

1909 年,葉楚傖在廣東加入同盟會。是年冬天,思鄉情切,回江蘇吳縣與妻兒共度春節,重遊汾湖,百感交集,有《康戌(1910)紀事十六首》紀其事:「葉家塚外碧波洄,正月初三訪墓來。白頭村嫗知野史,臨風遙指小池隈」(其一)。又有紀夢詩《夢吳江行》,其序曰:「冬夜之午,夢身在舊朝,城守吳江,時城週邊敵以數萬計,累月未破;繼聞蘇浙相次淪陷,孤城殘壞,兵無鬥志,遂為敵乘;惘然出城,兵不滿百,思奔赴行在,又不得達,大哭而醒。」

其時南社剛成立一年多,創始人柳亞子、陳去病都是吳江人,葉楚傖經表兄陳去病介紹加入南社後,也成為南社早期重要成員,他們與汾湖有千絲萬縷的聯繫,汾湖也成了他們經常聚會吟詠的處所,憑弔遺跡,詩詞唱和,滿腔的悲憤在葉楚傖胸中激蕩。

激蕩在他胸中的還有葉氏先輩的滿門風雅。相傳朱元璋定都南京後,為重現秦淮河畔的繁華,強制江南豪門遷移南京,世居同里的葉氏第十五世葉震宗不願離開故土,用重金賄賂官員,被人告

---

2 吳兆騫(1631-1684),字漢槎,江蘇吳江人。南闈科舉案發,吳被誣捲入其中,遭致全家流放東北之厄運。《胡笳集》是他在東北寫的一本邊塞詩集。

發，朝廷下令滿門抄斬。四歲幼童葉福四被好心人隱藏，送至汾湖陸姓親戚家，多年後才重新恢復葉姓，成為汾湖葉氏的始祖。葉福四當年避難之處是葉家埭（即今夢午堂故里），後世出了不少名流，有葉紹袁、葉燮以及才女葉小鸞、葉小紈等，其中葉紹袁即為《古戍寒笳記》中的人物原型之一。

　　1909 年農曆歲末已經是葉楚傖第二次重訪汾湖了。此前楚傖曾在滬上古玩店裏尋覓到一方端硯，硯上鐫刻有「明末吳門葉小鸞」七個字，為此楚傖詳考了葉家族譜，證實了小鸞與他為同支的猜想，確切地說，楚傖是小鸞的九世從孫，中間隔著近三百年的時空。

　　這年正月初三，天氣陰冷，葉楚傖步履匆匆來到葉家埭，殘垣斷壁的午夢堂，雜草叢生的疏香閣，無一不勾起他環繞在心頭的懷古幽思，幾經問訊，終於有「白頭村嫗知野史，臨風遙指小池隈」，尋跡而去，找到了「葉家小姐墳」，葉楚傖異常興奮，在葉小鸞墓塋前憑弔良久，寫下〈正月初三過汾湖舊居，訪得祖姑葉瓊章墓址於大富圩寶生庵之陰，成二律以志奇幸〉，詩云：「迷陽芳草舊靈芬，一代文章才女墳。魂斷寒碑香冷落，夢回春水碧繽紛。松楸樹底啼鵑血，菡萏風前簇蝶裙。天使白頭亭長健，隔堤為我溯遺聞。」「汾堤吊夢成前事，今日拏帆又過湖。金鑒百年詩讖語，玉釵兩度合離符。曉風細細探孤魂，綺思深深擁翠蒲。卻恨棠梨魂返日，紙灰飛蝶在征途。」

　　兩年後，葉楚傖在上海主編《太平洋報》，協助編輯的有柳亞子、蘇曼殊、李叔同、林一厂、余天遂、胡樸安、姚鵷雛、胡寄塵等。報社用的全部鉛字都來自於一家地下印刷廠，那是陳其美創辦的一個機構，辛亥革命後，陳其美當了上海都督，秘密印刷廠再無存在之必要，便送給了一心想辦報的葉楚傖。潘公展的《陳其美傳》中說：「《太平洋報》整天鬧窮，其美好幾次，像散步一

樣地推進編輯部的門，對主持人葉楚傖笑嘻嘻地說：『楚傖，錢又不夠用了？』說著，從馬褂裏取出一張支票遞給他，一千或二千，直到關門為止。」

報社雖然經常鬧窮，但是氣氛卻很快樂。葉楚傖依然念念不忘故鄉汾湖，據邵元沖《曼殊遺載》：楚傖屢次三番求曼殊畫汾湖圖，曼殊雖說口頭答應，卻遲遲不動筆，一日，楚傖約曼殊至其畫室，案設筆硯、絹幅、雪茄煙、朱古力糖等，將曼殊反鎖房內，逼他作畫。曼殊無奈，只得揮毫潑墨，越時許，叩門大呼：「繪已竣工，放我出也──」楚傖隔窗一望，只見桌案宣紙上影影綽綽，似有一輪明月，一葉扁舟，三五疏柳，依稀茅屋……好一幅《汾湖吊夢圖》呼之欲出，葉楚傖欣喜若狂，當晚拉曼殊上館子飽餐一頓，並贈豹褥一條。這事被傳為佳話，在民國年間廣為傳誦。

又過了兩年，他對汾湖的記憶仍然不能忘懷。1914 年夏，葉楚傖主辦的另一份報紙《生活日報》因欠款被控停刊，是年秋天，遂著手寫作構思已久的長篇小說《古戍寒笳記》，當年十一月在《七襄》雜誌上開始連載，至第八期載完，1917 年由上海《小說叢報》社出版單行本，姚民哀寫跋贊曰：「苟不能定天下安危，興王霸之業，則退而著書，造福後生，針砭社會，亦足以法。」南社王平陵先生評價葉楚傖的創作時說：「寫作的技巧，是平易通俗的文章，但不比今天的白話文更難懂些。他們確實是舊時代的晨鐘暮鼓，不知喚醒了那時代多少年輕人的迷夢！」

才子當年亦風流

1919 年，新民圖書館出版《小鳳雜著》，書中除刊載短篇小說十二篇及小說雜論外，還有那篇名噪一時的美文《金昌三月記》。

　　金昌亭位於閶門外，閶門因靠近運河，歷來是蘇州城最繁華的地段，清朝孫嘉淦在《南遊記》裏描述：「居貨山積，行人流水，列肆招牌，燦若雲錦。」數萬家各色店鋪鱗次櫛比，公所、會館、青樓、行幫、民宅等相依為鄰，成為真正的五方雜處之地，而金昌亭，為蘇州勝遊薈萃之地。

　　是年葉楚傖三十三歲，追憶更早的青春歲月，恍若一出絢麗多彩的夢。記憶中踏雲而來的是一匹小青驄，青石的街道向晚，得得的馬蹄敲碎了寂寞的城。葉楚傖擅騎，遍尋吳縣無敵手，聽說有武弁徐某精於騎術，遂起英雄比武之心，一日偶見一匹小青驄，栗耳瘦脛，揚鬃長嘯，正是他一直夢寐以求之神駒也！當即躍身上馬，時而小走，時而疾馳，恰逢徐某正放響從身旁飛馳而過，葉楚傖一抖韁繩，夾緊雙腿，「疾馳角之，自阿黛橋繞路三匝，如飛彈跳丸，破空而過」，耳邊風聲嗖嗖，間雜竊竊私議，楚傖的小青驄早已超過了徐姓武弁很遠，忽然聽到有清脆的喝彩聲，立定了馬頭一看：喝彩者乃同春坊名姝采影。

　　葉楚傖在《金昌三月記》中，寫了一幫青年才俊畫舫徵歌，歡遊競夕的場景，更動人處是寫了那些在花船上營生的各色女子，「船娘多二十許麗人，織錦花鞋，青羅帕頭，波光面影，一水皆香……」栩栩如生，躍然紙上。

　　采影藝名花珍，能讀書，教以詞，琅琅上口，喜作男子妝，丰姿翩然，當時雖然只有十六歲，卻常為小姐妹們打抱不平。葉楚傖與采影私交甚篤，采影曾對楚傖云：「生遭不幸，至以歌舞媚人，何必自為文飾，忍氣吞聲，豈不越發令人寒齒耶？」楚傖聽罷，為之惋歎良久，贈以〈減蘭〉一闋：「采香涇裏，傾國名花雙舫旋。微雨簾櫳，茉莉吹來一段風。蠻靴禿袖，一串歌喉珠跳走。墮落時流，值得為卿一度愁。」

　　葉楚傖費盡筆墨溢美的金昌名姝有十餘人。小白蘭花，名滿全國。原姓蒲，無錫之蕩口人。柔曼嫵媚，豐華高貴，有壓倒群芳之氣慨。綠梅影與花翡是一對姊妹花，一色衣裳，兩般嬌小，雛鳳競鳴，尤其惹人憐愛。美仁里彩琴，藝名花綺，能繪花草，畫一蓮花扇面，令楚傖題詞，既題詞罷，又設宴感謝，如此知書達禮之女流輩實不多見。百花巷王寶寶，俗喚王三，豐腴圓潤，尤以柔媚勝，豪於飲，百斗不醉，曾約葉楚傖比詩鬥酒，楚傖作一首詩，王三飲一觴酒，楚傖成〈金昌雜詠〉三十絕，王三也連飲三十杯，人面桃花，令人不飲也醉，此後葉楚傖每當豪飲，必思王三。同春坊謝英，江湖名旦之後李雙珠，邑令田寶榮所喜愛的賣煙豔婦金鳳……無不勾起他青春歲月的無邊思念。「風華少年，挾豔買樂，遊虎丘、山塘間。夕陽欲下，緩緩歸來，輒集於方基。野水上杯，名花列坐，笙歌隔水，珠玉回波。星轉露稀，則兩行紅燭，扶醉而歸。洵夜景之解人，歡場之韻跡也。」讓人思念的還有「王三家鹹瓜，花翠家玫瑰酒，林霏家八寶鴨，周二寶家龍團茶，皆擅一時之美。而尤以王瓜、花酒為最。瓜著齒，脆嫩芬芳，鹹不傷澀，令人有厭薄珍錯之想。」

　　1912 年 3 月 27 日晚，駐紮在閶門外的新軍因欠餉發生兵變，搗毀戲院，火燒商鋪，潰散的兵丁們如狼似虎，闖入民房搶劫千餘家，直到翌日上午才被彈壓，市面始告平定。葉楚傖在〈金昌三月記〉中寫道：「金昌兵變事起，市廛櫛比，幾盡付劫灰，燕樑鶯屋，大受創損。」撫今追昔，不覺感慨繫之。清代詞人陳其年〈平山堂感事詩〉云：「輕紅橋上立逡巡，綠水微波漸作鱗。手把垂楊無一語，十年春恨細於塵。」楚傖亦次其韻賦詩兩首，其一云：「迢迢樓閣劫灰新，脈脈垂楊縋舊春。惆悵金昌門外道，香車無復逐輕塵。」其二云：「流絮飛花無那春，雲煙重結此江濱。杜郎回首三年事，綺恨空情夢似塵。」

　　歲月的痕跡連同記憶一起被掩埋在了塵土荒草裏，葉楚傖的表弟王大覺曾在《古戍寒笳記》的序言中說了一段往事：1917 年春天，大覺路過閶門，有昔日金昌歌妓問他：是否認識葉郎？一句問話，勾起了幾多心事，有甜蜜，也有酸澀。他依稀憶起昨日短衣縛褲之翩翩少年，躍馬顧盼，以為一世之雄。歌妓說楚傖與王三、翠弟交好，如今翠弟已病故，王三成了某達官妾，幾近墮落……大覺聽到此處，忍不住潸然淚下，又想起昔日好友葉楚傖跅弛不羈，負笈游江湖，常挾世間流浪客，呼燈市樓，手抱美人談論天下事，意氣豪甚。前後才十年，「當日捧瑟侑觴之選，已零落游離若此」，星轉斗移，世事滄桑，天上人間的故事，不斷在演繹著不同的新版本。

在姚大將軍幕中

　　上世紀初的一二十年間是個大時代，葉楚傖的人生也因此而豐富多彩。

　　黃花崗起義前夕，葉楚傖隨姚雨平赴南洋各地，籌集錢財資助革命。武昌首義事起，光復後的廣東軍政府聲援武漢，派遣北伐軍從廣州出發，乘船經香港赴滬，其時總司令是姚雨生，葉楚傖投筆從戎，入姚大將軍幕中隨軍北上。

　　在出師的號角聲中，葉楚傖寫下了那篇氣勢磅礡的北伐誓師檄文：「吁兮！武哉粵軍人，洪軍搴幟，蔚郁風雲，赤符北指，滌蕩胡氛。衣冠文物，開十三年漢家陵闕之金陵；越五十年，廣惠欽廉，海波茫淼，皇遹遇天。泊夫新軍倡義，春苗繼葩，血埋碧草，魂祀黃花。此儔非吾粵英雄之陳跡，為吾諸將士烈所必繼，仇所必報者哉……」字裏行間激蕩著一股雄渾悲壯的楚風燕氣，這一種風骨是坐在咖啡館裏的文人不可企及的。

　　一年後葉楚傖在《南社》雜誌發表《建國戰紀序》，寫下了他這段親身經歷的感受：「軍興以來，中原髦俊，攘戈磨盾，以臨疆場，武漢始焉，固宿終焉。夫壯士不顧一身，摧陷鋒鏑，而學人政客，乃得雍雍收建制修潤之功，顧不偉耶？余自軍中來，大江南北之戰，親者半，聞者半。沍冬列陣，中夜鏖兵，血影雪花，山川蕭瑟，極取義成仁之烈，斯竟九州光復之功。爾後史臣蒐討戰史，依據所定，將弗貳於斯編。」

　　軍幕中的生活也並非清一色都是金戈鐵馬，對於一個有情趣的人來說，生活處處皆能生機盎然。其南社好友、表弟王大覺[3]在為《古戍寒笳記》寫的序言中，講述了葉楚傖的一段舊事：葉楚傖隨姚大將軍出征，「前軍克敵，夜半渡師，指顧江山，笑語嶺南姚將軍曰，苟得關中響應，率精銳千騎，朝發徐宿，而夕收薊燕矣。」姚雨平聽罷哈哈大笑，贊道：「他日國家再有兵難，領兵者江南葉生也。」

　　葉楚傖與姚將軍有許多共同之處，他們還有個共同的好朋友：酒。有一則掌故傳遍當時的軍政界：一日，有友人饋贈美酒十二壇，託楚傖轉姚將軍，楚傖乘一馬車送往。時秋高氣爽，轔轔長途間，凜冽頗有寒意，而溢出的酒香四處飄散，誘惑難擋，乃取一樽，頃刻間一飲而盡。既至姚邸，將軍適逢外出，姚夫人出面款留，道：「將軍一會就回，請稍候之。」楚傖坐候片刻，又忍不住酒香誘惑，目光頻頻投向酒壇，姚夫人見狀抿嘴一笑，將酒斟了一個滿杯遞到他面前，楚傖喝完後大呼痛快。姚夫人道：「先生酒龍，諒必未儘量，當再為暖酒，以解焦渴。」楚傖大喜，獨酌獨飲，不覺酩酊大醉，倒臥在沙發上，歷一晝夜。於翌日傍晚方醒，亦不知誰人為之覆被也。問姚將軍是否歸來？僕人答道：將軍昨晚就歸來了，今日

---

[3]　王大覺（1896-1927），上海青浦人，王的祖父王伯瀛，是葉楚傖的外祖父。

中午又已外出。楚傖大為驚訝,抬頭看牆壁上的掛鐘,正指向六點,與來此獨酌,只距一小時許,而未知己之醉臥已易日也。如此魏晉遺風,讓人笑談之餘又羨慕不已。

姚將軍後來的經歷頗為奇特。1925 年 3 月,孫中山在北京逝世後,姚雨平參加治喪,並護送孫中山靈柩到南京。值此時期,適逢微軍老和尚在毗盧寺講金剛經,姚前往聽經,遂發心皈依三寶,微軍老和尚賜名法名妙雲,寄居在靈谷寺中,敬佛素食,朝晚習禪。1928 至 1930 年,法號為妙雲的姚雨平住在上海,其時葉楚傖已被推舉為國民黨中央宣傳部長,出任江蘇省政府主席,曾經私下去僻靜胡同里看望過姚雨平,還不到五十歲的妙雲滿臉滄桑,對凡塵俗事已了無興趣,二人相對而坐,一時無語,遙想當年橫刀勒馬之姚大將軍,葉楚傖頓生不知今夕何夕之慨。

酒徒趣事

周莊鄉俗與酒大有關係:團圓酒,喜慶酒,祝壽酒,滿月酒,拜師酒,奠基酒,落成酒……滿街巷飄蕩酒香,一年四季絡繹不絕。酒旗風暖少年狂,說到葉楚傖嗜酒,周莊小河邊那些鄰水酒樓恐怕脫不了干係。翻檢南社早期的歷史,隨處可見這樣的記載:三五知己相邀於臨河酒家,點幾碟鄉土菜肴,品一杯萬三白酒,一樽相對,各傾肺腑,酒酣耳熱,詩興大發,不擇紙筆,隨意塗鴉,滿紙雲煙,落筆皆成趣。

有人憶及葉公時說:有酒癖,每餐必飲,在《民國日報》當主筆時,他的辦公桌上置白蘭地一杯,花生米一包,邊飲邊寫文章,如有佳賓來訪,酒逢知己,必浮大白,非醉不可。醉後則酒性能自克,他有句云:「酒中人是性中人,豪放恬祥各有真。」其時還有

個掌故：有天晚上，楚傖與酒友顧悼秋、朱劍茫對飲，酒過三巡，飯已上桌，顧、朱非要楚傖再喝一杯不可，楚傖提起酒壺，將滿滿一壺酒倒進飯碗裏，說道：「酒泉郡與飯粒山相距太遠，我用縮地法讓它們拉近距離。」飯畢回到報館，照常趕寫社論，應付印之急。

葉楚傖有個契友叫林一厂，為人敦篤，行事徑直，楚傖每飲，非一厂在座不歡。有段塵封的趣事將兩人的至情表露無遺：一次二人喝得酩酊大醉，楚傖獨自離去，一厂醒來遍尋不見，焦慮萬分。突然心頭一顫，驚慌地向海邊跑去，一邊跑一邊大喊：「楚傖可能蹈海赴難了——」海邊空蕩蕩的，一厂光著赤腳在沙灘上狂奔，直至筋疲力盡，方才怏怏然返回報館。街邊遇見一賣杏仁露的小販，一厂興頭又起，揪住小販大喝：「快說，是不是你把楚傖藏起來了？」小販莫名其妙，抱頭躲避，幸好報館同事看見了，將酒醉未醒的林一厂扶回報館休息。楚傖有詩紀念此事：「能飲高歌未必狂，傷心除酒沒商量。它年兩個淒涼塚，合勒雙碑傍杜康。」

鄭逸梅在《南社耆宿葉楚傖》一文中說，《民立報》的同事中，有位范鴻仙，和楚傖交誼很篤，風雨之夕，兩人常相對酌以遣悶懷。某晚大雪，楚傖無錢沽酒，鴻仙也阮囊空空，略一考慮，即卸其大氅，叮囑館役，拿到典當行去換錢買酒。楚傖當晚酒後詩興大發，題詩若干相贈予。後來范鴻仙遭人暗殺，成為南社烈士，不到兩個月，又聞好友徐血兒不幸病逝，身後都很蕭條，楚傖為二人募集賻金，寫了一篇小啟：「回車腹痛，酬酒拜大尉之墳；聽笛心傷，泛舟訪山陽之里。況夫旌旗變色，來君叔飲刃帳中；心血成灰，李長吉修文地下。如我《民立報》故人范鴻仙、徐血兒兩先生者，同為志士，永作陳人，金刀動掩芒之悲，玉樹下長埋之淚。虞翻吊客，幾歡青蠅；張邵舊交，驅來白馬。」

在「葉楚傖先生百年誕辰」口述歷史專訪中，國民黨原中宣部秘書方治談到葉楚傖酷嗜杯中物的軼聞趣事時說：「楚公嗜飲舉世

皆知，總統蔣公曾特許他於開會時以酒代茶，但須杯上加蓋，以免酒氣沖人。」葉楚傖的辦公室桌櫃中儲有各種名酒，中宣部秘書蕭同茲、張廷休、朱雲光皆是酒徒，經常中午不回家，共同偷盜葉部長的美酒，然後就近到對面小餐館叫菜數碟，對酌歡慶，有時還強拉方治加入。楚公發現酒櫃瓶空，心裏自然有數，只是不願說破，繼續拿來新酒補充。這一來，幾位秘書膽子更大了，某日竟喝得大醉，在辦公室中伏案酣眠，至下午楚公來下班時仍未醒。有人要叫醒幾位秘書，被楚公攔住，道：「酒醉叫醒，最為難過，不必驚動他們了。」說罷輕輕掩上了門。幾位酒徒事後知情，不禁赧然。

1940 年冬，葉楚傖害了一場大病，辭去了國民黨中宣部長職務，同時也宣佈戒酒。偶爾家中留客，其夫人亦備酒，但只許客人飲，葉楚傖眼饞，無奈在夫人的嚴格看管下，一滴酒也不能沾唇，楚傖自解說：「你們喝酒我吃菜。」恭順卑微之態度既可憐又可笑。

葉楚傖的夫人先後有兩位。早年娶妻周湘蘭，湖南湘陰人，曾與葉楚傖一起聯袂加入南社，1922 年因病去世。次年 10 月 10 日，葉楚傖娶繼室吳孟芙，婚禮在上海遠東飯店舉行，介紹人是邵力子、陳去病。婚宴上汪精衛、柳亞子、于右任、胡樸安、陳望道等人都有詩，其中于右任《為楚傖、孟芙新婚作》吟道：「蒽茜華堂共舉杯，神仙眷屬喜相陪。曾經精衛真填海，私幸於思竟復來。舊學傳統皆有女，新詞覺世並多才。騷壇剩得屯田在，金鼓北征乞主裁。」

袖裏深藏乾坤

「葉楚傖體型魁梧，身高臂長，生就一付『南人北相』，一口地道的吳儂軟語，未嘗稍改，經年穿一襲藍色布袍。由於袖管很大，所以走起路來，兩袖前後擺動，虎虎有聲，魏紹徵說他是『袖裏深

139

藏乾坤』。」這是《筆雄萬夫》的作者劉蘋華為讀者描繪的葉楚傖晚年時的形象。

1936 年，葉楚傖任國民黨中央執委兼秘書長。陳布雷在《回憶錄》中述及當時的政局，各派系之間「漸多紛紜軋轢之象，行政院與監察、司法各院間頗多齟齬，賴葉楚傖秘書長彌縫調節其間。」魏紹徵對這段史事描述得最為詳實：「他在所謂各派系中，絕不參與和偏袒，他用人唯賢，處事唯公，真正做到『允執厥中』，具有宰相風範。由他所告示筆者的幾句深具哲理的名言，可以想見一斑，他說：『讀書難，做事不易，做人最難。』又說：『有所取，必先與。』『人不願為，而必須為，雖至難亦當為之。』楚老還解釋說：『人都會做的，想做的，又何需乎你。』這種處人處世的涵養，給青年人多少省悟與警惕，也顯示出楚老袖裏是多麼深奧。」

葉楚傖曾經夫子自道：「我之為人，就和藥中的甘草一樣，沒有單獨治病的特效，但任何藥方中都少不了，因為它具有疏導中和的功能，減除藥品中若干有害的副作用之產生。我沒有任何派系的牽連，一切遵照常會的決議處理，對人事不偏袒，不介入，盡力調處以期和衷一致。」

但是葉楚傖的內心卻很少有歡樂愉快的時候。名士不宜官，自從他一腳踏入仕途，無邊的煩惱便緊緊跟隨，正如有人所說：民國初年的葉小鳳與民國十六年的葉楚傖，判若兩人。各種會議上人們常常看見他正襟危坐、淒然沉思的神態，有人請教他：「楚傖先生，現在你開口大笑的機會太少了。」葉楚傖半響無語，最後慨然說道：「希望你們將來多一點機會，經常開口大笑吧，我現在只能承受苦難。」

吳叔禾在《憶姨丈葉楚傖》中講述了一件往事：1933 年，葉楚傖一家人開車去燕子磯遊玩，下車後葉楚傖忽然問吳叔禾：「興弟，你知道我在國民黨裏做些啥？」吳叔禾詫異地說：：「你不是

當中央秘書長嗎？」葉楚傖搖搖頭，緩緩說道：「不錯，那是我的職務。可是我真正做的是國民黨的馬桶蓋。這個差使原來是譚延闓幹的，他死後就輪到了我。譚為人圓滑，八面玲瓏，我沒有他的能耐。現在蓋子彌不了縫，臭氣外溢了——裏頭臭得很啊！」葉楚傖說完皺緊了眉頭，再也不肯吱聲。

葉楚傖是名士，又是國民黨的元老，位居高官，但他做官卻很低調。據資深報人劉光炎回憶，1939 年，陪都重慶遭遇大轟炸，各報被迫停刊，蔣介石下令組成《中央日報》《大公報》等十家報紙組織「聯合版」，劉光炎與王芸生輪流負責。有一天，會客廳來了兩個不速之客，劉光炎認識來人是中宣部長葉楚傖、副部長潘公展，劉當時驚問：「這麼大熱天，葉先生何不打個電話通知，而要冒著酷暑親臨。」葉楚傖坦然答道：「我這個部長是黨官，而『聯合版』則是民間的聯合刊物，以黨官的身份，是不便對民間刊物頤指氣使的。」

劉光炎還舉了個例子，記述葉楚傖「清若雛鳳」的君子之風。抗戰中期，中國文藝協會成立，身為中央黨部秘書長的葉楚傖到會講話，正在侃侃而談，忽有中央大學一教授站起來制止發言，理由是今天乃文藝工作者的聚會，不歡迎大官的訓話。經過這一番話糙理不糙的搶白，人們以為葉秘書長臉上會掛不住，再扭頭看時，葉楚傖已默然退下，臨下主席臺時還向台下鞠了個躬，然後安安靜靜地坐在了自己的位置上。事後大家才弄明白，葉楚傖原來是這個會的發起人兼籌備人，他所報告的，是一個籌備人應該闡述的「開場白」，並不是「訓話」。當會議主持人請葉楚傖重新上臺繼續完成講話時，他臉上沒有一點慍色，反而掛著一絲淡淡的笑容。如此淡定，是常人難以企及的。

葉楚傖 1946 年 2 月 15 日病逝於上海，享年六十歲。葉楚傖生前著述豐碩，但他自己顯然並不太看重，其著作大都散失，印成單

行本的除幾部小說外，另有《小鳳雜著》、《楚傖文存》、《世徽樓詩稿》。他在《小鳳雜著》自序中說：「吾誠不知何者為吾之文也。意有所不盡，則書之；既成而吾意已盡矣，則棄之；曾不自計其吾文為文，尤不望人之文吾也。」他的人生哲學是隨緣，為文如此，為人也是如此。

其子葉元在〈憶先父葉楚傖〉一文中說：「父親去世後檢點遺物，也沒有發現書稿文集之類的書面資料。記得當年在南京、重慶時，正中書局曾經出版過他的詩文集。這件事是委託正中書局總經理葉溯中經辦的。葉溯中每次到我家來，總要帶一包書稿來，和我父親在書房中商談出版的事。已經出版的《世徽樓詩稿》等數種僅是計畫出版中的一小部分，還有一大部分待出。我懷疑這些文稿是否被葉溯中帶到臺灣去了，這個謎只好以後慢慢來揭。」如今，距離葉元寫這篇文章又是二十多年過去了，這個謎還是未能揭開。「這個謎只好以後慢慢來揭」──也不知道有沒有能揭開謎底的那麼一天。

斷腸人在天涯

——為范煙橋自定年譜《駒光留影錄》補白

此曲只應天上有

若干年前，提起鴛鴦蝴蝶派，我便會想到舊上海灘的靡靡之音。年輕時少不更事，腦子裏「靡靡之音」的概念來得好生奇怪，只覺得兩樣都不是好東西，實際上那時並沒有接觸過鴛鴦蝴蝶派的片言隻語，更談不上讀過一部作品，有這個概念，自然是多年教育灌輸的結果。對鴛鴦蝴蝶派我們知道得如此少，而知道的，又未必全都明白。

比如說這個人，他叫范煙橋（1894-1967），吳江同里人，小名愛蓮，名鏞，字味韶，用過的筆名有含涼生、鷗夷、餘暑、西灶、喬木、萬年橋、一縷、知非、吳蒙、愁城俠客等，最為知名並傳諸於世的是他的號「煙橋」。宋代詩人姜白石，有首詩膾炙人口，題為〈過垂虹橋〉：「自喜新詞韻最嬌，小紅低唱我吹簫；曲終過盡松陵路，回首煙波十四橋。」他取名號「煙橋」，即源自姜白石的詩意。

這首詩的背後，藏著一個傳唱久遠的故事，很有點「鴛鴦蝴蝶派」味道：說的是南宋詩人范成大息隱在家，姜白石前去拜訪，范

請為之製曲,並當場表演,以盡杯酒之歡。姜白石聰慧敏捷,即席成〈暗香〉、〈疏影〉二闋,由范府侍女小紅試唱,音節婉轉,悅耳怡情,范成大欣喜之下,將小紅送給了白石,返回途中,姜白石心情雀躍,既顯露了才情,又得到了美女,何樂不為?他步履輕快地過了垂虹橋,回眸一望,口占了這首小詩。

范煙橋也喜愛製新詞,從小便是如此。據《駒光留影錄》[1]記載:清光緒三十年(1904),范煙橋 11 歲,不喜讀書,對《大學》、《中庸》、《左傳》諸經茫無所知,背誦亦不純熟,惟受母親影響,對蘇州彈詞情有獨鍾,「每當閱其書於晨間枕畔,因病近視」。蘇州彈詞又稱蘇州評彈,類似於曲藝類說書,以說唱相間的方式表演,唱時用三弦或琵琶伴奏,這種在江南人人喜聞樂見的曲藝形式,對於年幼的范煙橋來說,是他整個青少年時期的精神養料。

及至中年,歷史為他提供了一個絕佳的機會。1936 年,范煙橋至上海,任明星影片公司文書科長,輯《明星實錄》十餘萬言,遺憾的是抗日戰爭起,楓林橋陷入日寇掌中,原稿悉數散失,中國電影事業之發展,缺失了一份重要史料,殊覺心痛。不過,在此後的幾年裏,電影業正經歷從無聲到有聲的巨變,每部新影片必有插曲,成為最時尚的新潮。才子范煙橋儼然成了填寫新詞的「白石」,參酌傳統的崑曲,用長短句,協平仄韻,一時間,喜看楊柳翻新枝,范煙橋作詞的名曲〈夜上海〉、〈花好月圓〉、〈拷紅〉等,經由金嗓子周璇運腔使調,遏雲繞樑地唱著,不知吸引了多少影迷,唱醉了多少人心。

《夜上海》被譽為一首標誌性歌曲,是大上海的音樂風俗畫和音樂名片:「夜上海,夜上海,你是個不夜城。華燈起,樂聲響,

---

[1] 《駒光留影錄》是范煙橋先生的自定年譜,原刊《吳中耆舊集》,江蘇文史資料總第 53 輯。

歌舞昇平。酒不醉人人自醉，胡天胡地蹉跎了青春。只見她笑臉迎，誰知她內心苦悶……」燈紅酒綠的都市風光，香醇濃郁的海派風情，透過金嗓子周璇天籟般的聲音，將某個瞬間唱成了永恆。而在這座永恆的紀念碑上，便鐫刻著范煙橋才華橫溢的名字。

舊式文人的尷尬

　　舊式文人的才子氣，在范煙橋身上表現得淋漓盡致，即便日常生活中一件小事，到了他那兒，也顯現出盎然詩意。譬如端午吃粽子，用白糯米粽子蘸玫瑰醬，品嚐一小口，吟出一行詩：「一抹朝暉掩雪峰」。他一生所做的事，都能與「才子」二字掛鈎：教員、報人、主編、作家、編劇、畫家、書法家、美食家、文化局長、博物館長、文管會主任……

　　1914 年，范煙橋二十一歲，以小品文向上海《時報》副刊投稿。其時蘇州同鄉包天笑擔任副刊主編，獎掖後進甚殷，約請范煙橋寫稿，范才子提筆，利用幾個晚上一揮而蹴，寫成彈詞《家室飄搖記》十回，約三萬言，以張勳復闢為裏，以家庭瑣事為表，鞭撻袁世凱稱帝一事，發表在包天笑主編的《小說畫報》上。這是范煙橋第一次發表長篇（過去三萬字以上篇幅的即被稱為長篇），被朋友們稱為快手。

　　這之後范煙橋的創作一發而不可收，有《孤掌驚鳴記》、《新潮過渡錄》、《中國小說史》、《齊東新語》、《新儒林外史》、《學詩門徑》、《茶煙歇》等作品集問世。才子的生活是豐富的，更加豐富的是才子的內心。1934 年，中孚書局出版了范煙橋的筆記集《茶煙歇》，書中附有他的一幀照片，穿著對襟褂，剃著平頭，人顯得神氣十足，卻被一幅大墨鏡遮住半個臉，看不清他的面部表情，

也看不清他凝重的眼神。在自題小照《煙橋四十造像》的詩中他寫道:「利鈍平生未計論,景斜寸草有餘春,樂天鬢髮初添白,山谷文章豈更新;頹醉反叫心氣定,飛騰恐失性靈真,珊瑚網散茶煙歇,四十心如七十人。」落款是「煙橋寫於鷗夷室」幾個字,不知為什麼,總讓人感覺其中透出了異樣——那是一種閱盡繁華的蒼涼韻味。

　　1949 年是他人生中的一個轉捩點。這一年春節,范煙橋是在焦躁與彷徨中度過的,外孫女麗芒、麗明、麗南幾個在院子裏放鞭炮、踢踺子,他嫌外孫女們鬧的聲音太大,竟第一次破例呵斥了幾句,事後他懊悔不已,不該將漂泊不定的情緒發洩在孩子們身上。4 月 27 日,解放軍渡江南來,進入蘇州城,范煙橋手搖一面小彩旗,擠在歡迎的佇列中,面含微笑。但是他的內心卻是疑惑的,最隱秘的深處甚至還有一絲惶恐不安,他不知道自己過慣了的那種舊式文人的閒適生活,將在新的社會裏如何延續;大地上熱火朝天的紅色浪潮,能否容得下溫家岸那個恬淡的書齋[2]。范煙橋有寫日記的習慣,從民國四年起,從未間斷,在這天的日記上,他並沒有留下多少文字,也難以讓人觸摸到其心路痕跡,只是在其自定年譜《駒光留影錄》中用例行的公文詞語寫了幾筆:「全國各地先後解放,十月一日中華人民共和國成立,進入社會主義革命與社會主義建設,以西曆紀事。蘇州軍事管制委員會召開蘇州各界人民代表會議,余由東吳附中推為候選人,中學教職員聯合會選舉,余當選,始參與政治生活。從東吳宿舍遷回溫家岸,學習馬列主義及毛澤東著作,思想漸得進步,參加社會活動,遵守並貫徹中國共產黨政策、方針,努力自我改造,新我故我思潮不斷鬥爭,余有詩云:『吾於解放得更生』,蓋此時為余一生之轉捩點。」

---

[2] 范煙橋故居在蘇州溫家岸十七號。

那是一個激情四射的年代，人們內心充滿憧憬，澎湃的激情猶如滾燙的鋼水向四處迸裂，誰也不會在意會灼傷什麼。經歷了短暫的沉靜，彷彿人生中的一個頓號，或者，音樂旋律中的一個休止符，范煙橋還是加入了為新生活而歌的大合唱。1950年，范煙橋五十七歲，在這一年的年譜中他自述道：「參加文學藝術工作者聯合會，被選為副主席。第二屆、第三屆人民代表會議繼續當選為代表。出席蘇南文學藝術工作者聯合會。為評彈藝人唐耿良寫《太平天國》。為《新民晚報》副刊《新評彈》寫評話彈詞推陳出新之理論文章及反映新人新事之短篇評彈與開篇。輯成《人民英雄郭忠田》，蘇南人民出版社出版。」

唐耿良是著名評話演員，蘇州人，早年曾在江浙一帶演出，是蜚聲書壇的「七煞檔」之一。范煙橋為唐編寫的彈詞《太平天國》，後來成為唐的重要代表曲目。郭忠田是抗美援朝的一位志願軍排長，他帶領全排戰士在朝鮮西部龍源里北山高地阻擊美軍，激戰一整天，打退了美軍十餘次進攻，殲滅兩百餘人，繳獲滿載軍用物資的汽車五十八輛及槍支彈藥等，全排士兵無一傷亡，被中國人民志願軍總部授予了「一級戰鬥英雄」的稱號。建國初期，范煙橋響應號召，參與到寫工農兵和英雄的行列，他不擅長那種「歡樂頌」式的政治抒情，便利用彈詞翻唱小調，從報紙上看到郭忠田的故事，於是改寫了蘇州彈詞。他把建國初期的這些創作自嘲為「舊瓶裝新酒」。可是在新文藝陣營的眼裏，范煙橋的「新酒」卻是一瓶壞酒，至少也是品味不純，是無聊文人做無聊事，恐怕連范煙橋自己也覺得不合適宜。而在另一方面，他的一些流落海外的舊時友人又面露疑惑：范煙橋如今握在手中的，可還是寫《夜上海》、《花好月圓》、《拷紅》的哪支筆？

除了《人民英雄郭忠田》外，范煙橋的筆再也很少觸及現實題材，此後他轉向歷史尋找詩意，創作的作品有《唐伯虎外傳》、《李

秀成演義》、《晏子故事》、《神龜》（莊子故事）、《韓世忠與梁紅玉》等。正像其友人回憶的那樣：在新文壇上，他並沒有像周瘦鵑那麼活躍，也不大參加社會活動，大部分時間悄悄用在整理舊稿上，很少為報刊寫應景的「豆腐乾」，有時候礙於面子答應下來，也始終難得見他交稿，只寄過一些舊體詩詞，編輯催稿時，他總是恭謙地彎腰應答：「實在抱歉，最近工作忙……」一臉的笑容可掬，難掩內心的苦澀。接下來是反右、四清、文革……政治運動一個比一個殘酷，文化人一個個噤若寒蟬，范煙橋的那隻舊瓶，更是不敢輕易再裝新酒了。

溫文爾雅的抗爭

　　關於鴛鴦蝴蝶派的來歷，平襟亞在《「鴛鴦蝴蝶派」命名的故事》中回憶道：1920 年某日，楊了公作東，請好友在上海小有天酒店聚餐敘舊，座中有姚鵷雛、朱鴛雛、成舍我、吳虞公、許瘦蝶、聞野鶴、平襟亞以及北里名妓等，朱鴛雛脫口成句：「蝴蝶粉香來海國，鴛鴦夢冷怨瀟湘。」滿座欣賞。歡笑間，忽然有一少年闖席，乃劉半農也。劉入席後，朱鴛雛道：「他們如今『的、了、嗎、呢』，改行了，與我們道不同不相謀了，我們還是鴛鴦蝴蝶下去吧。」劉半農認為「卅六鴛鴦同命鳥，一雙蝴蝶可憐蟲」這樣的句子言之無物，徐枕亞的駢文小說《玉梨魂》，犯了空泛、肉麻、無病呻吟的毛病，該列入鴛鴦蝴蝶派小說。朱鴛雛反對道：「鴛鴦蝴蝶本身是美麗的，不該辱沒它。」這邊在盡情說笑，不料隔牆有耳，席間的話被人偷聽到了，隨後傳開，從此便有了鴛鴦蝴蝶派這個名稱。

　　事實上，近代文學史上並不存在一個叫「鴛鴦蝴蝶派」的文藝團體，只有為數眾多的個體生命[3]，在自由書寫著他們熟悉的「舊式生活」，他們像發掘老古董一樣，從古漢語中挖掘詞句逐一擦亮，賦予新的生命，放置進中國文學的殿堂。在新文學的大架構中，他們原本應該佔據一個重要的位置，正如臺灣學者趙孝萱所說：怎麼看都覺得新文學作家，文本實力都不如鴛鴦蝴蝶派作家，而且關於文藝功能和小說價值的看法，鴛鴦蝴蝶派似乎也更為清醒和前衛，「大家都說他們保守陳舊，我覺得他們頗為新穎時髦；大家都說他們通俗庸鄙，我覺得他們頗高古雅致；大家都說他們消遣媚俗，我卻覺得他們也啟蒙關懷。」[4]

　　彷彿天邊劃過了一群璀璨的流星，夜空因此而顯得美麗生動。但是很快，流星被人當作了掃帚星，被視為不祥之物，批判與聲討鋪天蓋地而來。新文學陣營的幾乎所有作家都加入了這場圍剿，先是劃定一個圈子，凡「非我族類」的文學統稱為「鴛鴦蝴蝶派」，然後放肆攻訐，大潑髒水，稱靠寫稿為生的舊式文人是「文丐」、「文娼」，認為他們「庸俗」、「品味低下」、「男盜女娼」、「封建餘孽」、「才子＋婊子」……這類謾罵一直延續到建國後乃至當下，如 2000 年出版的一部論述中國現代通俗文學流變的著作中，即這樣寫道：「鴛鴦蝴蝶派是民初氾濫成災的一股濁流……汗牛充棟的作品不過是歷史長河中混濁不堪的浮漚。此時以鴛鴦蝴蝶派為主體的通俗小說確實是魚龍混雜，泥沙俱下，其中不少作品的確存在著新文學先驅者批評的不良傾向，這一類小說為遊戲而遊戲，為消遣而消遣，格調庸俗甚至媚俗，品味不高甚至低下，缺乏深入的生活體驗，憑空杜撰『男女淫欲之事』，並不時泛

---

[3]　據不完全統計，被列入鴛鴦蝴蝶派的文人有五百餘人，這真是一支龐大的創作隊伍。

[4]　參見趙孝萱著：《「鴛鴦蝴蝶派」新論》自序，第 3 頁。

出封建倫理道德的餘波。」[5]在批判鴛鴦蝴蝶派的論著中,這部著作中的觀點還算是比較低調的。

面對新文學陣營滾滾而來的批判,被指認為「鴛鴦蝴蝶派」的一方基本上沒有抵抗,只有極少數舊派文人輕微地咕噥了幾聲,其中,袁世凱的二公子袁克定,強脾氣發作,寫了《小說迷的一封信》,刊登在 1922 年 8 月《晶報》上,文中大意是:我是一個小說迷,訂了《小說月報》[6],急急拆開,彷彿在五里霧中,越看越覺得莫名其妙,只怪自己常識淺顯,不配看這種高妙的作品。想去賣給舊書店,可人家不願收,走到門口一看,隔壁醬鴨店正拿舊報紙包切成塊的肉醬鴨,便要把刊物送給老闆,老闆拿過書,湊在鼻子跟前嗅了嗅,搖頭說,先生你這紙倒是好紙,可惜印的字太臭,包起食物來不大好。袁克文還用文丐的筆名,寫了篇《文丐的話》,刊登在同年十二月的《晶報》上,文中說:「我的肚子很大,不像那些新文化的朋友那麼狹窄得一些容不下什麼的……照我看來,世上的人,除了能夠從娘肚子裏帶乾糧出來吃一世的人外,恐怕沒有一個人要生活在世上,就絕對的不能不借著他人之力去得衣食住罷,既要靠他人之力才能生活,那就有了丐的性質了……這麼說來,世上真無人非丐咧,何況罵人的人,也是一位靠著一枝筆拿來生活的人啊。」

和新文學陣營的指責謾罵比較起來,袁克文爭辯的聲音要微弱得多。在鴛鴦蝴蝶派這邊,連這種微弱的爭辯也並不多見。包天笑、張恨水、范煙橋、周瘦鵑、鄭逸梅以及其他名家,都矢口否認自己是鴛鴦蝴蝶派,他們隱約表示過抗爭,但是這種抗爭最多只是感到委屈的小聲咕噥,絲毫也沒有劍拔弩張的意味。

[5] 見張華著:《中國現代通俗小說流變》,第 8 頁,山東文藝出版社,2000 年 1 版。
[6] 《小說月報》是新文學陣營的刊物,茅盾(沈雁冰)曾長期擔任主編。

范煙橋曾在《茶坊哲學》的文章中，表明了他對待人生「平和沖淡」的觀點。他認為茶坊是常識的供應所，是活的圖書館，吝嗇的人，吃了幾回茶，至少可以慷慨一些；迂執的人，吃了幾回茶，至少可以曠達一些。中國太缺少娛樂精神了，一天工作辛苦，沒有片刻的娛樂，精神上何等痛苦。和幾個茶友談天說地一回，可以把苦悶丟到爪哇國去，大多數人臉上會浮起一點笑意的。文章的結尾說道：「蘇州人還有一個奇異的名詞，喚做『茶館上諭』。意思是說，茶坊裏有一種不可思議的輿論，去批評一樁事件，比報紙的社論，法院的判決書，還要有力。某人說過，倘若袁世凱常到吳苑來聽聽茶館上諭，決不會想到做洪憲皇帝的。盡有十惡不赦的人，會給茶館上諭申訴得服服貼貼的。」皮裏陽秋，話中有話，以這樣一種人生態度來應對新文學陣營的那些批評，舊式文人范煙橋表現出了足夠的溫文爾雅。

1926 年，范煙橋從北方辭職而歸，蟄居蘇州，寫成了二十餘萬言的《中國小說史》，試圖從理論上為民國舊派文人的寫作尋找一個依據。在這部書的前言部分，范的好友江紅蕉寫了篇《我的感想》，文中說道：做小說是抒情的一種表現，做小說史是整理學術的一種手腕。中國小說很多，獨獨小說史的著作，十分缺少。坊間流傳的這類書，不是支離舛誤，就是門戶之見太深，言辭太過激烈。而范煙橋的學術見解是不會偏激的，如今饑不擇食的讀者，正需要這種客觀溫和的東西去供給。這幾句話，似隱隱含有微諷的意味。

正如魏紹昌所說：「以前的中國小說史，都是寫到清末四大譴責小說為止，後來的現代小說，只寫新文學小說，不提鴛鴦蝴蝶派小說，即使提到，也視作一股反動的逆流，不作調查研究，也不加具體分析，批判幾句就一筆帶過了。」[7]而范煙橋的《中國小說史》，

---

[7]　見魏紹昌著：《我看鴛鴦蝴蝶派》，第 140 頁。

著重強調了小說的娛樂功能，以《漢書》中「小說家者流，皆出自稗官」的話作理論依據，為民國舊派小說正名，頗有四兩撥千斤的巧勁，也是別開生面。全書將小說分為混合時期（周、秦之際）；獨立時期（漢魏及六朝）；演進時期（唐、五代、宋、元、明）；全盛時期（清及最近十五年）。在《最近十五年》一章中，范煙橋反其道而行之，隻字不提新文學小說，而是全面介紹了自《玉梨魂》和《廣陵潮》開始的鴛鴦蝴蝶派小說，在迄今為止的中國文學史或小說史中，這是絕無僅有的一本。

1962 年，魏紹昌主編《鴛鴦蝴蝶派研究資料》（史料部分）時，去信蘇州，約請范煙橋將《中國小說史》作些刪改，再續寫至 1949 年，范煙橋慨然答應下來，不久便交來一部《民國舊派小說史略》。在書稿的《概說》部分，范煙橋否認了鴛鴦蝴蝶派的稱謂，堅持認為自己這一路文人屬於「民國舊派」，其創作的小說叫做「民國舊派小說」，他在文中委婉地說道：「舊派小說在中國文學史上雖然是個不甚光彩的名詞，但究其實際，亦不可一概而論。以作者論，固有高下之分；以小說論，亦有質量高低，內容正邪之別。而尤可注意者，是這種小說在數十年間所出版的數量，是驚人的。」這一番話，在中國社會剛開始撥亂反正的時候敢於說出來，是意味深長的。

溫家岸十七號

范煙橋溫文爾雅的一生，與其家學淵源關係極大。

范氏家族是范仲淹從侄的後裔，其父范葵忱是江南秀才，家有良田五百多畝以及大片房產，太平天國之亂，大部分房屋被燒毀，家境有所滑落。范煙橋從小就不是個傳統意義上的乖孩子，他厭倦

背誦四書五經，而是對筆記軼聞一類野史的東西感興趣，尤其喜歡蘇州彈詞，因為他的母親嚴雲珍是個彈詞迷，這個愛好顯然是受家母影響。范家的僕人中，有個名叫春宵的「酒罐子」嗜酒如命，逢人便誇酒的好處，范煙橋大受誘惑，也追隨其後泡起了酒館，很快有了酒癮，常常喝得酩酊大醉，屢屢被其父親警告。在鴛鴦蝴蝶派文人中，范煙橋的酒量是有名的，與著名「酒星」趙苕狂不分仲伯，分坐酒國第一二把交椅。他的筆名中有個「鴟夷」，就是古代的一種酒具。

范家藏書盛豐，范煙橋雖說也愛讀書，但不求甚解，他追求的是一種寫意的生活。1907 年，十四歲的范煙橋入同川公學，啟蒙課由國學大師金鶴望授讀，金鶴望與范家是世交，也是名頭很響的江南名士，他的教學方法不同於常人，不僅教國文、歷史、地理等，還講解梁啟超、包天笑的翻譯小說，又以遊記體裁編成世界地理，讓學生們覺得興趣盎然，范煙橋對金先生佩服的五體投地。有一天，范煙橋請先生給他寫幾句話，金鶴望略作沉吟，提筆寫了八個字：「揚帆千里，速不求工。」看著筆記薄上的紅筆批語，范煙橋怔怔發呆，從此，他追求寫意生活的人生態度有所改觀，最明顯的表現，是對家中藏書的使用態度為之一變，日日浸泡書房中，抄書背書，如入寶山，有目不暇接之感。後來，他還將「速不求工」刻成了一枚印章，督促自己。這一年的年譜中記道：「常須背誦，不能不勤讀，往往至深夜。遲睡早起，飲食不飽，體日以瘠。而思路漸通，寫五六百字，能無大庇。」但是「速」與「工」這一對矛盾，並不是那麼容易和解的，這與人的性格、脾氣等因素有關，看來是強求不來的。幾十年後，范煙橋已經老了，在編寫自己的年譜時，仍然還是補了一筆：「余後來作事、屬文，不改其習，故余七十有句云：『速不求工成結習』。」

1911 年，十八歲的范煙橋考入長元吳公立學校，同學少年中，有諸多英傑之才，如歷史學家顧頡剛，文學家葉聖陶、鄭逸梅、江紅蕉，畫家吳湖帆、陳子清，書法家蔣吟秋等。這年九月，蘇州光復，停課返家，慕南社風采，與故鄉一幫少年組成「同南社」，吟詩唱和，同年結識柳亞子，入南社。

1922 年，他的父親范葵忱以九千元，在蘇州溫家岸買了一幢房屋。因其父字葵忱，取葵心向日之意，宅園名為「向廬」。又因清代進士顧予咸曾在附近居住，顧予咸的宅府舊稱「雅園」，范煙橋便在自家門楣上題寫了一個別號：「鄰雅舊宅」。移家蘇州後，逐漸與蘇滬文人有了聯繫，時上海報刊風起雲湧，包天笑、嚴獨鶴、周瘦鵑、畢倚虹、江紅蕉等，分別主編《小說大觀》、《快活林》、《紅》、《時報》、《紫羅蘭》、《遊戲雜誌》等，范煙橋自始踏入文學界，日以數千字以應。

范煙橋此後的一生，與溫家岸十七號有著密不可分的聯繫。直到 1967 年，范煙橋在這裏走過了他人生最後的歲月。他曾在一篇舊文中充滿感情地寫道：「我家有院，有假山數垛，頗嵌空玲瓏，有池雖天旱不涸，有榆樹大可合抱，其他梧桐、臘梅、天竹、桃、杏、棕櫚、山茶，點綴亦甚有致。」遺憾的是，美麗猶如天堂樂園般的鄰雅舊宅，在文革中備受衝擊，主人范煙橋去世後，向廬被充公，因年久失修，牆塌屋危，又被拆除旱船、廊屋，改建為平房住宅，水池亦被填平。直到 1979 年，向廬才歸還給范氏後裔，如今尚存花廳、方廳、書房等建築及大湖石假山，花木稀疏，僅存紫薇、棕櫚和白牡丹一叢。木門新刷了一層紅色油漆，門上掛著銅牌，上書「范煙橋故居」幾個字，遊人如織，匆匆而過，很少有人駐足停留，去品味那幢歷盡滄桑的舊房子。

回首當時已惘然

如今上了些年歲的蘇州人，還能記起那個謙和的文化局長，那是范煙橋老年時的光景：他穿一件深藍色的中山裝，頭戴寬邊禮帽，一副大墨鏡遮住了半個臉，剩下的半個臉，依然是滿臉喜色，一團和氣，見到熟悉的人，便笑盈盈地點頭打招呼。可是他的內心，卻是既孤獨又苦澀，很少有人注意到還有那種冷清的場景：在江南的暮色中，他彳亍而行，有時候還仰面長歎，范煙橋本來就身材魁梧，臉色黑紅，此刻看上去更像一座沈默的銅像。

整理舊稿和編撰自定年譜之餘，范煙橋常常陷入回憶的漩渦。

1922 年，范煙橋離開故鄉，移居吳門時，結識了一批江南才子。其中有個趙眠雲，風度翩翩，家境也富裕，與范煙橋尤其談得來。七夕的那一天，趙眠雲約請了一群文人雅客到留園涵碧山莊聚會，有范煙橋、鄭逸梅、顧明道、屠守拙、孫紀于、范君博、姚高鳳、范菊高等諸君，群賢畢至，少長咸宜，流觴曲水，足以暢敘幽情，席間大家覺得這一種集合很有趣味，就結成了一個社。因為當天正好是七夕，范煙橋提議社名叫「星社」。

十年後，范煙橋寫了篇《星社十年》的文章，發表在《珊瑚》月刊上，文章中說：「這一天的情況，平淡得很，只是有一椿巧事，孫東吳先生和周瘦鵑先生欣然加入星社，新舊社友就湊成了天罡之數──三十六。我們是不是文壇的魔君，我們倒不敢斷定呢。不過，過去的十年中間，我們三十六天罡，有何作為，有何貢獻，實在愓於落筆；我們應當自勵，雖不能像梁山上朋友的橫行諸郡，也得分文壇一席地來掉臂遊行，這才不負了這一回的結合，而更使星社的存在為有意義了。」

　　星社活動，頗多趣事。星社成員主要分佈在滬蘇兩地，有一次，濟群獨自一人乘火車到蘇州，想找幾位星友談談逛逛，不料到了蘇州車站，大雨磅沱，欲行不得。他在車站等待了足足兩小時，天黑如墨，大雨絲毫沒有停的意思，他大為懊喪，乃購車票返滬。事後嚴獨鶴說他「雨星照命」，姚民哀更促狹，稱他「蘇車站鎮守使」。

　　他對過去的歲月眷念不已，對昔日的友人無限懷念。到了晚年時，范煙橋書齋牆上，掛著一幀程瞻廬的照片，家裏來客了，他總會有意無意提及：「這是鄙人最好的朋友，過去一起辦『星社』的，他叫程瞻廬，小說寫得很好。」

　　據其好友鄭逸梅回憶，有一次，范與鄭飲於王恒豫酒家，有梅醬一簋，范煙橋津津有味地佐著酒，並一再贊許。鄭逸梅回家後，講給內人周壽梅聽了，這時黃熟梅子充斥於市，鄭夫人購來，去其核，搗之成糊狀，伴以冰糖，加工煮透，盛一瓷盎，貽送煙橋。范煙橋亦是性情中人，立撰詩一首為謝：「王家酒店成梅醬，一種酸甜醒酒腸。多謝梅妻貽妙制，更添齒頰十分香。」

　　在范煙橋的一生中，類似這樣的佳話，不勝枚舉。

　　最為人稱道的是「千齡會」。

　　抗戰爆發，范煙橋隨東吳大學遷居滬上，在上海認識了梅蘭芳、周信芳、吳湖帆、鄭午昌、陳少蓀、席鳴九、汪亞塵、李祖夔、楊清磬等文藝界朋友，這些人有的是表演藝術家，有的是著名畫家、作家、收藏家，也有銀行家、實業家，十分湊巧的是，這些人均為甲午年生人，生肖一概屬馬，遂由吳湖帆牽頭，在上海萬壽山酒樓聚首，連袂成盟，成立了這個「千齡會」，又名「甲午同庚會」。結社的時間為 1943 年（癸未），二十個人都是五十歲，加在一起正好一千歲。其中，鄭午昌正月初一生，排列第一，被稱作「馬頭」；楊清磬排行最小，被稱作「馬尾」。消息不脛而走，遠在大後方重

慶的國畫大師徐悲鴻聞訊，特地畫了馬頭摺扇扇面一幀，題「馬首是瞻」四字，託人輾轉送到上海，向鄭午昌等人致賀。

據范煙橋子女范慧靜、范崇清在《我父親范煙橋與千齡會》[8]一文中說：1943 年「千齡會」成立後，曾在上海霞飛路九九九號魏家花園舉辦盛宴，取名為「千歲酒」，除邀集社會名流參加外，每個成員發十份請帖，以便攜眷同往。范煙橋的夫人沈鳴盛，就曾參加過這次宴會。「千齡會」成立時，特製了二十隻「小玩藝」，分發每個成員留作紀念。此紀念品為五公分高四公分寬的豎式小擺設，上端是銀元大的景泰藍製品。一面是藍底白色駿馬，下書「民國三十二年癸未」；另一面也是藍底，上書「甲午同庚五十歲紀念」九個金字。下端則是設計樸素大方的紅木底座。

生命中的坎

每個人生命中都有一些坎，有的挺一挺就過去了，有的則並不那麼簡單。

在范煙橋的自定年譜中，這種走麥城的經歷，也有幾處。1930年，范煙橋三十八歲，遭遇了一次打擊——對一向衣食無憂的他來說，那幾乎是滅頂之災。《駒光留影錄》關於這一年有如下記載：「上海交易所買空賣空之風甚熾，余亦捲入漩渦，買賣標金，折閱逾萬金，盡罄所積，不足，負債數千金……」一段刻骨銘心的經歷，雖然用了極克制的筆墨，還是流露出了譜主淒苦無助的心境。

舊上海的無錫路，上世紀曾是「金業公所」的地盤，據說前幾年房地產開發施工，還挖出了一塊界石，一個世紀的時光悄然流

逝,但「金業公所」四字依然清晰可辨。側耳傾聽,隱約可聞熙熙攘攘的吆喝與喧鬧。當時黃金的來源,主要是印度、日本以及國內的東北、四川,那些金砂熔化成黃燦燦的金條,促成舊上海金市開張,一時間,天南海北的炒家蜂擁而來,趨之若鶩,沒有幾個人會清醒地想到,這裏將變成冒險家的樂園。

范煙橋有個同鄉好友叫凌頌美,時為金業交易所經紀人,平日手頭闊綽,生活優裕,每次來參加同鄉聚餐,都是攜著揚州瘦馬,開著老爺車,令范煙橋之輩文人大為羨慕。在凌頌美的慫恿下,范煙橋一頭扎進深海,家裏裝起了電話機,也做起金子生意。投機初試,居然獲利不薄,於是放膽而為,隨金價上漲趨勢巨量買進,豈知天有不測之風雲,受國際金融影響,金價驟然下降,潮退了,他才發現自己是在裸泳──不僅輸得連條褲衩都沒有了,而且「負債數千金」。對於此事,范煙橋始終諱莫如深,深恐貽人做黃金夢的訕笑。

另一道坎出現在建國後。1953 年的年譜中范煙橋寫道:「因經濟困難,賣出藏書,其中大部分為余歷年所購致者,小部分為余祖所購,致藏於正誾詞館而攜至余處者,而留存故里之書,都歸散佚。」不知道譜主這一年前後的生活中究竟發生了什麼,對於一個終生與書相伴之人,不到萬不得已,是不會「因經濟困難,賣出藏書」的,仔細品味,其中的傷感真是難與人言。日本有個詞叫做「眼靠」,用來形容男子娶妻妾,也有人拿它來比喻文人的藏書,也是再貼切不過,看著書櫥裏雜花生樹的彩色書脊,是個溫暖的眼靠,可是當那些藏書像小鳥似的四處飛散時,主人心裏的複雜滋味可想而知。因此,在這條記錄後邊,范煙橋用一句話囊括了自己的心情:「余不能保有書籍,罪戾至大!」

范煙橋晚年居家蘇州,與周瘦鵑、程小青、蔣吟秋被公推為「蘇州四老」,熱心服務桑梓,貢獻諸多。好友畫家吳湖帆,是晚清名

臣吳大澂之後，收藏有清代狀元題寫字畫的七十二把扇子，平時秘不示人，珍愛有加。范煙橋出任蘇州博物館長期間，為充實館藏，動員吳湖帆捐贈「狀元扇」，吳湖帆名士風度十足，慨然應允，僅提了一個要求：有清狀元一百多人，他所藏成扇只有七十二把，須由公家出面，俾成金璧，完成他的未竟之功。柳亞子逝世，范煙橋北上京城，拜訪柳夫人鄭佩宜，請以柳亞子所藏書籍及南社文獻捐贈博物館，柳夫人即以書畫典藏以及照片相贈，范煙橋滿載而歸，更是充實了博物館。

　　《駒光留影錄》所記最後一年是 1964，這時離他生命終點還有三個年頭，年譜中寫他在南京觀梅的心境，寫他給香港《文匯報》投稿的際遇，寫他「兩次透視胃潰瘍，已平復」，寫他下鄉勞動鍛煉，當新農民的經歷……從這些文字來看，他的生活態度是積極樂觀的。不久，文革風暴襲來，范煙橋被列為重點批判對象，家庭遭遇抄家，諸多書刊文稿連同那本《駒光留影錄》年譜一起被抄走了。在其子范崇清後來整理的年譜附記中，可以尋找出一些蛛絲馬跡：「1966 年 8 月 31 日晚，三家（另有周瘦鵑家和程小青家）同時被查抄。1967 年 3 月 28 日，父親的胃潰瘍復發，住第四人民醫院，3 月 31 日因心肌梗塞去世。」

　　生命中的最後一道坎，他終於沒能垮過去。

變了調的夜鶯在歌唱

——周瘦鵑《姑蘇書簡》閱讀札記

序言引來的題外話

從 1962 年到 1965 年，周瘦鵑給遠在香港的六女周瑛寫了五十九封信，分七十四次在香港《大公報》連載，1995 年由新華出版社結集出書，遂成這本《姑蘇書簡》。

是書有兩篇序言，第一篇作者是鄧偉志，第二篇作者是賈植芳。鄧序中說：「在鴛鴦蝴蝶派名聲大振時，年僅二十一（歲）的『言情大家』周瘦鵑出版了呼籲抗日救亡的《亡國奴日記》，銷行了幾十萬冊。接著周瘦鵑又寫了一部《賣國賊日記》，痛罵曹、章、陸三個私通日本的賣國賊。我本以為這兩部愛國《日記》應當是周瘦鵑的代表作了，並且堅信不疑。可是，當我反覆拜讀了周瘦鵑的《姑蘇書簡》以後，我的看法又變了。我認為，《姑蘇書簡》才真正是周瘦鵑的創作高峰。」

鄧序寫於 1994 年，帶有濃厚的時間印痕，那個年代中國人剛從惡夢中擺脫出來不久，普遍習慣於兩個極端的思路，不是天使就是惡魔，讚美變成溢美，批評變成批鬥，愛說些言不由衷的過頭話。何況為人寫序文字總不免往好處說，有意無意拔高也情有可原。還

有一個因素，鄧偉志是當時知名的社會學家，考慮問題喜歡從社會學角度入手，他之所以誇讚《姑蘇書簡》「才真正是周瘦鵑的創作高峰」，是因為鄧認為談家常也有高下之分，《姑蘇書簡》談梅花，談菊花，談松樹，談柳樹，「可是，細細讀來，就可以知道他是透過花草樹木，談國家，談政治……在周瘦鵑筆下，祖國是充滿詩情畫意的。他的每一封信都是一曲頌歌，他把頌歌唱到了海外。他呼喚的是他的女兒，可是，聽到頌歌的是廣大海外同胞。當時，不知有多少海外同胞就是從周瘦鵑的書簡中瞭解祖國的社會主義建設的，不知有多少海外同胞是在讀了周瘦鵑的《姑蘇書簡》以後，大踏步地回國觀光，回國定居的。」

讀罷鄧序，人有些犯迷糊，不知鄧序中的論斷是基於統計資料還是個人樂觀猜測。周瘦鵑的書簡發表於六〇年代，那個非正常年代發生的事情已眾所周知，曾經有無數人因偷渡香港喪身於茫茫大海，或被槍彈擊中倒斃於鐵絲網下。「大踏步回國」者與偷渡喪身者之間是個什麼比例，不知社會學家是否統計過？

到底有多少海外同胞是在讀了周瘦鵑的《姑蘇書簡》後回國觀光定居的，這裏姑且緩論，就算真的如此，也只能說明《姑蘇書簡》是不錯的宣傳品，而並非鄧先生所說的「堪稱書信體散文的楷模」。畢竟花花綠綠的傳單與優秀文學作品之間還有著不短的距離。至於鄧先生所說的《姑蘇書簡》是「周瘦鵑的創作高峰」云云，恐怕也只是一家之言，周瘦鵑的絕大多數讀者不可能認同。

寫下上述文字並不是要與鄧先生較真，畢竟那是篇寫於九〇年代的序言，時過境遷，沒必要糾纏於歷史舊賬。但是，無論是流覽一些報刊文章，還是徜徉於網路論壇或博客，經常能見到鄧先生論斷的類似翻版，有點讓人啼笑皆非。周瘦鵑的名頭，主要是靠他早期那些哀情作品奠定的，這應該算是一個常識了，為什麼偏偏有人視常識而不顧呢？而書信結集《姑蘇書簡》不可能算作周瘦鵑的

「創作高峰」，用安徒生童話《夜鶯》中那個漁夫描述機器鳥的話說：「其實它唱得倒也很動聽，很像一隻真鳥兒，不過它似乎總缺少一種什麼東西，一種無法說出的東西！」一個作家優秀的代表作被人為掩埋，而偏重於說教的宣傳品被溢為「創作高峰」，看來人們對周瘦鵑的誤讀程度之深，仍是不可小覷的。

倒是另一篇序言比較真誠自然。作序者是著名學者賈植芳，以賈的名氣，而將序言排在鄧先生之後，實在是因為歷史環境所致。賈植芳說他的一生猶如唐僧取經，歷經了九九八十一難，在國、共兩黨執政時期均先後入獄，此時已從監獄放出並平反，但他為人為文的低調平和仍然從筆端流露出來：「這部以通信形式寫成的優美的散文作品，字裏行間處處洋溢著這位老作家熱愛新社會、歌頌新政權的那種赤誠的真情實感，從中我們可以清晰地看到一個跨過舊時代的門檻，滿懷喜悅和感奮的心情，不顧年邁體衰，努力追趕時代潮流，力圖奮發有為的老知識份子蹣跚奔前的動人形象；雖然執筆寫這些投入了自己充沛感情的清麗婉約的抒情性作品的時候，他決想不到前面等待他的竟是一個巨大的陷坑。」賈老感歎道，「歷史就這麼捉弄人，也這麼令人沉思和警惕！」

今夜清光勝往年？

書中第二封信標題為《兩個佳節》，寫於 1962 年 9 月底，這年周瘦鵑六十八歲。文中「兩個佳節」指的是中秋節和國慶日，查萬年曆，這年中秋節是 9 月 13 日，兩個節日相距半個多月，周瘦鵑並在一起給女兒寫信。

望月思人，周瘦鵑說他老來睡眠常為夢境所打擾，「最近在芙蓉初放的一個夜晚，我夢見了去世二十多年的老詩人天虛我生前

輩，你總還記得，他就是無敵牌擦面牙粉的創造者，而你在當年稱他為陳家伯伯的。」夢鄉裏他自己正蹲在草地上設計春夏秋冬四季盆景，天虛我生笑咪咪走來，在草圖上端畫了一個繡幕，周瘦鵑喜不自禁，咿咿唔唔吟了一首詩，「一面還推敲著，修改了幾個字，博得了他老人家的讚許，掀髯笑個不住」。

周瘦鵑夢中憶起的天虛我生是鴛鴦蝴蝶派的領袖級人物。此人原名陳栩，字栩園，號蝶仙，生於 1879 年，浙江杭州人。陳蝶仙十九歲時寫出《淚珠緣》，轟動上海文壇，從此一發而不可收，陸續推出了多部小說，又擔任《申報》副刊《自由談》主編，引掖後進，領一代文風。陳蝶仙的才能是多方面的，他愛好崑曲，是一位清唱曲家；更為人稱道的是他提倡國貨，於 1920 年在上海創辦家庭工業社，製造牙粉、花露水、白蘭地等。據鄭逸梅《家庭工業社和陳蝶仙》一文說，陳蝶仙曾專門為周瘦鵑夫人胡鳳君特製了一種紫羅蘭粉，「該粉除贈送瘦鵑外，也在市場上暢銷」。有一則掌故與他倆有關：蝶仙曾出詩謎讓瘦鵑猜：「一扇微風飄柳絮，半床斜月墜櫻桃。」瘦鵑答曰：「蚊蟲。」蝶仙問為什麼？瘦鵑說：「上聯說它尚未吮吸人血，故飄飄然如柳絮；下聯說夜間蚊蟲飽食一頓後，腹鼓如櫻桃，笨重不能飛而下墜。」如此舊派情趣倒頗有鴛鴦蝴蝶的味道。

但是自新文學運動肇興以來，鴛鴦蝴蝶派始終處在遭打壓受排斥的地位，建國後處境更是難堪，連先前報屁股角落花邊點綴的地盤也失去了，1949 年北京召開的第一次全國文代會上，只有張恨水、宮白羽兩名鴛蝴作家，象徵著新政權對鴛蝴派仍是招撫的。以前靠稿酬生存的鴛蝴作家，經濟上陷入從未有過的困頓，風雨飄零，這個群體的作家迅速崩潰解體，他們紛紛離開文學，或當教員，或任編輯，或進入地方文史館。

周瘦鵑此時基本已擱筆，他自感跟不上時代步伐，深居簡出，杜門謝客，興趣悄然轉移到了花木盆景上。未曾料到，1953 年 3

月，時任上海市長的陳毅突然登門拜訪，觀賞了周家大院的花卉盆景並有一番交談，此後毛澤東、周恩來、葉劍英、朱德、鄧穎超等黨和國家領導人或接見，或親赴周家大院參觀，好運連連撞門，周瘦鵑重新拿起了筆，為報刊撰寫小品文、散文、遊記、詩詞等，先後結集出版有《花前瑣記》、《花花草草》、《花前續記》、《農村雜唱》、《盆栽趣味》、《行雲集》等，1962 年，他被中國作家協會接納為會員。

1962 年 4 月，毛澤東託人帶信要召見他，周瘦鵑攜老伴和五歲的小女兒進京來到中南海，第一句話是：「主席，您看我這樣一個舊知識份子，還能為社會主義做些什麼？」毛澤東招呼他在沙發上坐下，聽他彙報思想改造的情況，然後說：「你搞盆景很出色，但別忘了你是個作家，要寫些新東西，我等著看你的新作哦。」當時的報紙報導說：周瘦鵑歡天喜地回到住處，忙不迭地把會見的情景告訴大家，他的眼睛濕潤了，閃爍著快樂的淚花。周瘦鵑的兩句詩頗能代表他當時的心情：「年來百事都如意，長對河清展笑顏。」

月光似水在歲月的縫隙中流淌。1962 年的中秋節，蘇州市政協開了個聯誼會，到場的都是六旬以上的老者，還有七位八十開外的老壽星，面前擺著梨子和月餅，邊吃邊談。周瘦鵑舉頭望月，將一首熟悉的歌謠改造翻新，念道：「月兒圓圓照九洲，家家歡樂不知愁；家家夫婦同羅帳，沒個飄零在外頭。」周在信中繼續寫道：「一時滿堂白髮，笑語聲喧，直到傍晚月兒快要出來時，才盡興而散。」

不知道那天散會之後，踏著月光回家的路上，周瘦鵑是不是想到了什麼？1962 年，飄零在外頭的大有人在，譬如周在書信中多次提起的鴛蝴派前輩包天笑，此時已寓居香港，每天提一枝手仗到海邊散步，老人的步履有些蹣跚了，依然每天都走在思鄉的路上。包、周之間時有書信往來，包天笑在信中說他思念昔日桃花塢那些

花花綠綠的年畫，思念閶門外金昌亭周遭的綺麗風光，思念得心都快要碎了。

還有昨日好友陳小蝶——那個被稱作「鴛鴦蝴蝶派最後一個傳承人」的作家。陳小蝶原名陳琪，改名定山，字小蝶，是陳蝶仙之子。早年隨父創辦實業，1949 年移居臺灣，詩文俱佳，善畫山水花卉。屈指算來已是四十年前的往事了，1922 年春，陳小蝶約周瘦鵑遊杭州九溪十八澗，周瘦鵑怦然心動，遂搭乘翌日之夜車啟程。同遊者的還有江紅蕉、涂筱巢及其公子，紅蕉是鴛蝴作家，筱巢則是上海著易堂書局老闆，陳蝶仙家庭工業社的合股股東。一路歡聲笑語，恍若就在眼前，同行的紅蕉誇口道：「我一年必一度遊杭州，瘦鵑乃閉門造車，日執鋼筆，沙沙蠅楷，福不如我矣！」周瘦鵑笑答：「上周為文事所羈絆，否則早偕小蝶泛舟西湖了！」車中寂寞，他們玩牌消遣，輸了的又不願受罰，強詞奪理以釋之。小蝶、筱巢行篋皆小，提攜方便，瘦鵑則提著個每天裝稿的公事包，置單衣一二襲，如古代詩囊，不脫書生本色……昔日的友情都留在山陰路上了，那次春遊難捨難分，令人一步一回首，周瘦鵑有絕妙好辭，陳小蝶、江紅蕉分別寫有遊記《理安溪夢記》、《清遊碎記》，刊登在 1922 年的《半月》雜誌上。

四十年後陳小蝶在臺北的街頭踽踽獨行，他有沒有想過當年的親密旅伴已將飄零在外的遊子忘了？陳小蝶此時正著手寫作《春申舊聞》，那是一部舊上海掌故集，追憶繁華似錦的光陰，想起昔日好友，心頭浮起一絲好夢已逝的隱痛。

陳小蝶有個才女妹妹陳小翠，建國後留在大陸，兄妹間常有通信。小蝶有首詩也是涉及到書信的，寫道：「大妹前時有家書，含愁待寄更躊躇。呼兒檢點文中忌，刪得全信一字無。」詩中的傷痛之情讓人扼腕長歎，對照周瘦鵑信中的歡樂之情來讀尤為沉重。也是在 1962 年，身在上海的陳小翠作國畫〈湘夫人圖〉並題詞：「碧

雲山髻高嵯峨，洞庭雨絲飛涼波。採芰荷兮馨香，思君子兮永傷，日暮兮多風，貝闕兮龍宮。徘徊人合無所從，蛾眉蟬鬢成飛蓬。壬寅冬日小翠。」借三閭大夫屈原的詩意來排遣胸中鬱積的愁緒，湘夫人手持一枝荷花踏波而來，眼中不再是迷茫和惆悵，取而代之的是優雅與自信——猶如一尊古典女神。

陳小翠和周瘦鵑都是死於 1968 年，且都是受盡凌辱不堪忍受而自盡，小翠引煤氣窒息而死，瘦鵑投井而死。假設他們穿越時空走過了奈何橋，在血黃色的忘川河邊見面，不知是相對無言還是會顫抖著說些什麼。舊日的鴛蝴人物走的走，死的死，昔時的流風餘韻已蕩然無存，滿目是冷清蕭條，舊夢依依，滿心是人琴之慟。

唐白居易〈八月十五日夜望湓亭月〉詩云：「昨風一吹無人會，今夜清光似往年。」無人理會的風，依稀如昨的月亮，已成為詩人的千古絕唱。1962 年的「兩個佳節」，周瘦鵑意欲翻唱新謠，唱一曲「今夜清光勝往年」，寫完了中秋節再寫國慶日，滿紙是「如火如荼」、「歡聲雷動」、「浩浩蕩蕩」，甚至連續用了多個排比句「還有引起我莫大興奮的」——分別「就是郊區農民兄弟的隊伍」；「就是那幾百個文化工作者和科技工作者的隊伍」；「就是那最後一支龐大的體育工作者的隊伍」。這樣的文字出自於大半生唯美的周瘦鵑之手，不能不讓人惋惜，如果隨便寫寫倒也罷了，偏偏有人要說成是周的「創作高峰」，又讓人情何以堪？

嗟我懷人，中心是悼

〈嗟我懷人中心是悼〉是這本書信集裏的第 11 封信，這封信中周瘦鵑說他「畢竟是老了一些，抵抗力也差了。尤其覺得難受的，每天清早四時，天還沒亮就醒了，頭腦立刻像風車般轉動，想這想

那，想個不了；並且往往想到亡故了的親人和親戚朋友。」作家福克納說人的身體就是一座空蕩蕩的廳堂，裏面擠滿了倔強、懷舊的靈魂，迴響著一個個鏗鏘的戰敗者的姓名，即使若干年過去了，那些鬼魂依然頑強地存活著。難怪《姑蘇書簡》中有那麼多懷人的篇什，如〈難忘四月十五日〉、〈秋水伊人之思〉、〈薤露歌傳兩月前〉、〈我與上海〉、〈預支的生日〉、〈九十老人三鼎足〉等。

　　周瘦鵑（1895-1968），江蘇吳縣人，原名國賢，瘦鵑是他的號。承受人生最初的創痛時他才六歲，那是1901年，看見害傷寒症的父親直僵僵躺在床上，他還道是睡熟了。父親是個吃船飯的人，每月回家三四次，淺淺的印象在記憶中淡成了一抹輕煙，倒是母親床頭前一幀發黃的舊照片，讓周瘦鵑記憶深刻。照片中一共四人，右邊一人在石幾上彈古琴，另一人斜靠在葡萄架旁聆聽，還有兩個下圍棋的，捏著粒棋子靜思的那個人便是他父親。「父親穿著玄色的花緞的方袖大褂，摹本緞袍子，戴一頂平頂帽子，態度甚是安祥，一張圓圓的大白臉上，現出一種似笑非笑的樣子。」──上世紀初的蘇州船工能有如此優雅閒適的生活情調，恐怕是現代人料想不到的。不過周瘦鵑說他父親在輪船上幹了幾年帳房，那就應該不是普通的苦力船工了。

　　對父親的記憶除了舊照片外就是一堆墳土了。每年清明節他要都跟母親去上墳，一步步走近墓場，心裏有種說不出的情感，他想像有三五月明之夜，父親的亡靈在那片混交林上空孤獨地散步，而滿目荒草中開放的幾朵猩紅的幽花，似是母親當年的血淚所染……每次上墳完畢，母親都要在墳墓旁邊的石凳上坐一會，一邊絮絮叨叨，一邊不停地擦眼淚。

　　「窮苦人家的孤兒什麼都落人後，新年中我們沒有新衣服穿，只縮在門縫中張望，那鄰家的孩子穿綢著緞，何等的美麗，我們卻只有一雙新鞋子穿在腳上，剃一個頭，浴一回身，便算是過新年

了。」不知道後來周瘦鵑寫出這些文字時是什麼樣的心情？有一年春節，眼瞧著鄰家又給孩子們買了花花綠綠的鞭炮和玩具，外祖母見瘦鵑兄弟可憐，便買了一盞狀元燈給哥哥，又買了一個木碗給瘦鵑。那年春節母親不知受了什麼刺激，對著父親的遺像號啕大哭，悲痛的聲音一句句送進耳朵裏，針扎刀戳似的難受。外祖母新買的木碗，成了盛眼淚的承淚之盤，到得母親哭罷，木碗中也盛了一小半的眼淚了。

愁苦的日子像是浸泡在淚水中，周瘦鵑也因此而特別懂事。母親是個倔強的女人，她含辛茹苦，日夜為人縫補針線，拼死拼活也要讓孩子們讀書。周瘦鵑七歲入私塾，後轉入儲實兩等小學和老西門民立中學，家庭貧寒且成績優秀，這樣的孩子尤其惹人愛憐，校方給予免除學雜費的特殊優待，不久周瘦鵑畢業，被留學執教。

周瘦鵑是個孝子，對待母親尤其敬奉。鄭逸梅說他母親晚年患癌，瘦鵑引為深憂，四處訪醫覓藥不得，絕症無法醫治，他暗暗哭泣，淚痕留襟。一次，幾個熟友相與宴敘，瘦鵑勉強來參加，但酒過數巡，毅然離席，口稱「母親在世時日已不多，我要回家侍候家母，各位今天就不奉陪了。」在座的文友聽罷神情黯然。不久瘦鵑母親病逝，他在室中懸掛遺容，每日香花供奉，從不間斷。「晨出治事，臨行前例必向遺容道別，晚上亦必向遺容告辭，如是者有年。」

書中的〈秋水伊人之思〉寫的是懷念老友包天笑。包在給周的一封信中提到了蘇州：「人常在垂暮之年，每回憶兒時遊釣之鄉，且夢寐中常縈繞及之」，周瘦鵑為之感言：「這些話情見乎詞」。書中的另一封信〈二十餘年老伴侶〉中，周瘦鵑說他上半世的寫作總是離不開一個情字，「生離死別，歌笑無端，不知賺取了人家多少眼淚」。他懷念的「老伴侶」是張寫字臺，原為上海申報館編輯室的一件老物什，歲月漂移，幾經變遷，周瘦鵑也不知道那張寫字臺如今在哪裡？「雖說僅僅是一隻平凡無奇的寫字臺，但是廿餘年歷

盡艱辛，廝守在一起，這一分深情厚誼，實在是不容易從我心版上輕輕抹去的。」

周瘦鵑畢竟是個偏重情感的文人，對一件老物什即能用情至誠，何況人乎？遍覽《姑蘇書簡》，幾篇懷人的信件應是書中的一個亮點——雖說和他上半世的作品相比仍顯遜色，但是宣傳說教的味道卻少了許多。

筆墨生涯鱗爪

1962 年 5 月一天，周瘦鵑收到了厚厚的一封信，是女兒周瑛從香港寄來的，信封裏裝著她留意搜集的一摞剪報，整整齊齊折疊著，那是周瘦鵑在香港《大公報》上發表的《姑蘇書簡》系列文章。

女兒周瑛在信中祝賀父親寫作生涯五十周年紀念，並說：「一連讀了父親的幾篇文章，心中非常高興，又覺得萬分光榮，因為我有一位偉大的父親。」被女兒稱「偉大」，在哪個「偉大」已成專用詞的特殊年代裏不知會惹出什麼樣的麻煩事兒，周瘦鵑的心情忐忑不安，他在回信中說：「父親並不偉大，偉大的實在是兩位國家領導人[1]……日月無私，光明普照，像我這樣被照到的人多著呢。決不是父親的偉大，瑛兒，你記住！我們可不要被光榮沖昏了頭腦，還該像小學生般好好學習，天天向上才是。」

女兒信中還附有張友鸞發表在《大公報》的一篇文章，題目是《周瘦鵑中秋獻月》，語涉他五十年筆墨生涯的一鱗半爪，勾起了老人的回憶。那幾天翻箱倒櫃，終於找出了 1922 年他親手編輯的

---

[1] 指毛澤東和周恩來，周瘦鵑被毛、周接見，感到不勝榮光，多次在不同場合說過類似的話，《姑蘇書簡》中也曾反覆提及。

「中秋號」專刊[2]，收錄有朱鴛雛的筆記《妝樓記》，程瞻廬的諧著《月府大會記》，李涵秋的小說《月夜豔語》等九篇文章，版面排成圓形，象徵一輪團圓的明月，為這個別致版式他在排字房守了一通宵，〈編輯寄語〉中周寫道：「月圓如餅，藕大如船，中秋又至矣。年來每當此夕，恒若念孩提時彩衣跳地之樂，一餅一果，食之俱甘。今則未到中年，傷於哀樂，吊夢歌離，動增悲感，雖月明如水，亦以愁人淚痕視之矣。」回憶起了這些，周瘦鵑感情十分複雜，他在給女兒的回信中說：「那時正是軍閥橫行民不聊生的時代，所以我寫出來的文字，調子總是低沉的，哪有今天這樣的筆歌墨舞，歡喜無量啊！」一邊懷念過去，一邊檢討自虐，那個年代的事情總是如此古怪。

讓周瘦鵑檢討自虐的昔日筆墨生涯其實並非那麼不堪，甚至恰恰相反，是值得懷念的一段歲月。《姑蘇書簡》中的第 12 封信題為〈筆墨生涯五十年〉，對他的筆墨生涯有個大致的梳理。

周瘦鵑在上海民立中學讀書時，每逢暑假期間，常到城隍廟一帶去淘舊書，有一天淘到了一本《浙江潮》，是日本留學生創辦的一種進步刊物，其中有篇筆記，寫的是法國一個將軍的戀愛故事，悲愴感人，周瘦鵑據此改編成五幕劇本，名為《愛之花》，取筆名泣紅，將稿子寄給了當時新創刊的《小說月報》。不久劇本被雜誌刊登了，並附寄了銀洋 16 元，「這一下子，真使我喜心翻倒，好像買彩票中了頭獎一樣……我那五十年的筆墨生涯，就在這一年上紮下了根。」

民立中學畢業後，周瘦鵑正式開始了他的筆墨生涯。起初發表他作品的雜誌主要有《小說月報》、《中華小說界》、《小說時報》、《遊戲雜誌》、《禮拜六》等，尤其是《禮拜六》週刊，每期必定有他的

---

[2] 此「中秋號」，為《申報》副刊「自由談」特別出版的一期專刊。

作品，一個月所得的稿酬，遠遠高於母親做女紅的收入，於是周母不再幫人做女紅，周瘦鵑獨自一人靠寫作擔起了家庭生活的擔子。

　　為生活所迫而賣文，是許多鴛鴦蝴蝶派文人的一個共同特徵，沒什麼可詬病的。周瘦鵑說他一連數年做文字勞工，成為寫作機器，白天不停地寫，晚上也往往寫到夜深人靜，是上海灘有名的高產作家。他曾作過這樣的解釋：「最帶苦相的要算是我的『瘦鵑』兩字。杜鵑已是天地間的苦鳥，常在夜半啼血的，如今加上一個『瘦』字，分明是一隻啼血啼瘦的杜鵑。這個苦字豈不是不折不扣十足的苦麼？」當時周瘦鵑寫過各種各樣的作品，有鴛鴦蝴蝶的，也有革命的，誰能想到屢屢遭人批判的鴛鴦蝴蝶派領軍人物早年曾經扮演過新文學運動的急先鋒？他還是第一位翻譯「革命文豪」高爾基作品的中國人，據賈植芳回憶，建國初期，蘇聯駐中國大使曾專程到蘇州拜望周瘦鵑，向他表達敬意，因為周瘦鵑在中國率先翻譯了高爾基。結合周瘦鵑當時實際生活情況看，翻譯高爾基應屬玩票性質，是衝著稿費而去的。

　　1917 年，23 歲的周瘦鵑曾為中華書局翻譯過一本《歐美名家短篇小說叢刻》，出版後莫名其妙獲得了教育部的一張獎狀，多年後他才知道，那次獲獎與魯迅有關。據周作人在〈魯迅與清末文壇〉一文中說，當年魯迅任教育部任社會教育司僉事科長，對周瘦鵑的翻譯作品十分看好，認為是民國初年文壇「昏夜之微光，雞群之鳴鶴」，周瘦鵑也在《筆墨生涯五十年》中說「我曾從英文中譯了高爾基的《叛徒的母親》，安特列夫的《紅笑》等作品，恰是跟先生的『域外小說』走一條路子的。」

　　周瘦鵑說的倒也是實情。其時新文學運動剛開始不久，能拿得出手的文學實績不多，周瘦鵑的適時介入，便顯得特別引人注目。蘇州文友黃惲曾從民國年間的一本書目中探微索幽：吳江人陸翔1922 年編輯出版的《當代名人新小說集》，入選者名單排序為胡

適、周作人、周瘦鵑、劉半儂、包天笑、羅家倫、魯迅、蘇曼殊等，目錄中周瘦鵑的排名遠在魯迅之前，這多少能看出周瘦鵑在選編者心目中的份量，也說明新文學運動之初周瘦鵑在文壇上的地位很重要。另一個例子是，銳意革新的《申報》董事長史量才為周瘦鵑的名氣所吸引，聘請周出任副刊《自由談》的總編輯，使得《自由談》一度成為鴛鴦蝴蝶派的大本營。

有意思的是，《姑蘇書簡》中周瘦鵑提到了一件事：他曾接到過一封讀者來信，那位讀者姓費，很喜歡讀周瘦鵑的文章，有一天偶爾讀到了戈寶權《高爾基的早期中譯及其他》[3]，才知道高爾基小說《大義》是周國賢翻譯的，那篇譯文也是高爾基作品「最早的中譯」。費姓讀者興趣濃厚，但他不知道「周國賢」何許人也？幾經周折，終於打聽到周國賢即是周瘦鵑的原名。讀了費姓讀者這封信後，周瘦鵑在《姑蘇書簡》中大發感慨：「至於我的署名，不論是在刊物中發表時和收入《歐美名家短篇小說叢刻》中時，都是用『瘦鵑』二字，而後來人家不知怎的，偏偏把我這個不甚為人知道的學名『周國賢』搬了出來。」讓周瘦鵑百思不得其解的道理其實很簡單：到了六〇年代，周瘦鵑這個名字即意味著臭名昭著的鴛鴦蝴蝶派，作者不得不搬出「周國賢」救駕，既能說清楚歷史往事，又不至於犯忌。

周瘦鵑對他與魯迅的這段因緣十分看重，建國後曾在《文匯報》發表文章〈永恆的知己之感〉，自稱是魯迅的私淑弟子。魯迅逝世後，他從蘇州趕到上海參加葬禮，當晚拜見了魯迅夫人許廣平，一番握手問安後許文平道：「周先生未免太客氣了，你和魯迅是同一時代的朋友，怎麼自稱為私淑弟子呢？」建國後魯迅被一步步逐漸被捧上了神壇，身上籠罩著金色的光環，與魯迅的關係拉近些能夠

---

[3] 該文原載《世界文學》1963 年第 4 期。

讓自己的日子好過點。由此也可以看出，建國後周瘦鵑處世之低調
一以貫之。

　　周瘦鵑在《自由談》主編副刊時，環境優雅，心情也好，「編
輯室窗明几淨，十分寬暢，位在三層樓上。對面恰是那俗稱外國墳
山的外僑墓地，樹木蔥蘢一片青翠，倒也景色宜人，除了深秋和嚴
冬，是天天可以瞧到綠油油的樹叢和草地的，工作之暇，向窗外望
去，頓覺心目俱豁。」[4]編輯部每天收到來信來稿不少，有時多達
一百多件，他的辦刊思路是辦成同人刊物，久而久之便形成了一個
圈子，圈外來稿基本不用，有的甚至連信封都懶得拆——也怪不得
他，那年月周瘦鵑實在是太忙了。不過這樣一來，周瘦鵑受到的攻
擊也多，攻擊點集中在辦同人刊物和鴛鴦蝴蝶氣味太重上，不久周
瘦鵑離開了《自由談》主編位置，接任的是大踏步向左轉的黎烈文。

　　之後周瘦鵑堅持兩手抓，一手抓寫作，一手抓辦刊。他辦的刊
物是《半月》，後改為《紫羅蘭》，每半個月一期，堅持出刊 4 年，
封面多為彩色時裝仕女畫，文章是鴛鴦蝴蝶風格，有創作，有翻譯，
應有盡有，五花八門。這一時期他參與編輯的刊物還有《春秋》、《上
海畫報》、《樂觀》、《兒童》、《衣食住行》、《良友》、《紫葡萄畫報》、
《禮拜六》等，其中有重大影響的《禮拜六》，實際上基本都是王
純銀一人操辦為主，只是後一百期中周瘦鵑才與王純銀共同掛名主
編，而具體編輯工作仍由王純銀擔當，周瘦鵑的名字始終保留在版
權頁上，只不過是因為此時周已成為滬上名人，他的名字本身就是
招徠顧客的最佳廣告，精明的王純銀是要利用周這塊招牌擴大《禮
拜六》雜誌的影響。

　　上海淪陷後，申報館也歇業了，周瘦鵑沒有再做編輯工作，鴛
鴦蝴蝶派成為一個代名詞，囊括了腐朽、封建、反動、墮落等等一

---

[4]　引文出自周瘦鵑文〈二十餘年老伴侶〉，載《姑蘇書簡》第 96 頁。

切罪孽，遭致革命文學的猛烈攻擊和惡罵。周瘦鵑不再靠賣文養家，回到蘇州故土，種樹栽花弄盆景，做起了陶淵明式的隱士，偶爾吟幾首詩，寫幾篇小品文，發發牢騷，曾集龔自珍詩句成〈攄懷吟〉十四首，詩云「斜陽只乞照書城，玉想瓊思過一生；從此周郎閉門臥，梅花四壁夢魂清。」

建國後，周瘦鵑在《申報》的工齡已滿三十年，就去了一封信，辭掉了掛職報社的虛銜，從此一無牽掛，專心從事園藝。至於為什麼又開始了寫作？周瘦鵑是這樣說的：「陳毅元帥的一句話啟發了我（他針對我所說全部否定過去作品的話說：『不，這是時代，並不是技術問題。』）於是我就放心托膽地開始寫了，寫啊寫的一直寫到如今，但我不敢寫小說，只是寫寫散文，借此，歌頌祖國的新生，歌頌我們人民的新生活。」

《筆墨生涯五十年》的結尾寫道：「瑛兒，我這樣塗塗抹抹，居然闖過了五十年，今天居然還列於作者之林，被吸收為中國作家協會會員，曾有幾位老前輩誇獎我，說我是才子，你可不要相信，要知我實在是個蠢材，不過為了出身太苦，有一種苦幹的精神罷了。」讀了這種只有在那個大批判的年代裏才有可能寫出的文字，心中有種難言的悲苦。

那一抹紫羅蘭的影子

周瘦鵑曾說：「我往年所有的作品中，不論是散文、小說或者詩詞，幾乎有一半兒都嵌著紫羅蘭的影子。」即便是在與女兒的通信集《姑蘇書簡》中也不避諱。書中的第三十封信〈一生低首紫羅蘭〉，周瘦鵑又提到了那樁傷心的愛情史。

　　早年周瘦鵑執教於民立中學，附近有所務本女子學校，每天傍晚放學時，總能見到一個女子的倩影從校門前走過。女子叫周吟萍，兩人的交往始自於一次文藝沙龍聚會，據掌故大王鄭逸梅說，有一次務本女校辦校慶，周吟萍登臺演新劇，表演纖細入扣，婉轉動人，周瘦鵑大為動心，次日試投一信，三天後居然收到了女子的回覆，從此魚雁傳書，通信頻頻。不料涉及到婚姻問題時，周吟萍的父母堅決反對，竟至強迫女兒許配給一富家子，據說吟萍結婚時，瘦鵑還去吃了喜酒。這場戀愛影響了周瘦鵑的一生，縱觀哀情鉅子一生的創作，無不與這段情有關，晚年周瘦鵑還作有近百首〈記得詞〉，並在每首詩後加以批註，恰成一段「愛的自供狀」。

　　鄭逸梅在〈周瘦鵑回憶紫羅蘭〉一文中，附錄了〈記得詞〉數十首，是研究周瘦鵑愛情史的一份寶貴資料，根據〈記得詞〉及其附注，扼要整理如下：

　　周瘦鵑對周吟萍的暗戀始於 1912 年。周吟萍是富家女，周瘦鵑是貧寒子，門不當戶不對，其時周瘦鵑還未登上文壇，更談不上什麼名氣，加之吟萍人長得漂亮，是務本女校的校花，而且「善崑曲，得名師薪傳，牡丹亭遊園驚夢諸折，均能朗朗上口」，兩人的這場戀愛一開始就沾染了悲劇色彩。

　　周瘦鵑大膽試投信件，是在他初登文壇之後，已略有薄名，富小姐愛窮書生是千古不變的愛情故事，雖然老套，但總是有男女主角去不斷翻新。信物是周瘦鵑贈予的淺色絲手套，當吟萍走進婚姻的殿堂時，瘦鵑去看她，最刺目的正是那雙淺色絲手套──吟萍低頭輕輕撫弄著絲手套，周瘦鵑心裏在流淚。

　　吟萍結婚後，瘦鵑開始了他漫長的思念之旅。每每睹物思人，瘦鵑都會加倍努力，伏案寫作，其作品也頻頻問世，他在文壇上的影響越來越大。但是成功的作家夢替代不了他對吟萍魂牽夢繞的思

念之情，有一天瘦鵑路過城北租界，正好看見吟萍獨自一人佇立於樓閣，他在街對面的一個書攤前對視良久，「藉微波以通辭，雖風雨迷蒙，沾衣為濕，弗顧也。」

〈記得詞〉中有詩云：「顰眉難展可憐顰，嫁後光陰慘不春。記得葳蕤經歲守，燈前仍是女兒身。」注釋中又說，結婚一年的吟萍始終守著女兒身，有吟萍給瘦鵑的書信為證：「想當初我也曾幾次三番的想抵抗，然總沒有效果，後來退一步想，我譬如寄居此間，保持清白，以後慢慢再作道理，一年功夫，居然被我捱過了，這恐怕也沒有第二人所能辦得到的吧！」愛情中的雙方，都是如此堅持果敢，讓人感歎不已。不過其中有個疑點，這場愛情劇中的第三個角色——周吟萍的丈夫，在妻子婚後一年仍然守身如玉的情況下又是怎樣的情況？周吟萍是如何向她丈夫搪塞這一切的？〈記得詞〉和注釋中都沒有交待，不好猜想。

打破這場僵局的是周瘦鵑。吟萍出嫁一年後，由周瘦鵑母親作主，命他別娶胡鳳君。新婚之日，吟萍也來參加婚禮，眉黛間有楚苦色。翌日，吟萍寄來一信，說她昨晚去劇場看了《黛玉葬花》，心緒惡劣，為林姑娘一掬同情之淚云云。言外之意，溢於紙上。

這之後故事出現了戲劇性的變化。據〈記得詞〉注釋：瘦鵑、吟萍「締交六載，未嘗敢謀一面」，然而至瘦鵑結婚後，雙方頻頻約會，摩星塔下相見，留園石徑上密談，一起遊覽虎丘湖上泛舟，一起約好了去看包天笑新改編的文明戲《梅花落》[5]，好幾次約會吟萍甚至偕慈母同來借此掩護，他們像走鋼絲似的享受著危險的愉悅，既膽戰心驚又充滿甜蜜。天曉得這是一場註定了沒有結果的戀愛，直到他們去世，兩個人都沒有肌膚之親。

5　《梅花落》是包天笑根據國外名劇改編的，由志新民社演出，後於 1927 年被導演張石川拍成了電影。周瘦鵑曾於 1914 年 3 月在《申報》上陸續發表劇評文章，評論道「如食橄欖，如嚼甘蔗，漸漸引人入勝矣。」

　　1937 年中日事變猝發，一場戰亂驚醒了他們的鴛蝴夢，秦淮河畔，風鶴頻驚，婦孺紛紛避難。周瘦鵑舉家遷往南潯，他寫信給在南京的吟萍，讓她也來南潯暫避，吟萍未應允，之後南潯又告急，周瘦鵑全家遷移杭州，後輾轉去了安徽南屏村。而吟萍此時由南京經漢口、宜昌，去了戰時大後方重慶，舉舉弱質，萬里投荒，周瘦鵑感慨萬端。不久周瘦鵑收到了吟萍的一封信，「縷述其歷劫逃遠行之經過，末謂蓬泊萍飄，歸來不知何日，今生未了之緣，惟有期之來世云云，語多哀怨，令人不忍卒讀。」

　　故事的結局仍是哀情漣漣：瘦鵑的妻子胡鳳君病逝後，有心想娶已守寡的吟萍，卻被吟萍推辭了，「年華遲暮，不欲重墮綺障」，周瘦鵑不得已，乃續娶俞文英為妻。〈記得詞〉中云：「王生只合為情死，痛哭琅琊未算癡。記得平生多涕淚，篋中儘是斷腸辭。」注釋中周說：「綜三十餘年來所作抒情之說部散文及詩詞等，行之七八均為彼一人而作，雕肝鏤心，不以為苦，徒以恬管難張，哀弦不輟，偶檢篋衍中舊稿讀之，殆一一皆斷腸文字也。」

　　周吟萍的西文名叫 Violet（紫羅蘭），周瘦鵑失戀後愛紫羅蘭成癖，他的案頭供著紫羅蘭花盆，每天早晚兩次澆灌都親自動手；他辦的雜誌兩度命名《紫羅蘭》，還編輯了《紫羅花片》和《紫羅蘭言情叢刊》；他結集出版的著作有《紫羅蘭集》、《紫羅蘭外集》、《紫羅蘭庵小品》、《紫蘭語》、《紫蘭芽》；他把蘇州的園居定名為紫蘭小築，園中疊石為紫蘭台，書房取名為紫羅蘭盦，他輪流使用「紫羅蘭庵」和「紫蘭主人」兩個名號，甚至寫文章時用的也是紫羅蘭墨水……直到 1964 年，周瘦鵑仍在《姑蘇書簡》的這封信中說：「我從十八歲起，就愛上了紫羅蘭，經過了漫長的五十二年，直到今年七十歲，仍然死心塌地的愛著它，正如詩人秦伯未先生贈我的詩中所謂『一生低首紫羅蘭』了。」

那個愛美成嗜的人

1935 年，周瘦鵑在蘇州甫橋西街長河頭購地五畝，自建家庭園林，命名為「紫蘭小築」，人稱周家花園——他開始了從文學家向園藝家的轉移過渡。庭院裏栽種了四季花卉，滿眼春色，客廳掛著王西神寫的一副對聯：「紫釵紅拂羅雙美，菊秀蘭芳共一盦。」

1935 年前後，在革命文學窮追不捨的圍剿中，所謂的鴛鴦蝴蝶派已經偃旗息鼓，更準確的說法是奄奄一息。周瘦鵑是被公認的鴛鴦蝴蝶派「五虎將」之一，立場和觀點也隨著文藝形勢開始了向左轉，在 1936 年魯迅等二十一人聯合簽名發表的〈文藝界同人為團結禦侮與言論自由宣言〉中周瘦鵑簽上了名字，抗戰期間他發表了《亡國奴之日記》、《賣國奴之日記》等救亡作品，然而他並沒有得到革命文學陣營的承認，又不甘心於苦悶徘徊，也許轉到園藝盆景是他最好的選擇。

周瘦鵑說他「是一個愛美成嗜的人」，他闡述自己的美學觀：「看滿月不如看碎月，圓圓的一輪像胖子的臉一樣，又有什麼好看的，看它個殘缺不全，倒覺得別有韻味呢！」這樣的美學觀淋漓盡致地體現在其園藝盆景藝術中，讓人歎為觀止。蘇州文友黃惲曾著文〈我對周瘦鵑的另一種寫法〉，文中寫道：「周瘦鵑涉足園藝盆景，使蘇州的盆景藝術開拓了一片嶄新的天地，為已往呆板匠氣的蘇州盆景注入了書卷氣。在過去的園藝家的眼中，盆景只有虯枝枯乾才是上佳的選擇，而在他的手下，一枝細竹，一彎嫩枝，也能成為絕妙小品。」黃惲說周瘦鵑的獨特之處在於藝術審美水準的高超，而這正是古往今來所有盆景藝人無法企及的，也是文人與匠人之間的本質區別。「文人可以欣賞匠的藝術，但匠就無法

理解文人的審美」，周瘦鵑畢竟是特別有靈氣的一個人，他做什麼都能達到藝術的極致。

周瘦鵑沉浸於園藝盆景，但他並不能完全忘掉文學，魏紹昌在《我看鴛鴦蝴蝶派》中透露說，1961年他編《鴛鴦蝴蝶派研究資料》一書時，曾去信給在蘇州的周瘦鵑請教一些問題，周瘦鵑在9月15日的回信中回答道：「承問鴛鴦蝴蝶派與禮拜六派名稱之來源，弟一無所知，當然是當年所謂正統文學的那些新作家們叫出來的。」談到他本人的文學生涯時周瘦鵑寫道：「至於我應該屬於什麼派，自己不再計較，鴛鴦蝴蝶派也好，禮拜六派也好，好在當年曾蒙魯迅先生刮目相看，已很滿足；而前年在京見到毛主席時，他老人家更對我說：『我讀了你許多作品，很想跟你談談。』這也使我受寵若驚，不知他說的文章是我以前的作品呢？還是近年來的作品？等我將來有機會跟他老人家『談談』時，定要問個明白，並請他指示一切，到了那個時候，我這才可以『蓋棺論定』了。」字裏行間隱隱約約透露出一種怨氣，他對鴛鴦蝴蝶派那頂帽子是很不樂意戴的。

原本是想躲進園藝盆景的天地中，逃避政治紛爭的喧囂與煩惱，殊不知園藝盆景的天地也並不清靜，建國後蘇州的周家花園名氣越來越大，尤其是毛澤東、周恩來、朱德等領導人的接見和來訪後，他想要退回到寧靜的一隅已經不可能了。顯然，周瘦鵑後來的想法也隨政治形勢不知不覺發生了細微的變化，與政壇顯要交往，如同貼上了某種政治標籤，既是榮耀的事又能幫他避禍。周瘦鵑專門製作了幾冊嘉賓題名錄，在冊子上題名的多半是政治人物，他還將毛澤東接見時贈予的香煙特意保留，回到蘇州後專門做了個楠木盒子，飾以緞帶供奉在神龕前。在《姑蘇書簡》中，他想融入時代的想法隨處可見其痕跡，他說喜歡和工人農民交朋友，對過去的那個舊「我」越來越排斥。

〈春到人間萬象新〉是書中的第43封信，寫於1965年春節之後。在這封信中，周瘦鵑向左轉的跡象更明顯了，這應該與當時的

社會思潮有關。在中國傳統士大夫心裏，一個人的存在必須得到社會的承認，才具有「修身齊家平天下」的意義，要想獲得這種意義，只有盡可能地融入社會主流。

周瘦鵑舊桃換新符，門前貼出了新春聯：「大地回春，祖國山河一片綠；東風浩蕩，人民公社萬年紅。」他積極參加蘇州的春節聯歡活動，讚美《社員都是向陽花》、《蝶戀花詞》、《小保管上任》等紅色文藝節目，還將顯得陳舊的擺設逐一調整，「家裏的佈置也要除舊佈新」，盡量使之多沾染點新時代的氣息。「愛蓮堂的壁上，換上了應時應景的畫面；那一對插著木質紅燭的浮雕著梅花的古銅蠟臺，在貢桌上安放了二十餘年，現在覺得不合時宜，就撤了下來。那隻古銅的長方形的高腳香爐，換了一個地位，種上了一大叢萬年青，倒也古樸可喜。紫羅蘭盦中那隻書櫥頂上陳列著的維納司和阿波羅磁像，也雙雙移去了。寒香閣中陳列著的木刻無量壽佛和達摩磁像，也收藏起來，束之高閣了⋯⋯」

然而這一切又有什麼意義呢？他使勁向政治靠攏，政治依然視他為封建遺老，三年後的夏天，象徵革命的紅衛兵破門而入，抄家焚書，幾十年的珍藏書籍和心血文字頃刻間付諸一炬，園林裏的那些盆景花卉，也被搗毀殆盡。所有被周瘦鵑認為有意義的東西，轉瞬即變得毫無意義，他的人和他的心在茫然無望中瑟瑟戰慄。

鄭逸梅講過一則掌故：一群文人談到死的問題，謂死是人生的歸宿，不可避免，但如何死才能無痛苦？各人說了一套，都很平庸，惟有周瘦鵑說的別有情趣：「安排一精緻小室，觸目琳琅，彪炳生色，又復列盆花數十，散馥吐芬，人坐其間，那濃烈的香氣，使人薰醉，從此不醒，飄然離世而去，豈不大快。」這個把死都想像得那麼美的人，卻於 1968 年 8 月 21 日遭致一場批鬥後投井自盡，那口小小的幽井深藏著一聲嗚咽。

癡心構築迷宮的人

——程小青的偵探世界

他的時間開始了

　　1909 年秋天，程小青前往上海大馬路（今南京路）亨達利鐘錶店應聘當學徒。當時亨達利還是一家不大起眼的街邊小店，經營鐘錶、眼鏡、唱機維修等業務，牆壁上掛滿了各式各樣的鐘錶，置身在齒輪滴答滴答奔跑的環境中，程小青感到他的時間活了。

　　在此之前，時間對於程小青來說只是一種記憶。

　　程小青（1893-1976），字青心，小名福林，筆名金鏗、小青，曾用名程輝齋，晚號繭翁，江蘇蘇州人。其祖籍在安徽安慶，太平天國時期遷至上海劉行鎮，父親程文治進了一家綢緞鋪當店員，後因綢緞鋪生意清淡，父親被老闆辭退，靠沿街叫賣報紙度日。忽一日，父親的癲癇病當街發作，倒在青石板街面上遽然辭世，留下妻子和三個子女，生計更是成為難題。無奈之下，程母將 6 歲的小弟程景海送給了鄰居鄭家，改名鄭景海，長大後在上海電力公司當職員，建國後患肝癌病故。小妹程銀寶，嫁給城隍廟開花粉胭脂店的陳炳生，陳家不善經營，乏善可陳。

父親病逝後，一家人的生計靠母親做女紅維持，縫補漿洗，收入菲薄，讀私塾的費用難以為繼，程小青只好輟學，成了流浪街頭的孩童。時有義大利某樂團來華巡演，程小青在上海影院門口看到海報後，邀約了小夥伴趙芝岩、戴逸青等，大著膽子前往拜訪。樂團的音樂家傑諾威士熱情地接待了幾個少年，並教會了他們吹奏管樂，不久又組織了當時中國的第一支銅管樂隊——謀得利樂隊，程小青成為這支業餘樂隊中的成員。兩年後，他從一份報紙上見有振華西樂隊招收演員的消息，即去應試，被錄取，做了黑管演奏員。

夢想與現實之間常常隔著道鴻溝，振華西樂隊開張沒多久，便因經濟入不敷出而解散，程小青重新回到街頭，凝望霓虹燈紅紅綠綠閃爍個不停，他彷彿來到了人生的十字路口，滿目迷茫，彷徨無助。

經樂隊介紹，程小青進了亨達利鐘錶店。那是個光怪陸離的世界，時鐘一直在兜著圈子報時，高一聲低一聲，帶著他的思緒四處飄蕩；各種不同的鐘錶聲似乎在提示他，人生有許多不同的路徑，向左走或者向右走，人生軌跡不盡相同，但是無論如何，對於尚在少年的他來說，都將是一個陌生新奇的天地。天色向晚，顧客一個個散去，程小青上好店鋪門板，彳彳亍亍回家的路上，街燈也一盞盞亮了。

鐘錶店裏有個師兄姓吳，酷愛讀書，家中藏書頗多，程小青經常向他借閱，因此回家的路上，他腋下總是夾著一兩本書，每晚讀書做筆記，動輒至深夜。二十世紀初，上海盛行翻譯外國偵探小說的風氣，其時程小青接觸較多的也是外國偵探小說，如美國作家愛迪加‧愛倫坡的《杜賓探案》，法國作家瑪利瑟‧勒白朗的《俠盜亞森羅蘋》，英國作家柯南道爾的《福爾摩斯探案》等，那些神秘曲折的探案故事，將他引入到一個嶄新的天地，程小青入迷了，他的時間之門正在慢慢開啟。

他的偵探之門

其好友范煙橋說，程小青的《霍桑探案》，大都暴露資本家及惡勢力的罪惡，案中被損害者是下層人物，舞女，歌女，婢妾及苦力之流居多。以中國都市為背景，一切器物都是中國的，是純粹的國產偵探。但是范煙橋又說：「中國的偵探小說創作並不甚盛，比較突出能給讀者較深印象的就只有這幾家，並且多是在外國同類作品的影響籠罩之下類比而作的。寫偵探小說大概需要一種特別的才能，不能隨便可以下筆的，即使有人試寫也不易顯出特色，站不住，因此市上流行的仍以翻譯的為多。」[1]

此話一矢中的。偵探小說的生存土壤是城市，而中國讀者習慣的閱讀方式卻始終與農業文明有關，沒有閱讀偵探小說的傳統，讀者群誕生比較晚，而且不固定，沒有幾個扛大旗的作家……這一切都是制約中國偵探小說成長壯大的瓶頸，一塊貧瘠的鹽鹼地，要栽培出鮮豔碩大的花朵也難。

中國的偵探小說是否曾經活過？這是個迄今仍在討論且沒有答案的問題。然而歷史應該記得，有一扇偵探之門曾經開啟過，有人曾經雄心勃勃，要盡畢生之力構築一座迷宮，結果卻鎩羽而歸，甚或落荒而逃，最後竟至噤若寒蟬的不堪境地。

雖然如此，他的這扇偵探之門畢竟還是曾開啟過。

有一則故事是這樣的：那時候程小青還是個孩童，一天，蹲在街頭小攤旁看玩牌算命的把戲。一隻淺褐色羽毛的小鳥，從鳥籠裏

---

[1] 引文見范煙橋〈民國舊派小說史略〉，載《鴛鴦蝴蝶派研究資料》（上冊）。范煙橋在此文中列舉的偵探小說作家除程小青外，還有俞天憤，陸澹安，孫了紅。

飛進飛出，每次它都能精准的叼出一張牌，放到算命先生手上，程小青十分詫異，心裏頭充滿了好奇。接連幾天，他都蹲在小攤旁觀察揣摩，終於發現了謎底，原來算命先生手上沾有特殊的氣味，小鳥叼牌的秘密被揭穿了。不知道這個故事對他後來推開偵探之門起了怎樣的作用，但至少有一點，強烈的好奇心和求知欲，是理解程小青的一把鑰匙。

程小青創作的第一篇小說是《鬼妒》，許多年後程小青回憶說：「寫這篇小說的時候，我的感情很充沛，可是，到出手往外寄這篇稿子時，我卻不覺有些猶豫了。幾經琢磨，最後決定投給《小說月報》。」《小說月報》是商務印書館出版的一家雜誌，名家薈萃，風靡一時，主編惲鐵樵，江蘇武進人，早期翻譯過許多外國文學作品，與大翻譯家林紓齊名，是商務印書館當時的領銜人物，魯迅的第一篇小說《懷舊》，就是惲鐵樵從眾多來稿中發現，並親自寫了卷首按語，在頭條位置發表出來的。《鬼妒》寄給這種著名的大刊物，程小青的心情難免忐忑不安。

三天後，惲鐵樵約他面談。時值冬天，朔風陣陣，程小青穿著丈青色長棉袍，掀開報館門簾走進來。惲先生遞上一杯熱茶，讓小青暖暖手，指著他的平頂頭說道：「天這麼冷，你應該戴頂帽子出門的啊。」小青臉色微紅，他不好意思說家境貧寒，買不起帽子這種奢侈品，推辭說沒有合適的尺寸。寒暄幾句，話題轉到文學上，惲鐵樵建議程小青有計劃地閱讀中外名著，從唐詩宋詞，談到莎士比亞的戲劇，一個廣闊的文學天地在他面前漸次展開了。與惲鐵樵交談後不久，程小青花了一筆不小的錢，買了本羊皮封面的《莎士比亞選集》，那本書後來一直跟隨在他身邊，歷經戰亂和歲月的滄桑，至今仍在程家後代的書櫥裏。

《鬼妒》經過惲先生的修改潤色後很快見諸報端，從此一發而不可收，程小青沉浸到了一個藝術的迷宮中，如癡如醉。

充滿誘惑的迷宮

走筆至此，程小青沉迷於偵探世界的故事，層層疊疊，像波浪一樣湧來。

深受讀者喜愛的三百多萬字的《霍桑探案集》，其第一個浪頭掀起時並不太為人注意。據《程小青生平與著述年表》[2]記載：1914年，程小青「因受柯南道爾所塑造的私家偵探福爾摩斯的形象的啟發，決心創造一個有中國特色的私家偵探形象。這時上海《新聞報》副刊《快活林》正搞競賽徵文，即以『霍森』為主角寫了一篇偵探小說《燈光人影》應徵，居然被選中，刊後頗受讀者好評……」

關於霍桑問世，這裏還有個小插曲。程小青在徵文中，原來塑造的大偵探名為霍森，誰知道拿到報紙後一看，霍森變成了霍桑，也許是印刷工人的誤植，小青將錯就錯，從此中國文學叢林中多了「霍桑」這個鮮活的偵探大俠。

社會新聞中摻雜了大偵探的影子，讓習慣了閱讀言情小說的讀者眼前一亮，《燈光人影》因此而一炮走紅，次年，程小青舉家遷往蘇州定居，任東吳大學附中和景海女師的教員，全部業餘時間沉醉於《霍桑探案》的創作。

霍桑是程小青筆下的人物，一身俠氣，富有正義感，與眾多生活於社會底層的平民血肉相連，是扶弱除暴的化身。霍桑代表著程小青的理想，在程撰寫的《霍桑的童年》中，讀者從霍桑身上也能看到程小青的影子，霍桑從小喪父，靠母親做女紅供他讀書，受盡

---

[2] 《程小青生平與著述年表》，盧潤祥著，載於《神秘的偵探世界》（附錄）。以下引文簡稱「年表」。

貧寒之苦，霍桑學習「不拘新舊，哲學、心理、化學、物理等等，都是他專心學習的，學習時總是孜孜不休，不徹底了悟不止。」霍桑常說：「學問不是個人事業的敲門磚，學問的對象也不是限於個人利益的事業，而是整個國家和民族的福利。」在程的另一篇偵探小說《江南燕》中，程小青說霍桑是他的莫逆之交，六年同窗，小青主修文學，霍桑主修理科。「霍桑體格魁梧結實，身高五尺九寸，重一百五十多磅，面貌長方，鼻樑高，額寬闊，兩眼深黑色，炯炯有光。性格頑強，智睿機警，記憶力特別強，推理力更是超人，而且善解人意，揣度人情。」從這些片言字語中能夠看出，程小青已置身於「我中有你，你中有我」的藝術迷宮，現實的世界與藝術的世界纏繞在一起，相互交叉穿插，寫作成為他的心靈史。

誠然，程小青的探索並不成熟，霍桑也只是模仿福爾摩斯的產物，但要不是後來發生那麼多變故，假以時日，霍桑的偵探傳奇必定還將繼續，而且或許將譜寫出新的篇章——這從程小青後來的履歷表中也能讀出蛛絲馬跡：為了豐富法學知識，程小青考取了美國一所大學的函授生，專門進修罪犯心理學和偵探學，他研究了美國的《法醫學》，法國的《犯罪心理學》、美國學者的威爾斯的《偵探小說技藝論》等，他還刻苦鑽研英文，當上了英語教師，能獨立閱讀英文原著，翻譯了大量外國作品，並加入了基督教監理會，成為一名基督教徒。凡此種種，都預示著一代偵探小說的大師有脫穎而出的希望。

程小青曾經不無遺憾地說：「說到我國創作的偵探小說，民國七八年間也曾有過一小頁燦爛的記載。除了拙著霍桑探案以外，有俞天憤的中國新探案，陸澹安的李飛探案，張碧梧的宋梧奇探案，趙苕狂的胡閒探案，柳村任的梁培雲探案，其他反偵探的還有孫了紅的東方俠盜魯平和何樸齋、俞慕古合著的東方魯平奇案……可惜

這些作家都『乘興而來，盡興而去』……這是偵探小說界上的一種莫大的損失，也是我國通俗教育上的一種缺憾。」[3]

作家姚蘇鳳在《霍桑探案・序》中也曾指出：「說起偵探小說，在我們的『壁壘森嚴』的新文壇上彷彿毫無位置的。一般新文學家既不注意它們的教育作用，亦無視它們的廣泛的力量，往往一筆抹煞，以為這只是『不登大雅之堂』的小玩意兒；於是，『宗匠』們既不屑一顧，而新進者們亦無不菲薄著它們的存在。」

長時期以來偵探小說被指為鴛鴦蝴蝶派的附庸，建國後更是被打入另冊，沒有胡蘿蔔，只有大棒，偵探小說的生存環境如此糟糕，又豈能奢望產生優秀作品？姚蘇鳳呼籲文壇「對小青先生的作品應該還有一種更高的評價」，用心良苦的姚蘇鳳是否知道，在中國近現代文壇的生存環境中，對於程小青來說，霍桑探案是他的開始，也是他的結束。

情史微瀾

還是讓我們來打撈一些記憶的碎片吧。

1912 年，程小青十九歲，民國新成立，他剛剛剪了辮子不久，心中裝滿了對新生活的追求與嚮往。白天在一所高等學堂唸書，夜晚補習英文，以便將來閱讀英文原著。聽朋友介紹，有江姓人家為栽培幾個子女，新開辦了家庭英文補習館，召請了十五六個學生陪讀。江家公館位於上海朝陽門裏，風景清幽，粉牆裏面有五間小洋樓，擺成梅花瓣的造型，四周樹林綠蔭遍地，院子裏花草盎然，不愧是個讀書的好去處。

3　程小青：〈論偵探小說〉，載《近現代偵探小說作家程小青研究》，姜維楓著。

程小青沒想到他這一去，便掉進了愛情的漩渦不能自拔。江家有一子二女，兒子是個貪玩的公子哥，不多說了；大女兒已經嫁人，小女兒待字閨中，兄妹三人都在補習館裏上課，那年月的女子不輕易拋頭露面，往往在屏風背後，她們露出半個臉，秋波瀲灩，格外嫵媚動人。每天晚上搖鈴上課，程小青看見她們從屏風後邊款款走出來，安靜地坐在課堂一角，低首不語，只聽見翻弄書頁沙沙的聲音。

日子一長，先前文靜的淑女不那麼安分了，江家兩個女兒喜歡叉麻雀、下棋、玩紙牌，每逢此時，那個名叫江黛雲的小女兒便來拉程小青上陣，熟得好像自家人似的。受到美女垂青，小青心旌飄蕩起來，每次見了黛雲，心中總似打鼓一般。日久情深，小青與黛雲由相互愛慕，發展到私下秘密約會，小青喚黛雲「我的愛」，黛雲喚小青「郎君」，眉目傳情，如膠似漆——不過他們的關係也就只到了這一步，再往下進行成了橄欖似的青澀。

授課先生因事去了上海，江家教館停辦，小青與黛雲的熱戀被迫中斷。小青正在無計可施時，忽一日，上學的街口遇見了黛雲，其時正值冬天，亭亭玉立的江小姐站在風雪中，已經等候他一個多小時了，這讓程小青大為感動。隔了幾日，小青前往江公館看她，在江家父母的眼皮下，他和黛雲彷彿隔著蓬山萬重。

久拖也不是個辦法，小青與黛雲秘密幽會，經過一番商議，決定請一位前輩做媒人，前往江公館提親。黛雲之父當場也沒反對，但隔了幾天，忽然有消息傳來，江父已做主，將小女黛雲許配給了江南魏家。聽到消息後程小青病倒在床，二十多天沒出門，再出門時，他的心已冷情已死。黛雲不久即結婚，據程小青的好友周瘦鵑在《情彈》⁴中透露，婚後黛雲時有信箋寄來，但都被小青撕碎，

---

⁴ 《情彈》是周瘦鵑根據程小青的傷心情史寫成的一篇小說。

棄之廢紙簍，有一次，小青還收到了一張明信片，寥寥兩三行字，是黛雲約他去看文明戲，小青仍是置之不理。歷歷前塵無非是一段傷心痛史，他力自排遣，不再記掛，每當有人提起黛雲時，也是表情淡然。

與好友周瘦鵑相比，程小青對待愛情的態度要理智許多。同樣是由於父親阻撓未能結緣的一段情史，周瘦鵑藕斷絲連，終生不忘，程小青卻斷然了斷，放棄了一個「情」字，甚至從此不再寫言情小說，專寫偵探小說。有人說，程小青失戀是他成為偵探小說家的轉機，愛情的失敗造就了偵探小說家的成功，此話不無道理。

1915 年春天，程小青與黃含章結成伉儷。黃家原是浙江乍浦富戶，子女九人，黃含章排行第五，家裏人稱她「五小姐」。父親開有一家木行，但經營不善，連年蝕本，到含章嫁小青時，木行已處於半開半閉的狀態，陪嫁品自然也就微薄。婚後黃含章生有六個兒女，三個早夭，剩下的二男一女，分別是長子程育德、女兒程育真、次子程育剛。

青澀的橄欖

程小青的偵探小說從二十年代發軔，到 1937 年日寇入侵前，其代表作《霍桑探案》已大部分完成。1937 年 5 月，程小青參加上海電影界代表團，與洪深、鄭正秋、徐碧波等一起，出席了南京電影檢查委員會的歡迎會。在此之前，程小青曾多次為上海幾家電影公司改編電影劇本，並與好友徐碧波購置設備，在蘇州創辦了第一家電影院。

至此程小青的偵探小說創作進入了一個瓶頸，要想有更大成就，必須有新突破。除開當時文壇對包括偵探小說在內的鴛鴦蝴蝶

派排斥唾罵的因素外,偵探小說自身的創作困境也應該正視,而介入電影,拓展眼界和胸襟。似乎不失為一個有意義的探索。

然而盧溝橋事變打亂了一切。淞滬會戰打響後,蘇州近在咫尺,時在東吳大學授課的程小青不得不攜家帶口出逃。和程家一起逃難的有周瘦鵑、蔣吟秋、葉芳珪、孫蘊璞、張夢白等人及其家庭,這一群難民在從蘇州遷往浙江南潯村,又因日本人逼近,再遷往安徽黟縣南屏村,據《年表》記載:「此時,生活條件十分艱苦,程小青親自挑水,到離住處很遠的地方去買菜,又帶著妻兒一起到村後虎山的小樹林中砍柴,曾砍傷手指,也不以為苦。」程小青曾做了一首《樵蘇》詩自娛:「滯跡山村壯志無,米鹽瑣屑苦如茶。添薪為惜閒錢買,自執鐮刀學採蘇。」其艱難境況可見一斑。

據江元舟在《小說家程小青》[5]一文中說,程小青酷愛字畫,曾收集名人書畫三十多冊,畫冊配上潤紅的楠木面,上鐫款識,雅致精美。冊頁因夾板裝幀,笨重累贅,逃難時無法帶走,只得寄存在東吳大學內。不料,校園遭到日機轟炸,三十多冊畫稿全部化為灰燼。當他得知畫冊遭毀的消息,宛如晴天霹靂,曾對友人說:「痛定思痛,這種精神上的損失,不知何時始得釋懷。」

安徽黟縣有一座碧陽書院,建於明嘉靖年間,這裏古樹參天,環境清幽,是辦學讀書的理想之地。由曾任東吳大學教師的黟縣人葉芳珪、張夢白等人牽頭,本縣鄉賢襄助,辦起了一所臨時學校,取名「東吳大學附屬中學(黟縣分校)」,邀請程小青、周瘦鵑、沈祖懋、孫蘊璞等著名學者執教,學校的創建不僅使許多逃難至此的失學青年恢復了學業,而且也解決了這幫文人避難期間的衣食生計。

面對國破家亡、流離失所的困境,這幫知識份子經常杯茶解愁,吟詩抒懷,不定期舉辦「苦茶詩會」,程小青曾有詩云:「家殘

5　這篇文章載於《吳中耆舊集》。

國破走天涯，斷雁沉沉客夢賒。敵愾滿腔何處訴，一聲長嘯一杯茶。」半年多的時間，程小青吟詩若干，曾將詩作彙集成冊，題名《待署吟鈔》，可惜這本自印詩集在文革中被抄家搜走，後不知所蹤。

程小青曾在給《蘇州明報》社長孫籌成的信函中談及他在黟縣避難的生活：「弟一家七口，每月至少約五千元，目下勉自撙節，尚可維持。」又說，「此間萬山環繞，春來四圍一碧，野花照眼，以視城市之喧染，確不可同日而語，惟故鄉淪陷，欲歸不得，聽杜鵑枝頭，殊不禁愁腸寸斷……」[6]其憂苦之情溢於言表。

離開蘇州之前，程小青剛剛新蓋了房子，蘇州淪陷後，房子被日偽政權佔據，有家不能歸，等戰事稍一平息，次年程小青只好去了上海，暫住於好友徐碧波家。滬上時為孤島時期，人們都在苦悶中求生活，程小青與徐碧波合辦了一冊小型雜誌，取名為《橄欖》，在 1939 年的創刊號上，程小青以「賣橄欖者」署名，發表了一篇〈賣橄欖者言〉，文中寫道：「橄欖有著苦盡甘來的滋味，我們很想把它來做一種象徵，藉以安慰一般焦慮、悲憤、頹喪、失望的人們，來！來！嚼一個橄欖罷，甘味就在眼前！我們振作些，準備未來的工作罷！」

鄭逸梅回憶這段掌故時說：「他和徐碧波合輯一刊物，名曰《橄欖》，內容有集錦小說、筆記、雜札、文虎、漫畫，而那些懸賞徵求，又很有趣，頗能得到社會的歡迎。我們遇見了他，又改口吻問：『賣橄欖生意好不好？』他卻含笑回答：『近來物價飛漲，就是這種小生意，也很難做哩。』」徐碧波則回憶說，「後來因為有幾篇文字如《哀猶太人》、《王小二過年》等等作品太露骨，因此只發行五期，竟被停止發行了。」

另有件值得一提的事，是其女兒程育真也酷愛寫作，曾以「白雪公主」的筆名在《偵探世界》雜誌上發表過小說《我是納粹間

6　原文引自黃惲：《抗戰中的程小青》。

諜》，是抗戰時期享譽上海文壇的「東吳女作家」之一。她是位虔
誠的基督徒，所寫作品中充滿了濃厚的宗教氣息，她又是位音樂愛
好者，小說中經常出現鋼琴和唱詩班的情景，似乎永遠都跳蕩著各
式各樣的音符。結集出版的有小說集《天籟》，第一篇標題為〈父
親〉，是她為父親祝壽而寫，寫父女之間的愛，文章中流露的真情
實感十分感人，曾發表於 1939 年 5 月的《小說月報》雜誌。1948
年程育真赴美留學，在哥倫比亞大學攻讀英國文學，畢業後嫁美籍
華人吳敬敷，隨夫在美國辦報。1983 年程小青九十冥壽前夕，程
育真在美國紐約整理了乃父遺作詩詞數百首，編定為《繭廬詩詞遺
稿》，分贈國內外親屬友好。

　　1945 年 8 月 14 日，日本簽訂投降書，時東吳大學恢復，他即
攜妻帶子返回蘇州，仍居望星橋北堍繭廬。轉了一個圈再回到蘇州
時，程小青百感交集，他一邊教書，一邊重操舊業，繼續撰寫偵探
小說，但是經歷了這一番折騰後，他似乎喪失了探索的勇氣，重心
放到了修改整理前期作品上，1946 年，世界書局發行了三十種《霍
桑探案全集袖珍叢刊》，收集了程小青的七十四篇偵探小說，共計
兩百八十萬字，這幾乎囊括了他創作黃金時期的全部作品。

生活中的偵探故事

　　程小青的家在一條狹長小弄的深處，清幽沉寂，人跡罕至，牆
壁上青苔斑駁，恰似一段蝕鏽的歲月。程小青住處周圍的環境，也
像是他筆下偵探小說的地理圖案：從小弄堂裏走出來，沿街有條小
河，架設著一座石頭拱橋，圍繞拱橋長滿了茂盛的樹木和灌木
叢……凡是造訪過這個地方的來客，無一不說那正應該是一個偵探
小說作家的家。程小青曾說，想下筆寫一樁複雜的案子，必須得設

置四條線索，三條是引入歧途的假像，只有一條是正確的路徑，他居住在這麼一個神秘的處所，像是對其偵探小說理論的最好詮釋。

程小青寫偵探小說，他自己也好像是活在偵探小說中的一個人物。1934 年 6 月，日本駐南京總領事館副領事藏本英明神秘失蹤，日方媒體大肆渲染，日本政府也迅速派軍艦開赴南京下關江面，意欲借此事發難。程小青從報紙上看到這則新聞，分別致函南京市政府、首都員警廳和首都警備司令部，提出了他的偵破計畫：認為只要掌握了藏本英明的個性特點，生活、家庭、工作等各方面的情況，再瞭解他近期有無重大刺激，有無怪異言行，就應該能找到破案的線索。此案後來的偵破情況正和程小青所預想的相似，藏本英明是因為受同事譏諷而離館出走，到了明孝陵紫霞洞一帶，自殺未遂，被中國警員成功解救。案子破了，雖說破案過程與程小青的信函沒什麼關係，南京市政府還是向程小青發出函件表示了謝意。

或許與他寫偵探小說有關，程小青辦事嚴謹，思維縝密，不苟言笑，但又富有情趣。他有漫長的執教生涯，後來有很多學生回憶起當年的老師時，都表達了心中的景仰之情。「他穿一套咖啡色的單排鈕柳條西服，年齡雖剛滿五十，但已戴上了老花眼鏡。程先生坐在講臺前，看學生的時候，他要微低著頭，從鏡片的上面看著我們。他多數用口述，不常在黑板上寫字。」──這是當年一名學生，原錦江集團財務總經理過仁岳對程小青的回憶。另有學生回憶說，有一次，程小青走進教室，點過名後，突然用書遮住胸前的領帶，問學生他今天戴的領帶是什麼顏色？同學們詫異不已，有的答錯，有的答不出，程小青以此講起了寫作與培養觀察力之間的關係，一堂課講得生趣盎然，同學們說，聽程先生講課是一種享受。

程小青經常愛說的一句話是「生活中充滿懸念」，確實也是如此。有一次，有位好友的太太丟失了金戒指，懷疑是被女傭偷竊，請程小青幫助分析。程小青問清情況後，認為那位太太頭天晚上臨

睡前戒指還戴在手上，而且廂房門窗完好無損，女傭竊取的嫌疑不大，極有可能是洗頭時不小心被水沖走了，後來果然在倒洗頭水的陰溝裏找到了鑽戒。有人問程小青憑什麼判斷得那麼果斷？他解釋說，一隻戴了許多年的戒指自然會很光滑，加之洗頭時須用肥皂，肥皂性膩，戒指為紛亂的髮絲牽扯，就有了滑入污水中的可能性。

程小青喜歡騎自行車，經常有人看見他騎著那輛鄧祿普老頭牌鍍鉻自行車，穿梭於蘇州的大街小巷。有一次去看電影，散場後發現自行車不翼而飛了。時有小報記者偵知此事，寫了篇〈福爾摩斯失竊記〉刊載在報紙上，譏笑「大偵探」程小青是紙上談兵，連自己的自行車都保不住。這件事對程小青刺激比較大，他用了幾天時間到電影院附近觀察排疑，得出三條假設結論：一，鍍鉻自行車在蘇州極為稀少；二，盜賊偷到自行車後，不能在蘇州城裏到處騎，那麼作案者很有可能就是附近的青年；三，盜賊必須將那輛別致的自行車改頭換面，才能成為騎車工具。然後由近及遠排查，終於在一個車輛修理店找到了線索——原來偷車的是個小青年。這個案子破獲後，程小青給先前刊載文章的報社寫了封信：「此中經過情形，曲折巧合，有甚於理想者，然青為顧全一二青年之前途，予以自新之機，已允為守嚴格之秘密。」又說：「惟此事之成，非霍桑之功，亦非由青之智力，實由機緣之巧合，及友好助力之多耳。為此專函左右，以後青如有所失，幸勿再及霍桑之名，而累及其盛譽也。」

活在記憶中

從《年表》中可以看出，建國後的最初幾年，程小青也在一點點調整自己的步子，以適宜呼嘯向前的新時代。1949 年，他參加了蘇州解放的慶祝遊行，街頭歡騰的紅海洋中，他揮舞著彩旗，始

終跟著隊伍沒有掉隊。1950 年至 1955 年，程小青繼續其教書生涯，「時有學生來『繭廬』拜訪，言笑甚歡。」1956 年，「響應專業作家歸隊的號召，離開蘇州一中，專職從事寫作」。創作的驚險小說《她為什麼被殺》出版，發行二十萬冊。1957 年春，創作了《大樹村血案》、《生死關頭》、《不斷的警報》，均由上海文化出版社出版，發行量也都在二十萬冊以上，程小青為之大發感慨，以為又到了自己能發揮光和熱的時候了。

據作家陸文夫回憶，1957 年春天，他和程小青一起去連雲港參觀，在山巔上瞭望大海時程小青吐露了他的心聲：「時間已經不多了，再也不能寫更多的東西，唯一的希望就是把以前的作品整理一下，重印一次」。陸文夫不愧是位值得託附的俠義漢子，這之後的出版會議上他大聲疾呼，要為程小青出版一套選集，遺憾的是不久反右運動開始，陸文夫成了反黨分子，要為程小青出書也成為一條罪狀。

後來的事實證明，那個海市蜃樓果真是幻覺。1957 年以後不斷升溫的各種政治運動，幾乎一切文學作品都被指為「糟粕」，程小青的偵探小說自然也不例外。這個擅長於寫偵探小說的作家，嗅覺似乎也比其他人靈敏，他慢慢蜷縮到了自己構築的甲殼中，沉寂，是為了避禍。蘇州當時沒有作家協會，只有個作家小組，有范煙橋、周瘦鵑、程小青、陸文夫、滕鳳章五人。前三位被稱作蘇州文壇「三老」，范煙橋是局長，很多會議由他主持，推託不了；周瘦鵑因盆景花卉受到黨和國家領導人的厚愛，更是頻頻出鏡；只有程小青最低調，除了參加一些小圈子的聚會外，很少在公眾場合出頭露面。

曾有當年的一個學生名叫董淼，筆名冬苗，回憶過 1957 年夏天的程小青，他說：蘇州文化界三老中，程小青是最晚認識的，由周瘦鵑介紹，他和另一個文學青年登門拜訪，那一年程小青六十四

歲,「一雙眼睛卻極透明,熠熠閃光,似乎能照到我們心間」。他們鞠躬後送上一份油印的自編刊物,恭恭敬敬請賜教,程老連聲說不敢當,「程老竟像雞啄米似的,向我們兩個中學生鞠躬,並叫人泡茶、送果盤,弄得我們侷促不安,很不好意思。」程老還說,偵探小說是舊社會的產物,寫的人混口飯吃,不入流品,難登大雅之堂,算不上文學作品。「你們中學生應該多讀毛主席的書,魯迅先生的書,老區作家的書,如趙樹理、丁玲、周立波、馬烽、西戎,還有蘇聯作家高爾基、法捷耶夫、奧斯特洛夫斯基,好書勿勿少,千萬不要看我程小青那些胡編亂造的勞什子,誤人子弟,罪孽深重啊!」

從當年的為偵探小說爭地位,到 1957 年的全盤否定,其言不由衷顯而易見,但是當時不到二十歲的兩個文學青年越聽越糊塗,總覺得不大對頭,以前聽范煙橋說,程小青對自己的《霍桑探案》極其得意,要兒子譯成英文,意欲和偵探小說鼻祖柯南道爾比試高低,怎麼會突然謙虛起來,把自己貶得一文不值?

另一個文學青年龔之榮崇拜霍桑,非要請程老去蘇州中學講課,程小青反覆推辭,一會說自己的偵探小說不值一提,不配給同學們講課,一會說和醫生約好了,今天要去醫院拔牙,「他拍著腦袋,埋怨自己的記性壞透了。又拉住龔之榮,拍著他的手掌,誠懇地說,裝好了牙齒,我一定到你們學校去,沒有了牙齒,就成了無恥(齒)之徒,哪能出門見人呢!」若干年後蔣淼才明白,程老當時是在演戲,「原來程老是在作繭自縛,把自己裹得緊緊的,抵禦即將到來的政治風暴。他以偵探小說家特有的銳利目光,已洞察到這場鋪天蓋地的反右鬥爭,在這年仲夏會席捲全國,帶來一場空前的浩劫。」事情後來的發展果然很糟糕,文學青年龔之榮高中畢業後即遭逮捕,以反革命罪判刑十八年,蔣淼則幸運一些,分配到江蘇省昆劇團任編劇,文革後期被下放到農村,改革開放後移民,定居於加拿大蒙特利爾。

　　星轉斗移，進入七〇年代後，有一次，陸文夫因事回蘇州，前往望星橋堍探望程小青，此時先生已是風燭殘年，「他已經認不出我了，待我大聲通報了我的姓名之後他才猛然想起，緊緊地拉著我的手，問長問短，詢問江蘇文藝界的老朋友都在哪裡，恍如隔世似的。」程小青的家裏只有一張小床，那輛心愛的自行車放在床邊，上面落滿了灰塵。書籍和手稿都被抄家搜光了，連那張寫字臺也不見了，只有一張小桌子放在堂屋裏，「他訂了幾份報紙，整天在那裏翻來覆去地看，並且把幾位能通信的老朋友的地址抄在一張紙上，輪著向老朋友寫封信或寫首詩，以消磨時日。」

　　1982 年，女兒程育真將父親晚年詩作搜集成冊，編印了《繭廬詩詞遺稿》，並請蘇州大學教授范伯群先生作序，在紐約自費印刷出版。《遺稿》中的詩詞多作於六〇年代初，吟唱對象以大自然風光為主，心情似乎還比較舒展。在《七十自述》中他寫道：「滄桑世間曾經歷，冷暖人情欲畫難。」可見其一生遭際多不如意之事。1975 年，多年相濡以沫的妻子黃含章病逝，他有兩首《悼亡》詩寫得悲切感人：「記得結縭六十年，苦甘與共劇堪憐。噓寒問暖頻關切，儉用節衣尚簡便。三赴首都歡盛況，再遊名勝上峰巔。無量往事從頭憶，盡付東流若夢煙！」「累累藥瓶滿眼前，多方治療病難痊。八三長壽仍嫌短，九九遐齡始覺全。幾日昏迷猶問事，有時振作罷安眠。如今最是傷心處，秋節前朝撒手天。」

　　1976 年 10 月 12 日，程小青走完了他的人生旅程，終年八十四歲。陸文夫為他寫的墓誌銘是這樣的：「有一位正直而善良的作家在此長眠。他曾經走過漫長的人生之路。艱難、曲折、自強不息，用一枝禿筆與那邪惡和卑劣搏鬥。他寫下了著名的《霍桑探案》，企圖揭開一切罪惡的底細。但願他留下的智慧能使善良的人們變得聰明一些。」

應慚俠氣消磨盡

——宮白羽的心情

「故事多」的人

「我們都是有故事的人」，這是演員孫紅雷的一句廣告詞。以武俠聞名遐邇的作家宮白羽說，他不僅有故事，而且故事多。「故事多」三個字是宮白羽家鄉的促狹話，譬如一個人不識大體，不通世故，愚癡乖戾，輕信於人等等，都會被鄉人笑指為「故事多」。

宮白羽調侃他家的家風「不是名士也要風流，不是俠客也要怒打不平」。他幼時生活在一個三四十口人的大家庭中[1]，「至於我家，我的大伯父故事就很多，二伯父也不差」。宮白羽的大伯父叫宮文修，個性嚴謹得近乎刻板，偏偏喜歡燒香磕頭，畫符治病，聲稱能捉鬼，鄉鄰們視其為異數。宮家有位遠親王二嫂，經常與丈夫鬧彆扭，動輒暈厥倒地，有一次大伯父正好在場，拿起鐵錐向她鼻角扎去，王二嫂「哎喲」一聲跳出來，從此只要大伯父在場，王二嫂再也不會犯昏厥病了。

---

[1] 據宮白羽在自傳《話柄》一書中說，幼時宮家是三十七口之家，包括他的兩個伯父和妻妾子女，以及師父、塾師、廚師、裁縫、馬夫、丫環、男女僕人等。

　　二伯父宮文興，與大伯父性情截然相反。愛養馬，好玩鳥，還有個讓人受不了的嗜好：喜歡冒充江湖遊醫收集中草藥偏方。村子裏有人感冒發燒鬧肚子，總是見二伯父表情神秘地鑽進房子，站在架梯上，在那排高高的抽屜櫃子裏抓上幾味藥，分文不收地遞給來人。大伯父和二伯父經常吵架，大伯父說：「那些勞什子藥莫亂施人，鬧出了人命不是好玩的。」二伯父反唇相譏：「人病了不靠藥治，靠你燒香捉鬼——那才是不靠譜。」二伯父的這個嗜好，後來終於鬧出了兩條人命。

　　有一次大伯父的兒子病了，二伯父配製了幾味中草藥，碾成紅色細粉，大伯父的兒子服藥後痊癒了，這一來他信心大增。後來他太太生了個小男孩，滿月不久生了場病，二伯父如法炮製，不料其子服下藥劑第三天便夭折。二伯父傷心了一陣，並不認為是服藥所導致，只怪天地不仁，以萬物為芻狗。過了些日子，家裏新添了人丁——宮白羽的弟弟出生了，不巧又生病，二伯父拿出他研製的藥劑，強塞給患兒吃，家人欲上前阻攔，被他吹鬍子瞪眼一頓搶白，吃下藥後，結果沒幾天那孩子又死了。兩條人命的教訓並沒有使二伯父悔過，過了兩三年，大伯父家的另一個孩子病了，二伯父仍然催吃藥，害得大伯母抱著孩子到處躲，那次大伯父和二伯父吵了一大架，院子裏的兩個人像是鬥紅了眼的公雞，誰也不肯相讓，多年以後，二伯父依然對這事耿耿於懷，不知說了多少閒話。

　　宮家第三個「故事多」的人是宮白羽，用他母親的話說：「這孩子故故事事的，活像他的伯伯。」白羽的家長基本上都是文盲，父親在外帶兵，管不了家，母親過於溺愛，養成了他闊少爺的壞脾氣，遇事任性倔強。其子宮以仁說他「並非出自名門，傳統的封建觀念比較薄弱；反之，他受社會環境影響較多，少年時只是在塾師和出身低微的小玩伴的小環境中生活。」生存環境使他薰染了一身江湖俠客氣，自認字起，看得最多的是大八義、小八義、

說唐、說岳、施公案、彭公案、水滸傳、西遊記、封禪榜、三國演義……私塾的啟蒙先生姓李，穿一身藍布長褂，腦袋後拖條長辮子，走路一步三搖，更多的時候是搬把椅子坐在太陽下閉目養神，宮白羽說那是個「混飯吃」的塾師：「學生們看閒書，他是不肯管的，有時候反而倒鼓勵。何以要鼓勵呢？因為這樣子，書房中反而消停些。」李先生還教白羽畫小人畫，古代俠客一個個躍然紙上，凜凜然有生氣。

那時候宮白羽的心情充滿陽光，他景仰「銀鞍照白馬，颯遝如流星」的俠客風采，嚮往「十步殺一人，千里不留行」的俠客作派，一次次認真且幼稚地模仿那些俠義故事：刮骨療親、大碗喝燒酒、墳場結義、扮演武打劇中的優伶、夜間在荒郊敗棺群中行走……「俠氣」像是一身無形的外套，使他的形象在少年玩伴中間變得神秘偉岸，回首往事，宮白羽的語氣中不無自豪：「現在沒有人敢藐視我了，他們曉得我會畫高登、金錢豹、張飛……」

兩次家道中落之後

宮家祖籍山東東阿，先前家境闊綽，祖先在明朝做過大官。不幸到了先祖父那輩，官府失盜丟了庫銀，又遇上黃河水災，全家人落難而逃。結果祖父死在逃難路上，父親宮文彩兄弟三人先後都當了兵，宮文彩人小機靈，被軍閥段芝貴挑中當馬弁，戰場上曾救過段芝貴一命，這成了宮家再次發跡的資本，段芝貴政治上得勢後，將宮文彩提升為管帶。

此時袁世凱操練北洋新軍，宮家三兄弟都沒有什麼文化，自然是裁減對象，大伯父、二伯父同時退伍，宮文彩有那段「救主」的歷史，仍然留在馬廠北洋軍中任衛隊營長。不過打那以後也沒繼續

升遷，年過三十才結婚生子，他又不識字，當管帶後才整天練習「照準，宮文彩」五個大字，一輩子巴望戴上紅頂子都沒能遂願[2]，這個官當得很辛苦。

雖說官銜升不上去，好在經濟收入倒也可觀，月俸六百八十銀元[3]，一家老少三四十口人，靠其月俸獨力支撐，日子過得還很富裕。

白羽父親早年生活很不穩定，經常調防，在馬廠紮下營盤後，白羽隨父親進了北京。這是 1912 年，宮白羽十三歲，他先後在朝陽大學附中、京兆一中求學，1918 年考入北京師範大學堂，與吳國楨、張友漁、翁偶虹等人是同學。二十世紀初是個大時代，一代學貫中西的大知識份子注重思想啟蒙，中國的天空佈滿了閃爍奇光異彩的星辰。宮白羽仰慕蔡元培、胡適，經常和同學去登門拜訪聆聽教誨，他還和魯迅至少通過十四封信，《魯迅日記》中記載的有十二封。晚年回憶起那段歷史時，白羽仍然認為魯迅是偉大的文學家、思想家，對他的影響很大，「但他不是全盤接受魯迅思想，」其子宮以仁介紹說「白羽沒有把魯迅當神看，魯迅的來信中批評通俗文學主要代表刊物《禮拜六》，也欠公允。」

十九歲的宮白羽迷戀上了文學，他對寫作如癡如醉，彷彿是出征前的一匹駿馬，滿腔嘶嘯憋在胸中，只等一聲令下，就會揚蹄奔向遠方⋯⋯然而這時候家庭卻遭遇了一場變故：父親宮文彩不幸病逝，人生旅途忽然到了一個轉捩點。

「父親一死，全家走入否運」。宮白羽在《話柄》中講述了宮家當時的慘狀：樹倒猢猻散，大伯父、二伯父分家走了，剩下了七

---

[2] 清朝區別官員等級的帽飾顏色有紅、藍、白等。清朝重文輕武，文官戴紅頂子者是一二品，武官品級雖高地位卻低。宮白羽在《話柄》中所說的紅頂子，是指他父親想升官當統帶（團長）而不得。

[3] 據白羽之子宮以仁分析，當時營官月俸沒那麼高，估計有部分收入是編造假花名冊吃空額得來的。民國初十年，一塊銀元購買力大致是：三十斤上等優質大米；豬肉八～十斤。

口人：白羽、母親、妻子、弟弟、妹妹、長女以及留下的女傭。據白羽口述，當時裁處人員頗費心思，家中尚有廚師、車夫、裁縫、男僕、丫環共約二十人，他母親李氏是當家人，過慣了安逸生活，算來算去，好像誰也不能少。後來寫《十二金錢鏢》第二十章，知府李建松死後李夫人「精兵簡政」，左右盤算，只精簡了兩人，還惹得眾奴僕心緒不安，牢騷滿腹，那個淒涼場面就是宮家當時真實的寫照。

宮家第二次宕落了，生活的擔子擱到了十九歲的長子白羽肩上。父親遺留了一筆不多的錢財，緊緊巴巴過了一年已所剩無幾，白羽和母親開始憂心今後的生計。商議後決定變賣家產去江南，投奔在安徽擔任督練官的大伯父之子宮海軒。走到半路，又聞說安徽遭遇軍閥兵變，宮海軒一家已攜財逃竄，正在躊躇不前，忽然圍來一群持槍的亂兵，挨個搜身搶去了幾千元救命錢。亂兵走後，母親坐在地上捶胸大哭，宮白羽的心情悲涼至極。

那一刻十九歲的年輕人忽然長大了，「我已沒有親戚，我已沒有朋友！我已沒有資財，我已沒有了一切憑藉，我只有一枝筆！我要借這枝筆，來養活我的家和我自己。」秋風瑟瑟，幾片黃葉在身邊飄舞，他胸中迴盪的除了一股俠氣外，還有種說不盡的蕭索。

行不得也哥哥

多年以後，宮白羽回憶起那段艱難的賣文生涯時，解嘲的口吻中摻雜無奈：「青年未改造社會，社會改造了青年。」

投奔安徽表哥不成回到北京，宮白羽開始從筆尖下討生活，刻鋼板，做編輯，代寫書信，先後當過家庭教師、小學教員、團部司

書、稅吏、書記官、幕僚等，能與筆桿子打交道的所有行當幾乎都試過，「自薦信稿訂成了五本」。

一家七口人全靠白羽一枝筆，這樣的日子實在艱難，甚至冬天取暖的花盆爐[4]也生不起，只有一個小爐子，白天靠它做飯，晚上必須端到室外熄掉，不然怕煤煙中毒。白羽翻譯小說，搜輯趣話，投稿《世界日報》，每千字賺得一元，每月得二三十元，勉強維持家用。

《世界日報》有個編輯叫何仁甫，北京某大學新聞系畢業，頗具俠肝義膽，時常接濟一下宮白羽。後來他推薦白羽去《民生晚報》當見習編輯，月薪二十元。相傳當初為定下二十元月薪報社社長頗費躊躇，面試時社長西服革履，戴副金絲眼鏡，朝他仔細端量了好一會，一連考了好幾道中外文學題，白羽一一過關，社長激動地連呼「奇才」，將這匹「良駒」收入麾下。

然而到了發薪水的日子，平靜的池塘裏還是起了波瀾，社長太太拿著那張工資單，使勁在社長鼻尖前抖動，抱怨薪水開得太高。社長尷尬地笑，嘟嘟囔囔解釋，社長太太則高聲叫嚷：「給他十二元，他也會幹！」社長拗不過夫人，雙方討價還價，最後各退讓一步，折衷給了十六元。現場最難堪的是宮白羽，自尊心受到了羞辱，那一刻他冷峻得像尊石雕。按照他先前行事的俠義作派，真想拂袖而去，可是想一想失業的愁苦滋味，宮白羽只能隱忍。

兩年後宮白羽結識了張恨水（那時張在《世界晚報》副刊《夜光》任編輯，已發表《春明外史》、《金粉世家》等，鴛鴦蝴蝶派又一主將正在浮出水面），在宣內未央胡同那幢光線幽暗的小洋樓上，張恨水態度和藹地告訴他：每天給《夜光》寫兩篇稿子，不用太長，三五百字就行，每月可得稿酬十元。宮白羽神情驚詫，不解

---

4 花盆爐是直徑一尺、高一尺左右的帶煙囪的小爐子，現已絕跡。

地望著張恨水，張恨水笑笑，一邊起身去整理桌案上的文稿，一邊說道：「文人不值錢，一向都是如此，沒有辦法啊——」及至宮白羽得知大名鼎鼎的張恨水當時稿酬也不高，每千字才二元時，方才醒悟：「扶病賣文，只怕不是愉快的事吧，然而沒法逃避。」選擇做文人，就須甘於與清貧為伍。

　　宮白羽晚年時曾經多次和兒子宮以仁聊天，涉及到當年的愁苦生活時，吞吞吐吐，語多忌言。宮以仁說，他只知道這麼幾件事：一是宮文彩曾有一妾，生有一女，宮家破落後此妾攜女改嫁，哭哭啼啼的場面讓人肝腸寸斷；二是宮白羽十五歲娶妻梁祥芝，梁氏是北洋軍閥團長的女兒，宮家面臨斷炊之虞，梁氏只好屈身去做女僕，沒幹幾天即被辭退，這樣的結果可想而知：過慣了闊日子的千金小姐，豈是做女僕的材料？三是宮白羽的子女連遭不幸，先是長女生病無錢醫治夭折，接著次女又是同樣的命運；長子宮以智隨家庭逃難，在火車上腦部受傷，智力受損；小妹給人作了童養媳，一直下落不明；1931 年冬天，梁氏生下了最小的一對雙胞胎，因家中沒有火爐而凍死。

　　接踵而來的一次次重創，宮白羽不得不低下高昂的頭，昔日熱情的俠義少年變得沈默。更糟糕的是，有一陣，宮白羽察覺到報社裏情況詭異，他一走進辦公室，熱鬧的聲音頓時熄滅了，同事們看他時眼光異樣。幾天後兩個員警來找他，要他交待作案的經過，宮白羽百口莫辯，他怎麼也沒想到有人栽贓，把失竊的案子歸罪到他頭上。一星期後，真正的竊賊抓到了，宮白羽卻不想再留，他辭別了生活十六年的北京，懷惴六元大洋，奔赴天津謀職。據其子宮以仁說，經歷此次變故後，父親像變了個人似的，「從前他做事認真，對人鄭重，那之後他突然變了一種態度，嘻笑怒罵，調皮喧鬧；人們以為他詼諧可笑，倜儻可親了。」

江湖走筆寫俠女

　　宮白羽說他在北京時是「窮愁」，到了天津變成了「窮忙」：「大多時候，至少有兩件以上的兼差，曾有一個時期，我給一家大報當編輯，同時兼著兩個通訊社的採訪工作。又一個時期，白天做官，晚上寫小說，一個人幹三個人的活，賣命而已。」沒日沒夜的連軸轉，他的身體被累垮了[5]，卻激發了豪情與俠氣。

　　其子宮以仁說他父親在天津「窮忙」的八年中寫了不少文章，有社論、短評、雜文、小說、通訊等，多是對當時官場時弊的批評，宣傳抗日主張。其中尤為值得一提的是「採訪施劍翹出獄」那篇通訊，在天津報界哄動一時，也為白羽贏得了莫大聲譽。白羽在自傳中承認他有兩個恩公，一個是武俠小說《十二金錢鏢》中的女主角柳葉青，替他獲得了讀者，開拓了雜誌發稿的地盤，另一個是俠女施劍翹，幫他打開了新聞報導的成功之路。

　　施劍翹原名谷蘭，祖籍安徽桐城，父親施從濱任山東軍務幫辦兼奉系第二軍軍長。直奉大戰中，施從濱兵敗被俘，孫傳芳置不殺俘的公理於不顧，將施從濱斬首。當時年僅二十歲的施劍翹立志為父報仇，十年磨礪，數番周折，她終於逮到了一個機會，1935 年 11 月 13 日，孫傳芳去天津居士林佛堂燒香時，施劍翹拔出勃郎寧手槍，連發三彈將仇人打死，消息傳出，震動全國。

　　施劍翹當場被抓，圍繞該抓捕還是該放人，各派政治力量展開了激烈的較量。宮白羽說，蔣介石的藍衣社曾向施劍翹提供槍支、情報、警衛等，沒有強大的政治勢力作後盾，單憑一個弱女

---

[5]　宮白羽在《話柄》中說，1936 年他「突然咳了一口血，健康從此沒有了。」

子去手刃仇人是不可能的。在各方政治力量的營救下，施劍翹在囚牢中關了十一個月後特赦釋放，當時天津各大媒體都將此事件作為特大新聞，卻苦於找不到線索。宮白羽正在患慢性肋膜炎，肋部隱隱作痛，一個偶爾的機會得知線索後，當即雇了一輛車，忍痛穿過崎嶇顛簸的山路到第三監獄，弄清了施劍翹出獄的全過程：原來，前一天釋放施劍翹的消息是誤傳，她當天才秘密出獄，化裝成男子，穿灰袍青馬褂，戴墨鏡，由潘警官護送而出。宮白羽將他探到的消息寫成兩千餘字的長稿，馬不停蹄送到通訊社，通訊社作為通稿連夜發出，次日天津各大小報紙頭條清一色刊載了這篇通訊，宮白羽的名字一炮走紅。

成功採訪施劍翹，給宮白羽帶來了信心，也使得滿腔豪情再次在他胸中激蕩起來。兩年後，宮白羽寫出了代表作《十二金錢鏢》，成為一代武俠小說巨手。

恬淡的鄉村教書生活

宮以仁說他父親寫武俠小說分為兩個階段：前五年（1938-1942），後四年（1946-1949），中間綴筆四年。「前五年雖以寫武俠自卑，但寫作態度頗認真；後三年則厭惡寫武俠，寫作是敷衍了事，純為混飯。」宮以仁還說，整理先父遺物時，見到他一生成書一百〇五冊。

1937 年對宮白羽有著特殊的意義。在此之前，長期從筆尖下討生活，他身心交瘁，母親去世給了他又一重打擊，喪事未了便病倒了。九個多月，心跳，肋痛，極度的神經衰弱。到了 1936 年冬，「突然咯了一口血，健康從此沒有了。」

　　宮白羽有個好友叫郭雲岫（筆名葉冷）[6]，是河北霸縣地方名紳，家境富裕，為人慷慨大方，思想進步，也曾在天津報刊發表過不少童話，頗具文名。前一年，郭雲岫回老家霸縣接辦了一所鄉村師範學校，邀請宮白羽移居鄉下，去教中學國文。他幫白羽還清了所欠的全部債務，見白羽仍有不捨之意，力勸道：「你得要命啊！」

　　1937 年春天，宮白羽攜妻帶子來到河北霸縣。在鄉村師範教書的日子，是宮白羽一生中最愜意的一段時光，高粱桿紮成的窗戶，鍋底灰塗抹成的黑板，環境雖然簡陋，但是和無憂無慮的學生們在一起，使他的心也變得純淨起來。授課之餘，他和學生們去野地裏採蘑菇、挖野菜、拔蘿蔔……更多的時候，則是手捧書本坐在柳樹下閱讀，直至晚年，宮白羽仍然十分懷念那不到一年的鄉村教書生活，認為那種生活特別適合他的個性。

　　在此期間發生的一件事，對白羽後來寫武俠產生了舉足輕重的影響。

　　學校有一個學生，看武俠小說入迷，竟離家出走，去峨嵋山習武。此事在校園裏掀起了軒然大波，少數學生受此影響，張口飛簷走壁，閉口騰雲駕霧，一時不知身在何處，不知今夕何夕。校長郭雲岫找到宮白羽，讓他用一個月時間遍讀武俠小說，然後在學校進行一次演講，引導學生正確讀書。據說，白羽後來的演講大獲成功，也因為這段閱讀史，他大體上梳理清楚了武俠小說的脈絡。

6　郭雲岫因暗中從事地下抗日活動，後被日本人抓捕，當作華工送往日本，死於北海道勞工營。據天津老報人吳雲心回憶，宮白羽曾懷疑郭為中共人物，郭死後，始知其為國民黨。

爐邊沉醉無名姓

　　盧溝橋事變之後，偌大的中國再也擺不下一張安靜的書桌了，霸縣鄉村師範被迫停辦，1937 年底，宮白羽攜眷由霸縣重返天津，「鑽防空洞，跳牆，避難，於酷寒大水中，坐小火輪，闖過綁匪出沒的猴兒山，逃回天津，手頭還剩大洋七元。」其難堪情景躍然紙上。

　　飄零的生活無著落，仍然只能靠一枝筆謀生。時有舊時文友何海鳴接手《庸報》主編一職，約請宮白羽寫武俠小說。

　　《庸報》原由浙江人董顯光創辦，董顯光讀過教會學校，後成為蔣介石的英文老師，又結識了孫中山，在北京報界幹了十幾年，積累了豐富的經驗和人脈，遂於 1925 年赴天津辦起了《庸報》。之所以取這個報名，是因接受了軍閥吳佩孚兩萬元開辦費，為迎合吳大帥尊孔崇孟的儒學中庸之道。《庸報》創辦後銳意改革，迅速成為北方頗具影響的一份報紙。天津淪陷後，報紙一律停辦，惟有《庸報》已為紅卍字會收購，被日本人利用，成為日本侵華派遣軍的喉舌繼續出報。再說何海鳴，湖南衡陽人，原為辛亥首義功臣，與袁世凱的北洋軍隊戰敗後亡命日本，遭遇了一連串變故，政治熱情已然消退，回國後寓居天津，竟搖身一變，開始了賣文生涯，並亮出了「倡門小說」的旗號，不過他寫小說的初衷還算高遠，在〈求幸福齋賣小說的話〉一文中說：「我很想與幾個小說界的賣文的同志先將短篇小說十分認真的作幾篇，成一種現代短篇小說的完成作業，慢慢的由此抬高現代中國短篇小說的價值，緊挨著世界文壇上去。」但是賣文的路艱辛而又漫長，何海鳴一變再變，至天津淪陷前夕，已經淪落到賣字糊口的窘境。《庸報》重組，何海鳴出任該

報主筆兼文藝部長，為把副刊把得像個樣子，開始招兵買馬，宮白羽便在他搜羅之列。

白羽的心情是迷茫的。既受困於饑寒，又不肯為「王道樂土」歌功頌德，他去請教好友郭雲岫，郭雲岫略作猶豫後，表態支持他寫武俠。在〈白羽及其書〉一文中郭寫道：「可是造化弄人，不教他作他願作的文藝創作，反而逼迫他自擲其面，以傳奇的武俠故事出名。這一點，使他引以為辱，又引以為痛。」透過漫長的時光往回看，宮白羽瘦削的面孔上，籠罩著一層慘霧。

宮白羽本是一介書生，對武術一竅不通，連菜刀也沒拿過。其子宮以仁回憶說，父親曾登門向鄭證因求助，鄭證因從小生活在天津水碼頭底層，對各種江湖幫派極為熟悉，且會幾手「三腳貓」功夫，一俟鄭證因答應後，白羽便給鄭氏租了間十平方米的小屋，兩個文壇宿將開始聯手寫作《十二金錢鏢》。鄭證因回憶起那段生活時說：「在一個風清月白之夜，一榻橫陳，香茶兩盞，煙霧彌漫中開始了我們的籌燈夜話，由江湖中一切秘密組織，及所用的隱語，轉到武林中的逸事⋯⋯」不久鄭證因要去經商，兩人徹夜話別，鄭氏留下幾本劍譜拳譜，揖別而去。

儘管宮白羽多次在不同場合表白，寫武俠是窮困與無聊的產物，但是這部武俠作品仍為他贏得了巨大的聲譽。白羽聲名大噪，武俠佳構接連不斷推出，如《聯鏢記》、《偷拳》、《血滌寒光劍》等，一時間好評如潮，其好友郭雲岫說得最為乾脆明瞭：「他的書能夠沸起讀者的少年血，無形中給你一些生活力，和一些勇氣，一些熱。」

在《話柄》一書中，宮白羽專門附上了魯迅先生給他書信的手跡，並在扉頁上題了一首詩：「彈鋏長歌氣倍豪，淋漓大筆寫荊高。爐邊沉醉無名姓，萬古雲霄一羽毛。」詩中隱約透露了他寫武俠小說時俠氣迴盪的心情，張贛生在《民國通俗小說論稿》一書中說道：「白羽深感世道不公，又無可奈何；所以常常用一種含淚的幽默，

正話反說，悲劇喜寫。在嚴肅的字面背後，是社會存在的荒謬現象。」
此為誅心之論。

何必去意徘徊

　　有一則文壇趣話讀來讓人心酸：五〇年代初，香港某報刊發出
「連載白羽武俠小說」的預告，經核實，是冒白羽之名的偽作。中
央有關領導部門請宮白羽寫篇闢謠聲明在香港《大公報》刊出，為
配合此文，有關部門派畫家王學仲為他畫像，白羽親筆題寫了一首
打油詩：「語言乏味，面目可憎，畫中為誰？曰：白羽先生。」
　　這種辛辣的自嘲白羽並不是第一次。1939 年出版自傳《話
柄》，宮白羽在自序中寫道：「一個人所已經做成或正在做的事，未
必就是他願意做的事。這就是環境。環境與飯碗聯合起來，逼迫我
寫了些無聊文字。而這些無聊文字竟能出版，竟有了銷場，這是今
日華北文壇的恥辱。」所謂「無聊文字」，指的是武俠小說，白羽
曾在多個場合作過如是表白。好友郭雲岫評價他：「白羽討厭賣文。
賣錢的文章毀了他的創作的愛好。白羽不窮到極點，不肯寫稿。」
另一位好友吳雲心為白羽的《話柄》寫序也提到了這一點：「假若
他那時生活安定，也許不想賣文教學，也許擱下筆，再不會有這些
作品出現的。生活逼得他拿起筆來，生活逼得他寫開了武俠小說。」
民國小說研究者張贛生先生則說：「白羽的悲，一是個人經歷之悲，
另外還有一悲，是白羽看不起武俠小說之悲。他若不自卑，憑他的
文學修養，可以把武俠小說寫得更高水準。」
　　在《話柄》中宮白羽曾滿腔熱情地回憶了他的寫作生涯，青春
年少時寫稿沒有報酬，自己定報紙、買稿紙、賠郵票，刊登出來沒
有稿費，然而高興。「一得稿費，漸漸的也就開始了厭倦」，尤其是

寫武俠小說後，這種厭倦情緒濃得像霧，將他密密匝匝包裹起來。那些日子宮白羽的心情是懊悔的，甚至對武俠寫作充滿厭惡。

據宮以仁回憶，白羽為了生活，1946年初重新執筆寫作武俠，但那時他對武俠厭煩了，每次寫作好像上刑場。「每天下午三四點，報社派專人到白羽家取稿，取稿人進門，白羽才動筆，大約三四十分鐘，撰寫千字，交人帶回。」儘管對寫武俠厭煩如此，白羽寫作依然還是認真的，宮以仁在《白羽傳》中講了這麼件事：上海百新書店老闆徐稚鶴欲購買《十二金錢鏢》的版權，給價很高，白羽的態度是賣版權可以，但必須經過修改。「每天，妻子把桌子收拾好，擺上稿子和筆墨，請他改。有時他改一點，有時一天不動筆，進展很慢。徐老闆等急了，又專程來津催稿，並送了一批家用禮物，相當貴重。」宮白羽還是不肯給稿，非要修改到自己滿意為止。好友鄭證因每次見白羽伏案改稿便大搖其頭：「太認真了！混飯吃的東西，何必如此？」宮以仁還在《論白羽》一文中透露：「《武林爭雄記》擬以其本人曲折經歷為模特兒，故在寫作過程中反覆改動，多次毀稿重寫。」如此態度對待武俠，絕非簡單的遊戲筆墨，又豈能是用「無聊」二字能夠概括的？

是什麼原因使得宮白羽對武俠寫作斷然作徹底否定？這恐怕是難於說清楚的一個謎。人們津津樂道的是一代武俠宗師居然認為武俠暢銷是文壇的恥辱，正是因為宮白羽百無聊賴的轉身，後來幾乎所有的髒水都潑向「武俠」，而忘記了「武俠」是裝珍珠的那隻木匣子，買櫝還珠的悲喜劇讓人啼笑皆非。分析宮白羽轉身的原因，有社會因素也有他自身因素，但是文壇環境無疑是重要一環。鴛鴦蝴蝶派已成為眾矢之的，本來地位就不高的武俠小說更是等而下之，在時代大潮面前，宮白羽的心情很落寞。

每個作家心中都有屬於自己的富礦，如果輕易否定自己，隨之而來的往往是迷茫與困惑。董橋說：「作家不要輕易走出自己苦心

經營起來的天地」，文章千古事，甘苦寸心知，此乃洋才子董橋的肺腑之言。還是白羽的好友郭雲岫最理解他，郭雲岫說：「白羽小說托體章回，從體裁上看是通俗小說；這在作者，也有創作的自覺。他在自序中很謙虛的說：『武俠之作終落下乘，章回舊體實羞創作。』但是，文學的評價究不能拘於形式，他的每一部武俠故事，在人物描寫上是這麼生動，情節穿插上是這麼合理，而故事進展上又這麼自然；雖披著傳奇故事的外表，可是書中人物的內心個個都有著現代的人性。這確已衝破了通俗小說的水平線，而侵入文學創作的領域了。」

書生半老，豪情猶存

宮以仁說，1939 年之後他父親過了四年的安穩生活。1939 年宮白羽四十歲，憑藉寫武俠小說賺得的稿費，在天津二賢里買了個大院子，創辦了正華學校，附設出版部。「家中雇有兩個傭人，一男一女，男的管賣書送稿，女的管做飯洗衣。」孩子們印象深刻的是院子門前放著把一百多斤的大鐵刀，幼年好奇，總要用力去提一提，只是力小，提它不起。這把刀並不是白羽的，白羽一介書生，手無縛雞之力，耍大刀與他無緣。好友鄭證因好習武，這把刀是宮白羽為好友特意購置的。

雖說不能耍大刀，但是白羽少年時的俠氣並未消散。宮以仁說他父親最愛行俠仗義，經常見他寫狀紙，為朋友打抱不平，「為此類事他費了很多功夫，請教做律師的朋友，翻閱有關法律。家人都說，幫人打官司用的時間，如果寫小說，至少可以掙一兩百元。」有位姓郁的鄰居遭人欺負了，找到宮白羽尋求幫助，白羽有求必應，為這件事前後跑了半個多月，建國後這位鄰居還不忘此事，寫

成文章刊登在《天津日報》上，宮白羽看了一笑，淡淡地說：「這也沒什麼呀，我看到別人受害，就想管。」

1943 年，日德法西斯已呈困境，中國淪陷區物資漸漸匱乏，紙張嚴重短缺。正華學校和出版部相繼停業。這期間白羽與胞弟宮維成、弟媳馮世庸靠做點小買賣維持生計，有飯吃了，便停止了寫作，不僅不寫武俠，其他文章也都不寫了，此時白羽迷戀上了甲骨文研究，下節再講。

日本投降後，宮白羽很是興奮，覺得從此可以不寫武俠小說，再致力於新文學事業。他曾被友人邀去辦報，很快便失望了，政府派來的那些趾高氣揚的文化人，對淪陷區的文人充滿鄙夷，側目白眼視人，動輒呼之為「漢奸」，宮白羽說他有「再度淪陷之感」。宮白羽是條受不得氣的漢子，他重尋舊硯，再寫武俠小說，好友吳雲心也說「今日講武，亦是正辦」。這一時期他寫下的武俠小說有《雁翅鏢》、《劍底驚螟》、《太湖一雁》等。

建國伊始，天津政府有段時間還沒給他安排工作，受上海廣藝書局之邀，白羽出版了《獅林三鳥》、《毒砂掌》兩部武俠小說。此舉足以看出其人書生氣太重，政治嗅覺不靈敏。隨著新中國的建立，早已崩潰解體的鴛鴦蝴蝶派作家群紛紛如驚弓之鳥，舊式的傳統章法、語言寫作已淪為腐朽反動的代名詞，白羽試圖在新時代的宏大敘事中充當邊角點綴，他的想法實在單純得像個孩子。

北京召開第一次全國文代會，宮白羽應邀參加。宮以仁說，與會的鴛鴦蝴蝶派文人代表只有二人：一是言情作家張恨水，一是武俠作家宮白羽。當時宮白羽還有些怨言，認為政府對通俗作家不重視，著名作家還珠樓主、劉雲若、周瘦鵑等人都沒在邀請之列。1949 年宮以仁在新華社供職，父親趁在北京開會期間來看他，仍然是一付舊式文人派頭，到了傳達室，先遞上一張名片，

印著「天津新津畫報社社長」幾個字，宮以仁的同事們見了感到詫異，解放區來的學員哪裡見過名片？按照當時的制度，新華社幹部只准在會客室會客，時間不也准太長，父子之間一番交談後匆匆告別，看著父親瘦弱的背景消失到京城的夜幕中，宮以仁不知為何竟為父親有點擔心了。

五〇年代天津通俗出版社成立，聘請宮白羽擔任特約編輯，專門負責書稿文字審訂工作，老同事徐柏容回憶道：「那時出版社的同志，差不多都是二三十歲的年青人，只有他是五十開外了，而且已是躬腰駝背，齒髮稀疏，加上個子不大，有點八字腳，越發顯得是個老態龍鍾的小老頭兒，所以大家都不呼其名而尊稱為『宮老』。」白羽家離出版社很遠，每天乘坐電車上下班，工作了幾年後，身體越來越不行了，總是咳嗽多痰，哮喘不已，漸漸地，也不來出版社上班了。

而宮以仁的回憶則略微有些不同：「當時的幹部，一部分實行供給制，一部分實行薪金制。白羽的待遇較特殊，是每月給車馬費八十多元，開始是整日上班，不到一年，便改成了每天只上午去一趟，下午可以回家看稿。白羽看了許多書稿，開始覺察到當時在文藝指導思想上有『左』的形式主義傾向，逐漸上午也不去上班，過了一些時候，出版社也停發了『車馬費』。」

宮白羽雖說不上班了，但他在武俠界的影響雄風猶在，五十年代香港有家報紙報導：宮家經常賓朋滿坐，院子裏有演武堂，十八般兵器俱全。白羽拿著報紙搖頭苦笑：「演武堂？我這間破房子漏了都無力去修；十八般兵器？我家那把菜刀劈木柴都豁口了……」宮白羽成了一個江湖傳說，然而傳說中的主角心中卻盛滿了苦澀。

宮以仁回憶說，白羽在五十年代，大約有幾年沒有職業，沒有工資，由次子宮以智當中學教員奉養。「街道居委會組織無業遊民

糊紙盒，糊一個紙盒報酬一分錢。白羽在家閒來沒事，老夫妻在家中就幹起了這個活，每天能糊一百多個，月收入三四十元。」生活在困頓的環境中，宮白羽的心情變得頹廢，繼而失望，奇怪的是後來情況好轉，宮白羽又能給海外報刊寫武俠了，他的情緒反而變得糟糕起來。「他常常借酒發酒瘋，每頓飯必喝二兩半白酒、一瓶啤酒，賣酒的人都知道，詼諧地說，白羽先生又買了『一套酒』。」白羽的弟媳婦馮世庸嘲諷說：「我看你還是糊紙盒的時候心情最平靜。」白羽指著馮世庸笑道：「你缺德！你真缺德！」那意思是馮世庸的話正好擊中了他的要害。

五十年代的鳴放，天津《新港》雜誌向宮白羽約稿，他寫了篇《百家爭鳴百花齊放時的我個人的衷心話》，敞開膽子放了一炮。這篇文章中他劈頭寫道：他是個漢學家無師自通的學徒，是個舊聞記者，是個倒楣的作家，「我成功了，然而我丟人了，這種複雜的感情，影響著我對事物的看法和論據。」接下來白羽無所顧忌地大說了一通鳴放，宮以仁說就憑這篇文章，他父親被劃成右派綽綽有餘，但是卻僥倖「漏網」了，究其原因，一是認為白羽是從舊社會過來的「死老虎」，沒有什麼影響力了；二是某些有水平有良知的領導暗中保護，三是白羽當時沒有工作單位，屬於沒人管的角落。

但是其子宮以仁沒能逃脫厄運，被補入右派的行列，宮以仁參加革命後一直是積極分子，歷次運動中只批判別人，輪到自己受批判了才感覺「冤」，他把心裏話對父親說了，宮白羽久久不語，沈默半晌後說：「想不到我的性格脾氣傳染給了你……這些釘子，我在青年時代也遇到過，我在社會上經歷了半個世紀，也算是粗淺認識了社會和人際關係，可是老了還控制不了自己。」他還是那麼單純，錯綜複雜的政治鬥爭遠比他所說的人際關係要難對付得多。此時的宮白羽，離傳說中的那個大俠已經漸行漸遠了。

此恨綿綿

據《年譜》和自傳《話柄》記載，白羽開始研究金文甲骨的時間當在 1937 年前後。這一年白羽應好友之邀在河北霸縣教書，始對金文甲骨研究發生興趣，此後終生孜孜不倦，累積了幾十本金文甲骨研究的手稿。

宮白羽研究成果到底如何？這不是本文要探討的話題。倒是他如何從厭惡武俠寫作轉向金文甲骨研究的，值得耐心梳理一番。這方面天津學者張元卿的分析頗為精準[7]，張元卿認為「對創作本身失去信心是白羽轉向學術研究的主要動因」，白羽之所以選擇金文甲骨，是因為他所居住的天津在這方面有豐厚的歷史基礎，出現過如王襄、孟廣慧、羅振玉、陳邦懷等一批甲骨學者，風氣非常盛，白羽身在此種風氣之中，主觀上又有轉向學術研究之意，難免受風氣薰陶。

白羽的學術志願是宏大的，但他的客觀條件卻不能滿足其研究需求，因此他曾慨然而歎：「徒恨為貧所累，無錢備參考書物，草創學說雖多，猶欠廣闊新書代以為印證！」可惜的是即使是在如此艱苦的環境下寫出來的金文甲骨手稿，仍然未能完整保存下來。好友吳雲心在為白羽著作寫序時曾說：「白羽的武俠小說被毀，我還不太痛心，他在晚年刻苦鑽研金文甲骨一大批手稿的遺失，我卻十二分惋惜。因為我記得，他和我談到他的研究心得，有些見解是突出的，如古字可能有音符的考證，發音與文字的關

---

[7] 張元卿先生文章〈淺談白羽的金甲研究〉，原載民刊《天津記憶》第六期。

係等等都有獨到見解。倘若他在這方面的研究得以完成，那麼他對於學術界的貢獻必然遠於過去寫的小說之上的。」

　　白羽死於 1966 年 3 月 1 日，之後沒過幾個月「文革」開始了。他的家人說，白羽去世逃脫了批鬥，應該算是幸運的，但是他辛苦搜集了一輩子的那些藏書以及金文甲骨手稿，全部被查抄，「可謂之家破人亡」，宮以仁說起那段不堪回首的歷史時，仍然唏噓不已。

【後記】

文壇沉寂的半壁江山

　　屈指算來，這本書斷斷續續寫了三四年，時間過得真快。最初的寫作動機如今已想不起來了，恍若曾卓在詩作《懸崖邊的樹》中所描述的情境：「不知是什麼奇異的風，將一棵樹吹到了那邊——平原的盡頭，臨近深谷的懸崖上，它傾聽遠處森林的喧嘩，和深谷中小溪的歌唱……」在寫作這本書的過程中，曾老那些優美而又令人感傷的詩句在我腦海裏反覆吟頌，久久迴旋。如果說我彷彿變成了懸崖邊的一棵樹，那麼在懸崖之下，在一眼望不到邊的蒼茫的深谷裏，則是一片少有人知曉的神秘風景。

　　跌落在深谷中的那片神秘風景，即是被後人稱之為「鴛鴦蝴蝶派」的一批作家和作品。若干年前，提到鴛鴦蝴蝶派，我一度固執地認為那是個輕佻的詞彙，那時我並沒有完整地讀過一部鴛鴦蝴蝶派的作品，現在看來，輕佻的並不是鴛鴦蝴蝶派，而是我腦子裏的那個「固執」。對鴛鴦蝴蝶派我們知道得如此少，而知道的，又未必全都明白，於是，我一頭鑽進了那片神秘的風景地帶。

　　說起來「鴛鴦蝴蝶派」始終都是個模糊的概念，曾經有一段時間，幾乎所有不能劃歸左翼文學陣營的作家都被斥責為鴛鴦蝴蝶派，棍棒橫飛，帽子亂扣，在長達一個世紀的漫長歲月裏，那些人長期蒙受著不公正的待遇。如今還有誰知道：他們曾經走到新文化運動的前列引領過文學大軍；他們的作品在報刊上連載時曾出現市民排隊等候的場面；他們曾經是中國文壇引以為驕傲的半壁江山。

誠如學者夏志清先生所說：「當時的文字已經非常好了，後來的新文學反而退步了。」歷史有時候很荒誕，新文化運動之後，文學逐漸向國家民族這一主流話語靠攏，鴛鴦蝴蝶派遭遇多方夾攻，終於落得個七零八落的下場。

為了寫完這本書，我除了大量搜集資料和閱讀外，還進行了實地行走和考察。2009 年秋天，我曾有一次江南行，來到當年鴛鴦蝴蝶派文人的密集之地，感慨良多。比如在揚州，有我所景仰的兩個鴛鴦蝴蝶派文人，一個是畢倚虹，一個是李涵秋，我和妻子雇了輛人力旅遊觀光車，遍尋全城，卻找不到畢、李的絲毫蹤影。在揚州朱自清紀念館參觀時，我向紀念館工作人員打聽畢、李的音訊，對方慢悠悠地搖頭，臉上一派茫然的神情。我再問一遍，重點說了他們是揚州近代的兩位文化名人，「您是不是記錯了？我們揚州還有這樣兩個文化名人？他們不會是文化名人的，如果是，哪有我們不知道的道理？」在對方連珠炮般的反問面前，我感覺到的是哭笑不得。

後來來到蘇州，有友人黃惲陪同，情況要好一些。黃惲是《蘇州》雜誌的編輯，也是一位功底深厚的作家，對蘇州的近代歷史瞭解甚多，雨中他領著我去參觀周瘦鵑、程小青故居，興趣勃勃上路，結果卻多少有些掃興。周瘦鵑家的大門緊閉著，敲開了門，被裏頭的人擺手拒絕，黃惲的性格似乎與我相仿，沒有多說什麼，繼續領著我冒雨繞到後邊的小巷子深處，登上一座簡陋樓房的二樓，煙雨朦朧中眺望周宅後院，似乎什麼都沒有看到，又似乎什麼都看到了。然後參觀程小青故居時，見程家大門緊閉，便沒有再敲門，只是圍著那道神秘的的小巷轉悠了一會，再後來，黃惲問我要不要去看范煙橋的故居？我搖搖頭，說讓那些故居繼續存留在記憶中吧。

鴛鴦蝴蝶派文人生前所遭遇到的冷漠一直持續至今，真是讓人唏噓。好在這個世界並不全都是冷色調，這本書的寫作和出版過程

中，就有一抹抹亮色多次溫暖過我的心。除開上面提及的蘇州黃惲外，天津的學者型作家張元卿也給過幫助，尤其讓人感到溫暖的是，當書稿寫至一半時，通過電子信箱試著給湖南《書屋》雜誌投稿，沒多久便接到胡長明先生來信，告知《書屋》會陸續發表幾篇（後來果然陸續發表了幾篇），在此之前我與胡長明先生並無半文錢的交往，這種從自由來稿中選稿的編輯作風，在當今社會恐怕已不多見了，因而此處的感謝更加含有深意。需要感謝的還有我的老師、兄長映泉先生，他為這本書寫序，又在 QQ 中對我說：「文章千古事，文章死後還會被人注視，不能遷就。有意見儘管提，兄弟間，要弄得像個樣子才好……」這樣的話語，確實是很溫暖人心的。感謝天津百花文藝出版社的編輯曾永辰先生和高為先生，是他們的辛勤勞動，使得這本書得以在大陸面世。感謝臺灣秀威出版公司，主編蔡登山先生寫給我的感人肺腑的信函，肯定了這本書並將其列入秀威的出版計劃──這是我在秀威公司出版的第三本書，均有賴於登山先生的提攜之功。此外還要感謝這本書的責任編輯鄭伊庭女士，她的責任心提醒我要好好對待文字。

張永久，2011 年 1 月 15 日於宜昌

【附錄】

主要參考書目

《鴛鴦蝴蝶派研究資料》(上下),魏紹昌編,上海文藝出版社,1984年。
《鴛鴦蝴蝶派文學資料》(上下),芮和師編,福建人民出版社,1984年。
《民國通俗小說論稿》,張贛生著,重慶出版社,1991年1版。
《古春風樓瑣記》第拾壹集,高拜石著,作家出版社,2004年1版。
《人間地獄》(上中下),娑婆生著,包天笑續,北嶽文藝出版社,1988年1版。
《我看鴛鴦蝴蝶派》,魏紹昌著,中華書局(香港)公司,1990年。
《鴛鴦蝴蝶派散文大系》(叢書),袁進主編,東方出版社,1997年。
《中國近代小報史》,孟兆臣著,社會科學文獻出版社,2005年第1版。
《春申舊聞》,陳定山著,臺灣世界文物出版社,民國六十七年再版。
《清末民初文壇軼事》,鄭逸梅著,中華書局,2005年7月。
《文壇花絮》,鄭逸梅著,中華書局,2005年第1版。
《近代名人叢話》,鄭逸梅著,中華書局,2005年第1版。
《書報話舊》,鄭逸梅著,中華書局,2005年第1版。
《藝林散葉》,鄭逸梅著,中華書局,2005年第1版。
《藝林散葉續編》,鄭逸梅著,中華書局,2005年第1版。
《吳中耆舊集》(江蘇文史資料第53輯)。
《現代工商領袖成名記》,徐鶴春著,上海新風書店,1941年出版。
《海派作家人物志》,浩氣出版公司,1920年。
《徐天嘯與徐枕亞研究資料》,周文曉編注,遠方出版社,2003年9月1版。
《黃金崇》,天虛我生著,臺灣廣文書局,1980年初版。
《淚珠緣》,天虛我生著,百花洲文藝出版社,1991年。
《中國近代小說的興起》,[美]韓南著,中國教育出版社,2004年。

《李涵秋》，貢少芹、貢芹孫著，上海天懺室出版部，1923 年 11 月 1 版。

《紙片戰爭──〈紅雜誌〉、〈紅玫瑰〉萃編》，袁進選編，上海古籍出版
社，1999 年 1 版。

《「鴛鴦蝴蝶派」新論》，趙孝萱著，蘭州大學出版社，2004 年 1 月。

《通俗文學之王包天笑》，欒梅健著，上海書店出版社，1999 年 2 月。

《衣食住行的百年變遷》，包天笑著，政協蘇州市委員會文史編輯室編印。

《包天笑代表作》，范伯群、范紫江主編，江蘇文藝出版社，1996 年
12 月。

《話柄》《話柄後集》《話柄續編補遺》，宮白羽、宮以仁著，自印本，
2008 年。

《吳雲心文集》，吳雲心著，天津古籍出版社，1990 年。

《淚灑金錢鏢──一個小說家的悲劇》，馮育楠著，江蘇文藝出版社，
1986 年。

《筆雄萬夫──葉楚傖傳》，劉蘋華著，臺灣近代中國出版社，1986 年。

《葉楚傖紀念集》（上海文史資料選輯第 79 輯），施惠群主編，1996 年。

《古戍寒笳記》，葉小鳳著，上海《小說叢報》社出版，1917 年。

《楚傖文存》，葉楚傖著，上海正中書局，1945 年。

《葉楚傖詩文集》，葉元編，上海三聯書店，1988 年。

《姑蘇書簡》，周瘦鵑著，新華出版社，1995 年 5 月 1 版。

《神秘的偵探世界──程小青孫了紅小說藝術談》，盧潤祥著，學林出版
社，1996 年 1 月。

《近現代偵探小說作家程小青研究》，姜維楓著，中國社會科學出版社，
2007 年 10 月。

《紫羅蘭庵言情叢刊二輯》，周瘦鵑著，上海時還書局，1931 年。

《中國近代通俗文學史》（上下冊），范伯群主編，江蘇教育出版社，
1999 年。

《鴛鴦蝴蝶派作品選講》，劉體揚選評，四川文藝出版社，1987 年。

《晚清、民國時期上海小報研究──一種綜合的文化、文學考察》，李楠
著，人民文學出版社，2005 年 9 月第 1 版。

《現代都市未成型時期的市民文學──《禮拜六》雜誌研究》，劉鐵群著，
中國社會科學出版社，2008 年 8 月第 1 版。

史地傳記類　PC0143

鴛鴦蝴蝶派文人

作　　者 / 張永久
主　　編 / 蔡登山
責任編輯 / 鄭伊庭
圖文排版 / 姚宜婷
封面設計 / 陳佩蓉

發 行 人 / 宋政坤
法律顧問 / 毛國樑　律師
出版發行 / 秀威資訊科技股份有限公司
　　　　　114 台北市內湖區瑞光路 76 巷 65 號 1 樓
　　　　　電話：+886-2-2796-3638　傳真：+886-2-2796-1377
　　　　　http://www.showwe.com.tw
劃撥帳號 / 19563868　戶名：秀威資訊科技股份有限公司
　　　　　讀者服務信箱：service@showwe.com.tw
展售門市 / 國家書店（松江門市）
　　　　　104 台北市中山區松江路 209 號 1 樓
　　　　　電話：+886-2-2518-0207　傳真：+886-2-2518-0778
網路訂購 / 秀威網路書店：http://www.bodbooks.tw
　　　　　國家網路書店：http://www.govbooks.com.tw

2011 年 4 月 BOD 一版
定價：280 元
版權所有　翻印必究
本書如有缺頁、破損或裝訂錯誤，請寄回更換

Copyright©2011 by Showwe Information Co., Ltd.
Printed in Taiwan
All Rights Reserved

國家圖書館出版品預行編目

鴛鴦蝴蝶派文人 / 張永久著. --一版. --臺北
市：秀威資訊科技, 2011.04
面； 公分.-- (史地傳記類；PC0143)
BOD 版
ISBN 978-986-221-720-7(平裝)

1. 作家　2. 傳記　3. 中國文學

782.24　　　　　　　　　　　100003173

讀者回函卡

感謝您購買本書，為提升服務品質，請填妥以下資料，將讀者回函卡直接寄回或傳真本公司，收到您的寶貴意見後，我們會收藏記錄及檢討，謝謝！如您需要了解本公司最新出版書目、購書優惠或企劃活動，歡迎您上網查詢或下載相關資料：http:// www.showwe.com.tw

您購買的書名：＿＿＿＿＿＿＿＿＿＿＿＿＿＿＿＿＿＿＿＿＿＿＿

出生日期：＿＿＿＿＿年＿＿＿＿＿月＿＿＿＿＿日

學歷：□高中 (含) 以下　　□大專　　□研究所 (含) 以上

職業：□製造業　□金融業　□資訊業　□軍警　□傳播業　□自由業
　　　□服務業　□公務員　□教職　　□學生　□家管　　□其它＿＿＿

購書地點：□網路書店　□實體書店　□書展　□郵購　□贈閱　□其他

您從何得知本書的消息？

　□網路書店　□實體書店　□網路搜尋　□電子報　□書訊　□雜誌

　□傳播媒體　□親友推薦　□網站推薦　□部落格　□其他＿＿＿＿＿

您對本書的評價：（請填代號　1.非常滿意　2.滿意　3.尚可　4.再改進）

　封面設計＿＿＿　版面編排＿＿＿　內容＿＿＿　文／譯筆＿＿＿　價格＿＿＿

讀完書後您覺得：

　□很有收穫　□有收穫　□收穫不多　□沒收穫

對我們的建議：＿＿＿＿＿＿＿＿＿＿＿＿＿＿＿＿＿＿＿＿＿＿＿

＿＿＿＿＿＿＿＿＿＿＿＿＿＿＿＿＿＿＿＿＿＿＿＿＿＿＿＿＿＿

＿＿＿＿＿＿＿＿＿＿＿＿＿＿＿＿＿＿＿＿＿＿＿＿＿＿＿＿＿＿

＿＿＿＿＿＿＿＿＿＿＿＿＿＿＿＿＿＿＿＿＿＿＿＿＿＿＿＿＿＿

請貼
郵票

11466
台北市內湖區瑞光路 76 巷 65 號 1 樓

秀威資訊科技股份有限公司　　　收

BOD 數位出版事業部

....

（請沿線對折寄回，謝謝！）

姓　　名：＿＿＿＿＿＿＿　　年齡：＿＿＿　　性別：□女　□男

郵遞區號：□□□□□

地　　址：＿＿＿＿＿＿＿＿＿＿＿＿＿＿＿＿＿＿＿＿＿＿

聯絡電話：(日) ＿＿＿＿＿＿＿＿＿　(夜) ＿＿＿＿＿＿＿＿＿

E-mail：＿＿＿＿＿＿＿＿＿＿＿＿＿＿＿＿＿＿＿＿＿